JN193585

Structural Engineering

初学者の建築講座 建築構造（第四版）

元結正次郎
坂田　弘安　著
藤田　香織
日浦　賢治

市ケ谷出版社

「建築構造」（第四版）の発行にあたって

　2009年（平成21年）10月に本書の初版を出版して以来、増刷の都度、法律や基準・規準の改正、施工技術の変化に対して必要な修正を加えてきた。

　この度、時代の変化に対応すべく、第三版に手を加え、多くの読者から頂いた貴重なご意見をもとに内容を精査するとともに、２級建築士試験の出題傾向を再考した結果を盛り込むことで、さらに初学者にとって身につく教科書・実践書としてまとまったと自負している。

　特に大きな変更箇所としては、以下のとおりである。

・実際の構造としてはあまり採用されない「プレストレストコンクリート構造」を割愛し、２級建築士試験によく出る単元として「補強コンクリートブロック造」を加えた。

・章末問題として、２級建築士試験によく出題される問題を選出し、必要に応じて改変し、実践的な○・×問題とした。

　今回の改訂によって、本書が読者にとって「建築構造」に関する理解を深めるのに役立つよきパートナーとなることを期待する次第である。

　　2024年10月

編著者　元結正次郎

「建築構造」執筆にあたって（初版発行時）

　建築は，古代において人々が雨風や獣などから身を守るために作られたものがその歴史的な始まりと言えるであろう。住まう空間の最初は，洞窟のような自然を利用したものであったであろう。しかしながら，人々が希望する場所に洞窟は必ずあるわけではなく，その結果人々は人為的な住まうための空間を作り出したと考えられる。

　比較的古来の形態を残した住宅の形式として中央アジアの人々が用いている「パオ」がある。これは，比較的簡単に作ることができ，移動する場合には簡単に解体・収納できるものである。明らかに我々の住宅の進化とは異なるものであるが，重要なことは，我々が普段暮らしている住宅とパオのいずれが優れているのか，ということに対する答えが「両者とも優れている」ということである。

　「近代的」とか「モダンな」などの言葉があり，「近代的＝優れている」という考え方は適当ではない。遊牧を営む人々にとっては，我々のような水道・電気を利用し快適性を追求する住宅形式よりも，できる限り移動に便利なパオのような住宅の方が都合がよく合理的なのである。

　このことは，建築物を考える上で極めて重要な点であり，建築構造は，数学のような答えが1つしかない学問とは大いに異なる。たとえば，木材が豊富なわが国ではその木材を利用した木造建築物，メソポタミア文明では豊富な粘土と天候を利用した日干しレンガ造，豊富な氷を利用したエスキモーの住宅など，その地域に相応しい構造材料（形式）が存在する。つまり，住宅など建築物を建てようとする地域を取り巻く様々な環境を考慮して決定されなければならない。時代や社会環境もまた大きな影響を及ぼす。人件費が安い時代や地域と人件費が高い時代や地域では，やはり相応しい構造形式が異なる。したがって，日本において現在一般的な建物であっても，この思想をそのまま海外の建物にあてはめることはナンセンスである。

　以上述べたように，建物のあり方は決して正解が1つではなく，その時代に，その地域に応じた形態が存在する。本書で示す内容は，建築構造の原理原則を記述することに主眼を置くとともに，第一線で活躍する設計者の意見を取り入れ，現時点の日本国内において一般的と思われる内容を掲載するように注意を払った。より多くの読者が本書を読み建築構造における原理原則を理解し，これからの建築に相応しい構造とは何かを考える手助けになれば幸いである。

2009年9月

元結正次郎

坂田　弘安

藤田　香織

日浦　賢治

「初学者の建築講座」改版にあたって

　日本の建築は，かつての木造を主体とした歴史を経て，明治時代以降，西欧の組積造・鉄骨造の技術導入にも積極的であった。結果として，地震・火災・風水害などが多発する災害国における建築的な弱点を克服する鉄筋（鉄骨）コンクリート構造や超高層建築の柔構造開発に成功を納めた。

　その建築レベルは，企画・計画・設計・積算・法令・施工・維持・管理・更新・解体・再生の各段階において，今や世界最高の水準にある。この発展を支えた重要な要素のひとつが国家資格である建築士試験である。

　「初学者の建築講座」シリーズは，大野隆司前編修委員長の刊行のことばにもある通り，もともと二級建築士の受験テキスト作成を契機として発足し，内容的には受験用として漏れがなく，かつ建築学の基礎的な教材となるものとして完成した。

　その後，シリーズは好評に版を重ねたため，さらに一層，教科書的色彩を濃くした刊行物として，建築士試験合格可能な内容を網羅しつつ，大学・短期大学・専修学校のさまざまなカリキュラムにも対応でき，どんな教科の履修を経なくても，初学者が取り込める教材という難しい目標を掲げて編修・執筆された。

　大学教科書の出版に実績の多い市ヶ谷出版社の刊行物と競合しないという条件から，版型を一回り大きくして見やすく，「読み物」としても面白い特徴を実現するために，頻繁で集中的な編修・執筆会議を経て完成したと聞いているが，今回もよき伝統を踏襲している。

　この度，既刊シリーズの初版から，かなりの期間が経ったこともあって，今回は現行法令への適合性や建築の各分野で発展を続ける学術・技術に適応すべく，各巻の見直しを全面的に行った。

　その結果，本教科書の共通の特徴を，既刊シリーズの特徴に改善点を含めて上書きすると以下のようになる。

1) 著者の専門に偏ることなく，**基礎的内容を網羅し，今日的な話題をコラム的**に表現すること
2) **的確な表現の図表**や写真を多用し，**全ページで2色刷り**を使用すること
3) 学習の要点を再確認するために，**例題や確認問題**などをつけること
4) 本文は**読み物としても面白くしながらも，基礎的知見を盛り込む**こと
5) **重要な用語はゴシックで表示し，必要に応じて注で補う**こと

　著者は既刊シリーズの担当者を原則としたが，内容に応じて一部交代をしている。いずれも研究者・実務者として第一線で活躍しており，教え上手な方々である。「初学者の建築講座」シリーズの教科書を通して，建築について多くの人々が関心を寄せ，建築への理解を深め，楽しむ仲間が増えることを，関係者一同大いに期待している次第である。

2016年1月　　　　　　　　　　　　　　　　　　　　　　　監修者　長澤　泰

「初学者の建築講座」発行にあたって（初版発行時）

　建築業界は長い不況から抜け出せないでいるが，建築を目指す若者は相変わらず多く，そして元気である。建設量が低迷しているといっても欧米諸国に較べれば，まだまだ多いし，その欧米にしても建築業界は新たな構想に基づく建築需要の喚起，わが国ではリフォームと一言で片づけられてしまうことも，renovation・refurbishment（改修）や conversion（用途転換）など，多様に展開して積極性を維持している。ただ，建築のあり方が転換期を迎えたことは確実なようで，新たな取り組みを必要とする時代とはいえそうである。

　どのような時代であれ，基礎知識はあらゆるもののベースである。本編修委員会の母体は，2級建築士の受験テキストの執筆依頼を契機に結成された。内容的には受験用として漏れが無く，それでいて建築学の基礎教材的な性格を持つテキストという，いわば二兎を追うものとして企画され，2年前に刊行された。

　幸いシリーズは好評で順調に版を重ねているが，その執筆が一段落を迎えたあたりから，誰言うともなく，さらに一層，教科書的な色彩を強めた本の作成希望が提案された。内容としては，建築士に合格する程度のものを網羅したうえで，大学・短期大学・専門学校において，どのようなカリキュラムにも対応できるよう，いずれの教科を経ることなく，初学者が取り組むことが可能な教材という位置付けである。

　市ヶ谷出版社には既に建築関係の大学教科書について，実績のあるものが多く，それとバッティングをしないという条件もあり，判型は一回り大きくして見やすくし，いわゆる読み物としても面白いもの，などを目標に企画をまとめ執筆に入った。編修会議は各巻，毎月約1回，約1年半，延べ数十回に及んだが，これまでに無い教科書をという関係者の熱意のもと，さまざまな工夫を試み調整を重ねた。

　その結果，本教科書シリーズは以下のような共通の特徴を持つものとなった。

  1) 著者の専門に偏ることなく，**基礎的な内容は網羅**すること
  2) **的確な図を新たに作成するとともに，写真を多用**すること
  3) 学習の要点を再確認するために，**例題などをつける**こと
  4) **読み物としても面白く**，参考となる知見を盛り込むこと
  5) **重要な用語はゴシックで示し**，必要に応じて注で補うこと

　執筆者はいずれも研究者・実務者として有能な方々ですが，同時に教え上手としても定評のある方々です。初学者の建築講座の教科書を通して，建築についての理解が深められ，さらに建築を楽しむ人，志す仲間の増えることを，関係者一同，大いに期待しているところです。

2009年9月　　　　　　　　　　　　　　　　編修委員長　大野　隆司

建築構造（第四版）

目次

第 1 章

建築構造とは

洞窟壁画（フランス）
氷河時代の壁画でテントの家といわれている。

　日本では，建築学は工学の一部として位置づけられているが，人々の生活の根幹をなすという意味において，他の工学（機械や電気など）とは一線を画するものである。歴史的に見ても，有史以前から「住まう」という行為がなされてきたことを考えれば明らかである。

　古代ローマ時代の建築家であるウィトルウィルスは，『建築十書』の中で「建築は，強・用・美を兼ね備えていなければならない」と述べている。

　本章では，このうちの「強」を確保するための構造設計の基本について説明する。

2

1・1 建築物の構成要素

1・1・1 基本構成と部材

　建築物とは，外的因子（雨・風）に対して人々を守るために，外部と遮断された内部空間を形成するのが一般的である。この外部と内部を分離するために建物は「屋根」・「壁」などの外皮を有している。もちろんこれら外皮は雨風だけのためにあるのではなく，寒冷・熱波，さらには騒音など種々の外的因子をも遮断する役目を担っている（図1・1）。また，壁は外部空間と内部空間をつなぐ開口（出入口や窓）を一般に有する。

　本来必要なのはこれら外皮なのであるが，この外皮は台風時に飛ばされたり，地震時に崩れ落ちたりしては，目的を達成できないばかりでなく，人命をも奪うものとなってしまう。このようなことがないように工夫すること，およびその仕組み，これが建築構造である。

　外皮（屋根・壁）のみで建物に作用する種々の力に対して安全に設計されたものを通常，**壁式構造**とよんでいる（図1・2）。この壁式構造に属する具体的な事例は，現代における低層の集合住宅やレンガ・石などを用いた組積（そせき）造あるいは日本古来の土蔵などである（図1・3）。

　しかしながら，この壁式構造は建築計画上の制約が大きい。住宅などではこの制約はあまり問題とならないが，事務所ビルなどの大・中規模の建物では，長期間の使用に耐えるためには自由な（フレキシブルな）空間が望ましい。そこで，内部空間を比較的自由に設計することができる**骨組構造**が多用される（図1・4）。骨組構造は，柱および**大梁**（おおばり）などからなる。

図1・1　建築物の役割

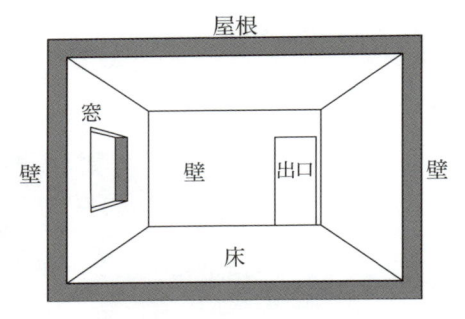

図1・2　壁式構造（概念）

図1・3　壁式構造事例（箱）

また，どのような構造形式を採用する場合でも，建物はその敷地内に常に建っていなければならない。この建物の地盤との接点の部分を**基礎**とよぶ。基礎は建物を支える重要な部位（ぶい）であることは言うまでもない。

以上，説明した建物が建っているために必要な柱，梁などを**構造部材**といい，これらからなる骨組を**主要構造体**，**主要架構体**あるいは主架構とよぶ（図1・6）。主要構造体は，台風時や地震時に建物に作用する力に抵抗し，この力を基礎，地盤に伝達することが要求される。

これに対して，外皮や内部の仕上げ，そしてそれらを整えるために必要な要素のことを**2次部材**あるいは**非構造部材**などとよぶ（図1・7）。2次部材は部分的に作用する力を主要構造体に伝達するために用いられる。これに属するものの例としては，床面を形成するもの，屋根面を形成するもの，間仕切り壁，外壁仕上げ，階段などである。2次あるいは非構造という言葉から想像されるように，これらは構造上，副次的なものと位置付けられているが，建物が健全に使用されるためには極めて重要なものである。

また，柱や梁などを含め，建築物を構成する要素を総称して**部材**とよぶ。

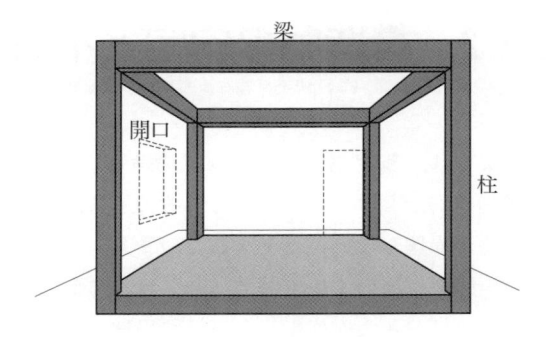

図1・4 骨組構造（概念）

図1・5 骨組構造事例

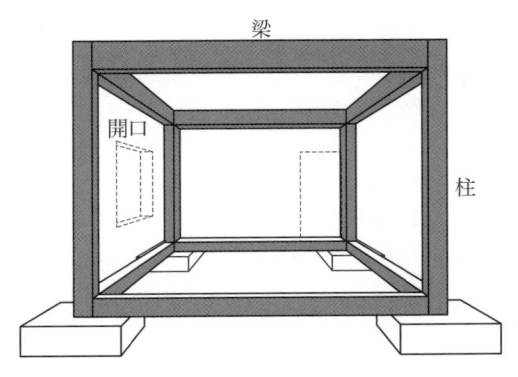

図1・6 主要構造体

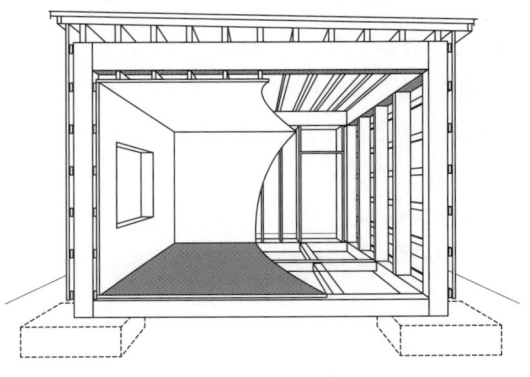

図1・7 2次部材の例

1・2　構造物の安定と不安定

1・2・1　安定構造物と不安定構造物

　建物の安全とは，考えられる外的因子に対して建物が崩壊しないこととする。つまり，安全でない建物は崩壊するものであり，極めて危険な建物は僅かな力が作用しただけで崩壊するものとなる。極めて危険な建物のことを**不安定構造物**とよぶ。不安定構造物の典型的な事例として図1・8に示す構造が挙げられる。

　これは図1・8(a)のように切った5つの厚紙を重ねて穴をあけピンをさし，図1・8(b)のような四角形を作ったものである。このような構造に，僅かな水平な力が作用した場合，図1・8(c)のように簡単に崩れてしまう。

　次に，厚紙とピンで図1・9に示すような模型を作り，図中にあるように力を作用させてみる。四角形の場合とは異なり僅かな力で三角形が崩れてしまうことはない。実際に手で押してみると，手には何らかの抵抗を感じるはずである。このように形を保持しようとする性能を有する構造を一般に**安定構造物**とよぶ。

　四角形と三角形の違いは，四角形の場合には4辺の長さが決定されても長方形から平行四辺形まで様々な形を取り得るのに対して，三角形の場合は3辺の長さが決定されると同じ形の三角形しか存在しない（中学校で習った三角形の合同条件による）ためである。つまり，三角形で構成された主架構は力が作用しても原形を保持しようとする。

　三角形の安定性を直接利用した実際のものとして，写真撮影に用いる三脚や脚立，テントなどがある。

　三角形が安定した形であることは上述したとおりであるが，残念ながら，建物の多くは，直

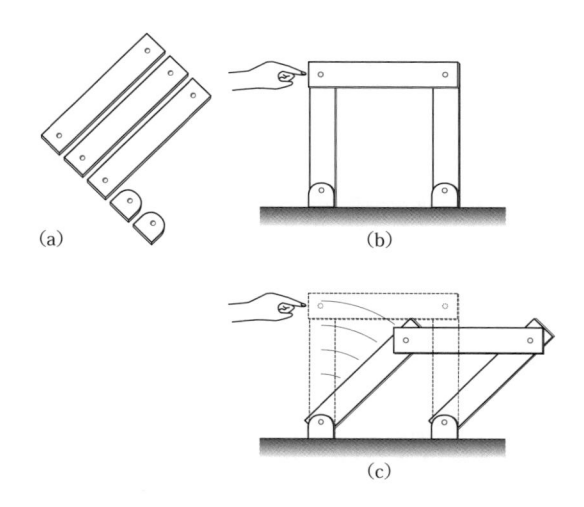

図1・8　不安定構造物の一例

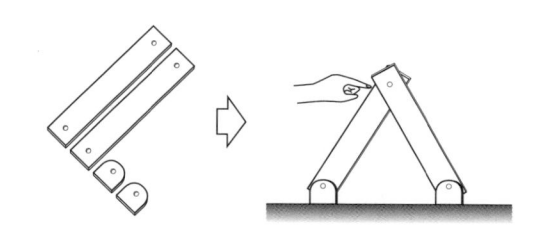

図1・9　三角形からなる構造

方体であり，長方形からなっている。そこで，不安定な建物とならないための工夫として，これまでいろいろなものが考案され現在まで使用されてきている。いずれの考え方も基本的には，長方形が平行四辺形になろうとするのをどのように抑制するかというものである。

1・2・2　安定構造物の基本的仕組み

(1)　面で抵抗する仕組み（図 1・10）

これは，長方形が平行四辺形にならないようにするためには，その四角の中を埋めてしまえばよいという考え方であり，すこぶる自然な考えである。前述の壁式構造がこれにあたる。

(2)　対角部材を挿入する仕組み（図 1・11）

木や鉄骨などは棒状の部材を用いて主架構を形成するのが一般的であり，このような材料を用いる場合には，四角形の中を埋めるという仕組みは適さない。そこで，埋める効果と同様の効果を持つ仕組みとして，四角形の対角線上に**筋かい**あるいは**ブレース**と呼ばれる部材を配置する仕組みが用いられる。このように対角線上に部材を配置することにより，三角形が形成される。前述したように三角形は安定した形であるから，この架構は安定構造物となる。

(3)　柱を土中に埋め込む仕組み（図 1・12）

柱を電柱のように土中に埋め込むことにより柱自体が自立できるようにする仕組みである。柱の根元（柱脚と呼ぶ）は地面にしっかりと握られた状態となっており，固定支持となっている。柱だけで安定しているのであるから，この架構もまた安定構造物となる。

(4)　柱・梁を剛接合とする仕組み（図 1・13）

これは，柱と梁をピンでつなぐのではなく，しっかりと糊付けし，∏形一体となるものを作ってしまう仕組みである。このように一体化することを目的とする接合方法が剛接合である。この場合には，元々∏形をしているものであるから僅かな力で平行四辺形になることはなく，これも安定構造物となる。

以上の仕組みは単独で用いられる場合もあるが，一般にはこれらを組合せて用いられる。その中で積極的に(4)を利用する構造を**ラーメン構造**とよび，(2)を積極的に利用するものを**ブレース構造**とよぶ。

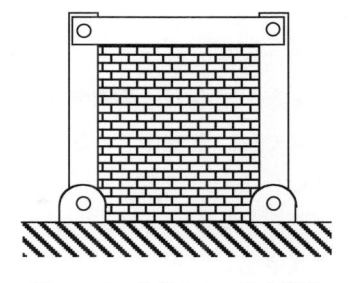

図 1・10　仕組み 1　壁式構造

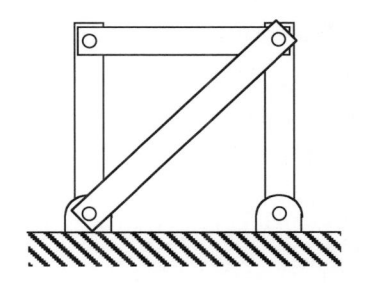

図 1・11　仕組み 2　ブレース構造

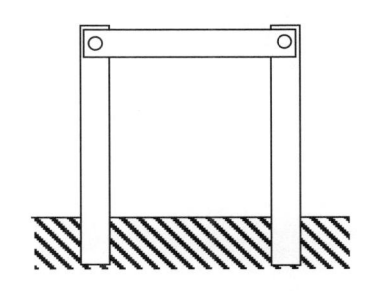

図 1・12　仕組み 3　掘建て柱構造

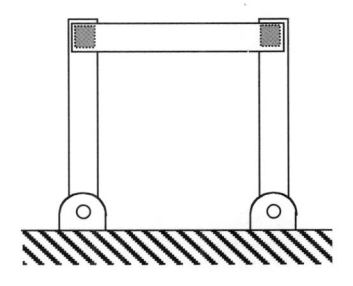

図 1・13　仕組み 4　ラーメン構造

1・2・3　3次元的安定への配慮

　また，建物は立体であることから，3次元的な安定性が実際の構造では要求される。

　通常の設計では，直方体形の建物を3次元的に安定させるために，安定した面で壁面を形成し，さらにそれらを安定した面とした床や屋根および基礎部で繋ぎ合わせることにより，3次元的に安定した構造となるようにしている。床面や屋根面を安定させる方法としては，当該面を鉄筋コンクリートなどで埋めてしまう方法（図1・14左），面にブレース（水平ブレースなどとよぶ）を設置する方法（図1・14右）および隅角部に火打材とよばれる部材を設置する方法などがある。

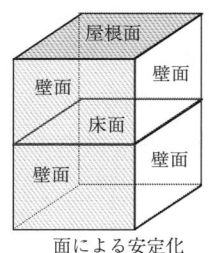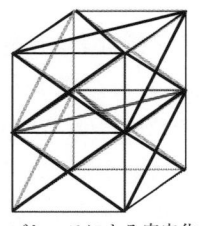

面による安定化　　　ブレースによる安定化

図1・14　建物の場合

1・3　建築物に作用する外力とその伝達メカニズム

1・3・1　概要

　建築物に作用する力は荷重・外力といわれる。一般に建築設計時に考慮する代表的なものは次のようなものがある（図1・15）。

① **固定荷重**：建築物自体の自重
② **積載荷重**：生活者や家具などの重量
③ **積雪荷重**：積もった雪の重量
④ **風 圧 力**：風による圧力
⑤ **地 震 力**：地震時に作用する力

　その他に，地下構造物では土圧や地下水による水圧が，工場などではクレーン荷重が付加されたりする。なお、クレーン荷重に対する検討においては、何百万回とクレーンが行き交うことによる繰り返し荷重に対する高サイクル疲労破壊しないように配慮する。

　また，温度差が大きくその影響を構造体が直接受けるような場合には，温度差により膨張・収縮することから生じる見かけ上の外力も考慮しなければならない。

　上記の荷重のうち，①，②は建物が存在するかぎり常に（長い期間にわたり）作用するものであることから，①，②を**常時荷重**とよび，③〜⑤は積雪時，暴風時，地震時の比較的短時間にのみ建物に作用するものであることから，**臨時荷重**などとよばれる。ただし，多雪地域では積雪が数ヶ月観測されることから，常時荷重に準じて取り扱われる。

　この他の分類方法としては，荷重の方向に着目する方法（鉛直荷重，水平荷重）や荷重の作用する形態に着目する方法（集中荷重，分布荷重）などの方法がある。

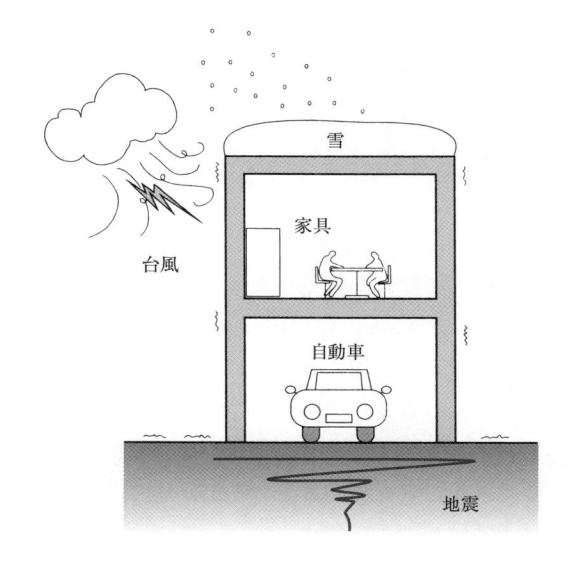

図1・15　建物に作用する様々な荷重

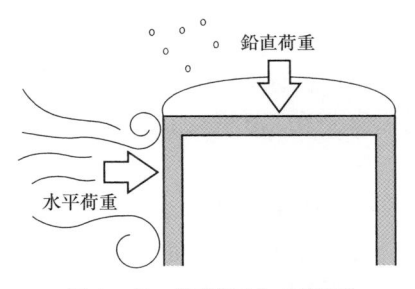

図1・16　鉛直荷重と水平荷重

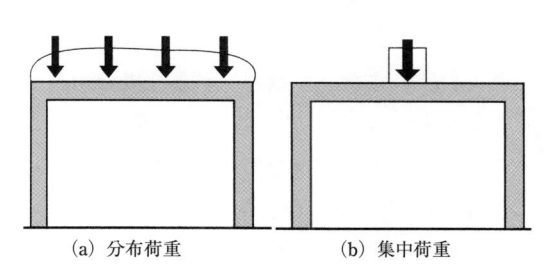

（a）分布荷重　　　　（b）集中荷重
図1・17　集中荷重と分布荷重

1・3・2　固定荷重

　固定荷重の代表的なものは，単位体積あたりあるいは単位面積あたりの重量が，規準などで表1・1のように決められている。これらの値を用いて積算（累積）することにより求める。

　この荷重は重力に依存するものであるから鉛直荷重であり，構造計算上は分布荷重として取り扱われる。

1・3・3　積載荷重

　建物の中には，多くの人や家具などが存在している。これらは部屋の使用目的によって表1・2のように決められている。

　この荷重もまた重力に依存するものであるから鉛直荷重である。構造計算上は一般には分布荷重として取り扱われる。また、柱の垂直荷重による圧縮力を計算する場合，その柱が支える床の数に応じて表1・2の骨組設計用積載荷重値を低減することができる。ただし、＊付のみに限られる。

1・3・4　積雪荷重

　積雪荷重 $S(N)$ は次式によって計算される。

$$S = \rho \cdot d \cdot A$$

ここに，　ρ：積雪の単位重量（N/cm/m²）

　　　　　d：積雪深さ（cm）

　　　　　A：屋根の水平投影面積（m²）

　なお，ρ は一般地域では20N/cm/m²が用いられ，d は過去のデータをもとに地域別に決められている。また，屋根勾配が急な場合や雪下ろしの習慣があるところでは d を低減することができる。特に屋根勾配が60度を超える場合には $d=0$ とすることができる。

　この荷重も鉛直荷重であり，構造計算上は分布荷重として取り扱われる。また，図1・18に示すように，雪が屋根に満載した場合と偏載している場合を比較すると，満載しているときの

表1・1　固定荷重の例

建築物の部分	種別	荷重 (N/m²)	備考
屋* 根	瓦葺（葺なし）	640	下地および垂木を含み，母屋を含まない。
	石綿スレート葺	340	
	長尺金属板葺	200	
	母屋（支点間距離 ≦ 2 m）	50	
壁**	下見板張り・繊維板張り	100	下地を含み，木造軸組を含まない。
	木ずりしっくい塗	340	
	鉄網モルタル塗	640	
	木造建築物の壁軸組	150	柱・間柱・筋かいを含む。

（注）＊ 屋根面積あたりの荷重　　＊＊ 壁面積当たりの荷重

表1・2　積載荷重の例

室の種類		床設計用 (N/m²)	骨組設計用 (N/m²)	地震力算定用 (N/m²)
住宅の居室，病室		1800	1300*	600
事務室		2900	1800*	800
教室		2300	2100*	1100
百貨店または店舗の売場		2900	2400*	1300
集会所	固定席	2900	2600	1600
	その他	3500	3200	2100
自動車車庫		5400	3900*	2000
教室・店舗・集会室の廊下		3500	3200	2100
屋上広間またはバルコニー	一般	1800	1300	300
	学校または百貨店	2900	2400	1300

重くても平気　　　　軽いはずなのに大変！

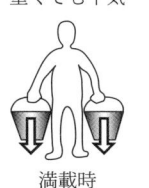

満載時　　　　　　　片側偏載時

図1・18　積雪荷重

方が上式の A の値が大きいので，S もまた大きくなる。しかしながら，バランスという観点からいうと，偏載しているときの方が建物にとっては不利な場合があるので注意しなければならない。

1・3・5　風圧力

風圧力 P（N）は次式によって計算される。

$$P = q \cdot C_f \cdot A \qquad q = 0.6EV_0^2$$

ここに，q：風による速度圧（N/m²）

C_f：風を受ける部分の風力係数

A：その部分の面積（m²）

E：高さや周辺環境に応じた数値

V_0：過去の記録を考慮した風速

　この荷重は風圧力が作用する壁・屋根面に直角方向に作用する。構造計算上は分布荷重として取り扱われる。

風力係数 $C_f = C_{pe} - C_{pi}$

　C_{pe}：屋外から当該部分を垂直に押す方向を正とする
　C_{pi}：屋内から当該部分を垂直に押す方向を正とする

（1）外圧係数（C_{pe}）

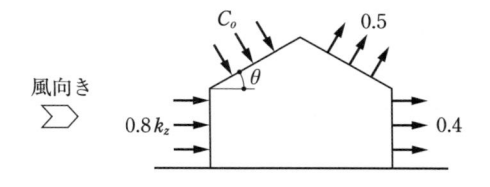

左図屋根の風上面の外圧係数 C_o

θ	正の係数	負の係数
10° 未満	－	− 1.0
10°	0	− 1.0
30°	0.2	− 0.3
45°	0.4	0
90°	0.8	－

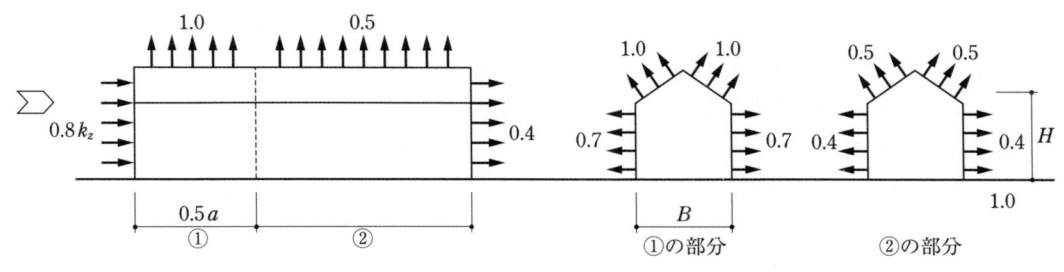

k_z：1.0以下の数値。建築物の敷地・形状によって計算して求められる。
a：H の2倍と B の数値のうち，いずれか小さな数値（単位　m）

（2）内圧係数（C_{pi}）

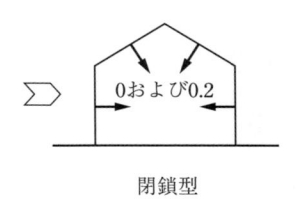

閉鎖型

図1・19　風圧係数

1・3・6 地震力

現在の日本において最も重要な設計荷重である。そこで，まず最初に，建物に作用する地震力とはどのようなものかについて多少詳しく説明することとする。

今まで述べてきた荷重と地震力は根本的に異なる。たとえば，固定荷重，積載荷重および積雪荷重は，目に見えるはっきりした物があるからこそ，その重量を荷重として考えたのであり，風圧力も風が壁にあたることにより作用する力である（図1・20(a)）。これに対して地震時に揺れるのは本来地盤であり，地盤が揺れることにより建物に力が作用する。この目に見えない効果により作用する力が地震力である（図1・20(b)）。

これは電車に乗っているときと同じで，電車が発車するときや停車するときには，誰かに押されている訳ではないにも関わらず，乗客には力がかかるのと同じである（図1・21）。少々難しいいい方をすれば，「動き方が変化するとき（加速度が働くとき）物体には必ず力が作用し，この力の大きさは物体の質量に比例する。」これをニュートンの運動の第2法則という。

式で表すと，物体に加速度が働くときに作用する力 P（N）は，

$$P = M\alpha$$

となる。ここに，M は物体の質量（kg）で，α は加速度（m/sec²）である。つまり，同じ加速度であっても重いものほど大きな力を受けることになる。電車の例でいえば，同じ車両に乗っていても体重の重い人ほど大きな力が作用する（図1・22）。

では，地震時に建物に生じる加速度はどのようになるのであろうか。これを説明する最も単純な力学モデルは，図1・23に示すような1つのバネと1つの錘（おもり）からできているモデルである。これは，振り子や音楽室などに置

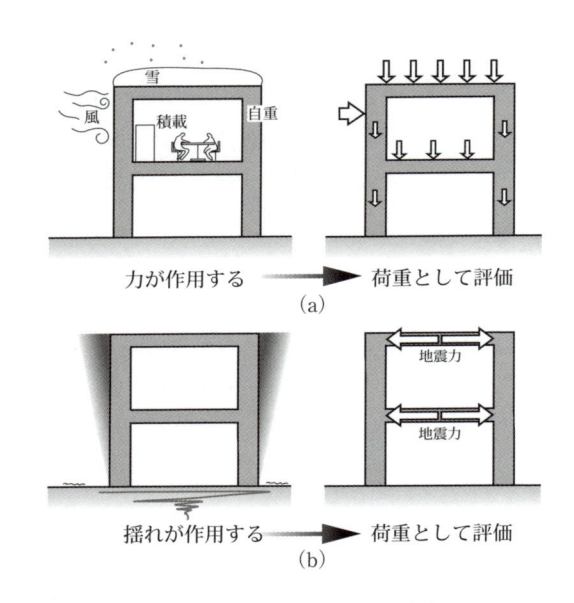

力が作用する → 荷重として評価
(a)

揺れが作用する → 荷重として評価
(b)

図1・20　地震力は特殊な荷重

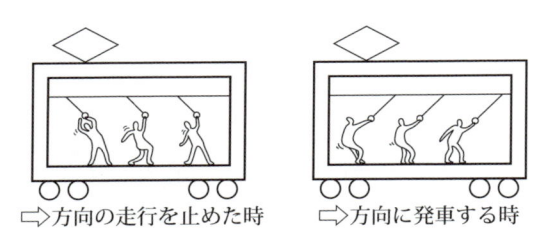

⇨方向の走行を止めた時　　⇨方向に発車する時

図1・21　地震時に作用する力は，電車の発射・停車時に乗客に作用する力と同じ

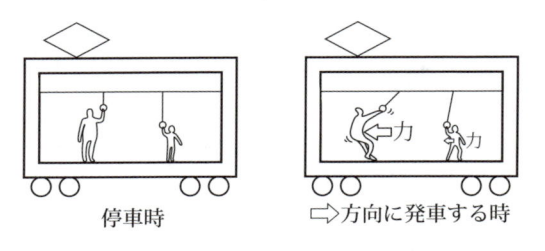

停車時　　⇨方向に発車する時

図1・22　体重の大きな人には大きな力　体重の少ない人には小さな力

図1・23　地震時における建物の揺れの単純なモデル

いてあるメトロノームのように，横に引っ張ってから手を離すと一定の周期で揺れ始める（図1・24）。周期というのは錘が1往復するのに要する時間である。つまり一定のリズムで揺れるのである。この周期（リズム）T（sec）は次のように表される。

$$T = 2\pi\sqrt{\frac{m}{k}}$$

ここに，m：錘の質量（kg）

k：バネの剛性（N/m）

π：円周率（≒3.14）

この式は極めて重要な式であり，この式から次のようなことがいえる。

・質量 m が式の分子にあるので，質量が大きいものは周期も長くなる。逆に質量が小さいものは周期も短くなる（図1・25）。

・剛性 k は式の分母にあるので，剛性が高いものはその周期は短くなり，逆に剛性が低いものは周期は長くなる（図1・26）。

なお、地震力算定に用いられる設計用一次固有周期（単位 s）は、建築物の高さ（単位 m）に、純粋な木造または鉄骨造の場合には 0.03 を、鉄筋コンクリート造の場合には 0.02 を乗じて算出する。これからも分かるように高さが同じ建物であれば、鉄骨造建築物に比べて鉄筋コンクリート造建築物のほうが固有周期が短くなる。

周期というものを理解した上で，次にこのモデルを揺すったとき錘はどのように揺れ動くかを説明する。

図1・27のようにモデルの根元を揺するときに，先に述べたモデルの周期と同じリズムで揺すった場合と，異なるリズムで揺すった場合とでは，同じ錘・バネからできていても揺れ方は異なる。周期とは違うリズムで揺すった場合にはあまり揺れないのに対して，同じリズムで揺すったときは大きく揺れる。後者のことを**共振**とよぶ。つまり，建物の周期と地震の動きのリ

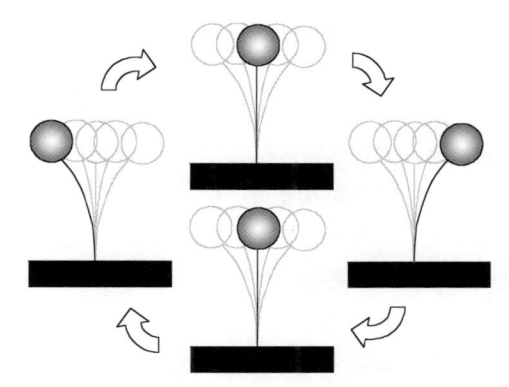

図1・24　周期的な運動

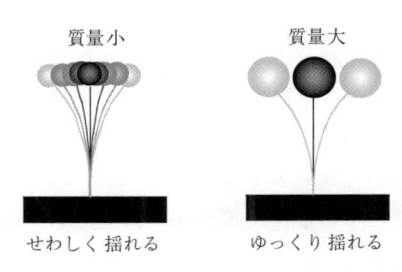

質量小　　　質量大

せわしく揺れる　　ゆっくり揺れる

図1・25　質量の周期への影響

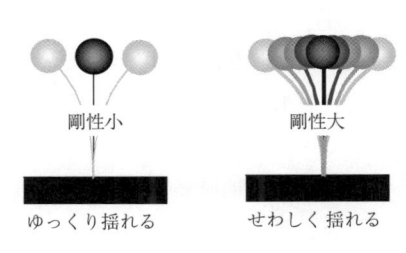

剛性小　　　剛性大

ゆっくり揺れる　　せわしく揺れる

図1・26　剛性の周期への影響

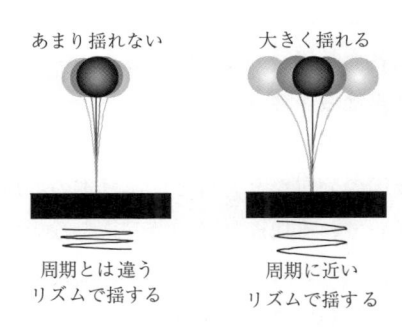

あまり揺れない　　大きく揺れる

周期とは違う
リズムで揺する　　周期に近い
リズムで揺する

図1・27　揺さぶり方の違いによる揺れ方の違い

ズムが合致した場合建物は大きく揺れ，両者の
リズムが大きく異なる場合には建物はあまり揺
れないのである。当然ながら大きく揺れる場合
には大きな力が建物に作用していることになる。

　ちなみに、免震構造は、建築物の長周期化を
図ることにより、地震動との共振現象を避ける
働きを有している構造である。

　以上が，地震力に関する概要である。では，
次に実際に設計で用いられる設計用地震力の算
定方法について説明する。

(1)　設計用地震力

　設計用地震力の算定は，建物に作用する力を
求めるのではなく，揺れにより建物内部に生じ
る力（これをせん断力とよぶ）を求めることと
している（図1・28）。

　地震時に建物の i 層（階に相当）に発生する
せん断力である**地震層せん断力** Q_i（N）は次式
により求められる。

$$Q_i = C_i \cdot W_i$$

　ここに，　C_i：i 層の地震層せん断力係数

　　　　　W_i：その層が支える固定荷重と積載
　　　　　　　　荷重の和（N）

　さらに，**地震層せん断力係数** C_i は，

$$C_i = Z \cdot R_t \cdot A_i \cdot C_0$$

　ここに，　Z：地震地域係数

　　　　　R_t：振動特性係数

　　　　　A_i：高さ方向の分布を示す係数

　　　　　C_0：標準層せん断力係数

として計算することができる。

　次に各変数について説明する。

(2)　地震地域係数 Z

　地震地域係数とは，過去の地震記録や地震発
生の要因の分布などをもとに，日本の各地域ご
とに予想される地震動の強さの比を数値化した
ものであり（図1・29），建物が建設される場
所によって1.0，0.9，0.8，0.7の中から決定され
る値である。

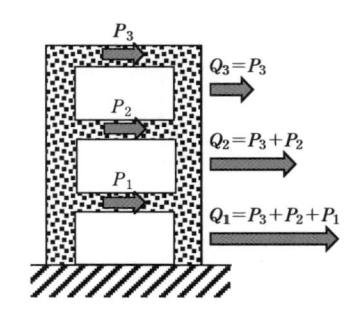

図 1・28　地震力と地震層せん断力の関係

図 1・29　地震地域係数

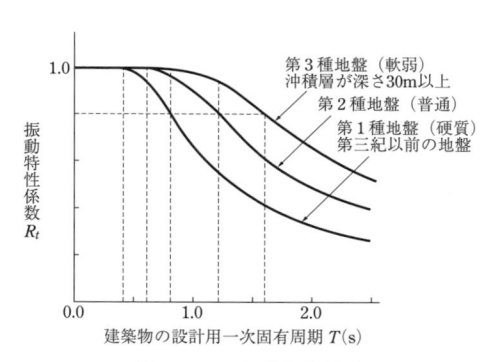

図 1・30　振動特性係数

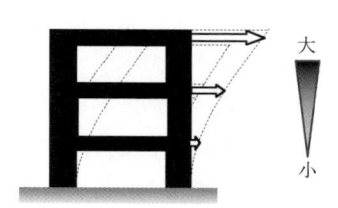

図 1・31　高さ方向の揺れ方

(3) 振動特性係数 R_t

振動特性係数とは，地震時における建物の揺れ方に応じて地震力を低減できるようにしたものである。その値は，1.0を基本（つまり低減なし）として，建物の固有周期と地盤に応じて図1・30のように規定されており，一般に建築物の設計用1次周期が長くなるほど小さくなる。

(4) 高さ方向の分布を示す係数 A_i

A_i は，地震層せん断力係数の建物の高さ方向の分布を表す係数である。これは建物の揺れ方が高さ方向で異なるために設けられている。

(5) 標準層せん断力係数 C_0

後述する設計段階により異なる値が規定されており，1次設計では0.2以上（ただし，地盤が著しく軟弱な区域として指定されている区域内における，木造の建物では0.3以上），必要保有水平耐力の算定（2次設計）では1.0以上を採用する。設計では，1次設計で想定する地震のことを「まれに発生する地震」とよび，2次設計で想定する地震のことを「極めてまれに発生する地震」とよぶことがある。

(6) その他の地震力

地下階や基礎などに作用する地震力は，当該部分の固定荷重と積載荷重の和に水平震度 k を乗じて計算する。k は次式にて計算される。

$$k \geq 0.1\left(1-\frac{H}{40}\right)Z \quad H:深さ$$

この式からわかるように，地中深い部分ほど水平震度は小さくなる。

また，屋上から突出する水槽や煙突などは主要構造体ではないが，建物本体に比べ大きな加速度が作用するので，充分配慮する必要がある。

なお，地震力は一般の建物では水平地動のみを対象とするので水平荷重となる。構造計算上は，質量が集中している各階の床レベルの集

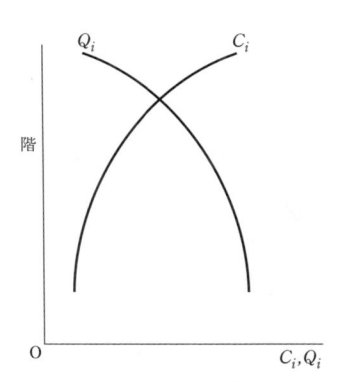

図1・32　地震層せん断力係数 C_i と地震層せん断力 Q_i の高さ方向分布

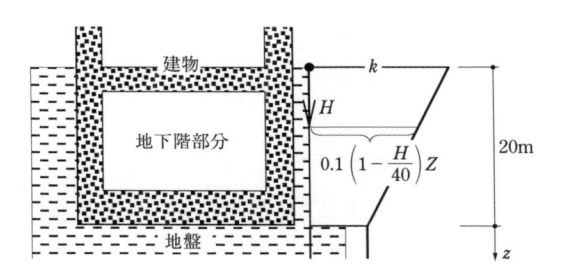

図1・33　地下部分の地震力

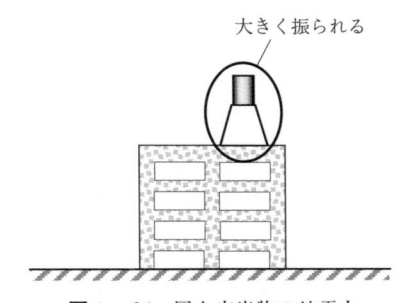

図1・34　屋上突出物の地震力

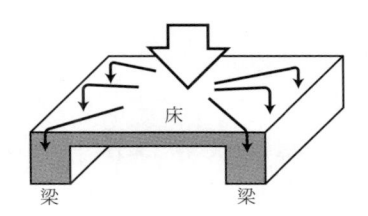

図1・35　床に作用する力は床面内を流れて梁へと伝達される

中荷重として取り扱われる（図1・28のP_3など）。

1・3・7　構造物内の力の伝達の仕組み

(1)　鉛直荷重

固定荷重，積載荷重および積雪荷重などは，

① 屋根面や床面に直接作用し，屋根あるいは床を介して屋根や床を支える梁に伝達される。

② 梁に伝達された力は，梁を支える下階の柱に伝達される。

③ 柱に伝達された力は，より下階の柱に伝達され，最後に柱を支える基礎，さらには地盤へと伝達される。

(2)　水平荷重

風圧力や地震力の水平荷重は，

① 風圧力は主として壁面に作用し，地震力は主として床面（質量が集中しているところ）に作用し，これを支える梁に伝達される。

② 梁に伝達された力は，ラーメン構造の場合には柱，壁式構造やブレース構造の場合には壁またはブレースにより下階へと伝達される。

③ ①と②を繰返し，より下階へと力は伝達され，最後に基礎・地盤へと伝達される（図1・37）。

以上述べたように，床面，屋根面や壁面は建物に作用する力を伝達する機能があり，床面に開口を不用意に設けると，この機能が働くなる可能性があるので，開口の設置にあたっては充分な配慮が必要である。たとえば，床には多くの場合，階段やエレベータのための開口や設備配管（上下水道管や空調用配管）のための開口が必ず設けられる。このとき図1・38にあるように，ある区間に集中させると，架構への力の伝達ができなくなり，その結果，すべての架構

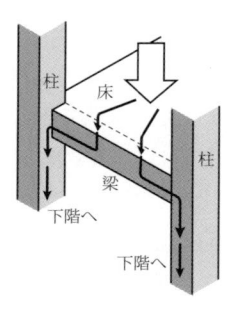

図1・36 梁へと伝達された力は梁内部を流れて柱へと伝達される

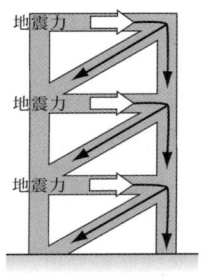

地震力

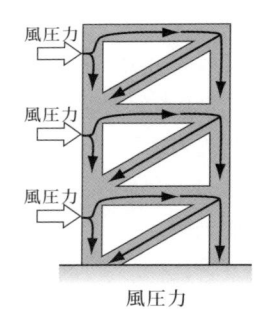

風圧力

風圧力・地震力は，ブレース（壁）・柱を経由して，下階へと伝達される

図1・37 水平荷重の伝達メカニズム

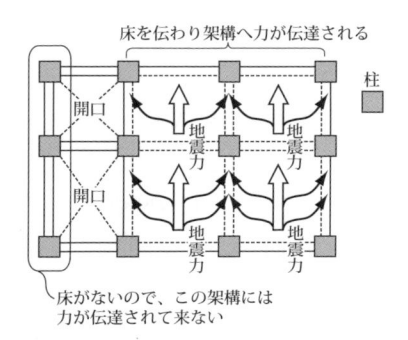

図1・38 床の役割と開口の影響

が有効に働かないことになる。図1・38の例では4つの架構があるので，もし，図のように開口が集中していなければ，4つの架構で地震力を負担することができるのに対して，この例では最左側の架構には力が伝達されず，残りの3つの架構で地震力を負担しなければならず，構造的に非常に不利となる。

例題 1

次の記述のうち，正しいものには○，誤ってるものには×をつけよ。

(1) 耐力壁の配置が各階で異なっているため，床や屋根の面内剛性を高くし，地震力などの水平力に対して建築物が一体となって抵抗できるように計画した。

(2) 建築物の固有周期は構造物としての剛性が大きいほど，質量が小さいほど，長くなる傾向がある。

(3) 一般に，同じ地震においても，個々の建築物の固有周期の違いにより，建築物の揺れの大きさは異なる。

(4) 地盤が著しく軟弱な区域として指定された区域内における木造の建築物の標準せん断力係数は，原則として，0.2以上とする。

(5) 振動特性係数 R_t は，建築物の設計用一次固有周期及び地盤の種別に応じて算出し，一般に，固有周期が長くなるほど小さくなる。

(6) 地震地域係数 Z は，過去の震害の程度及び地震活動の状況などに応じて，各地域ごとに1.0から0.7までの範囲内において定められている。

(7) 建築物の地上部分の各階における地震層せん断力係数 C_i は，一般に，上階になるほど大きくなる。

例題 2

図のような方向に風を受ける建築物のA点における風圧力の大きさとして，**最も適当な**ものは，次のうちどれか。ただし，速度圧は1,000N/m²とし，建築物の外圧係数及び内圧係数は，図に示す値とする。

(1) 160N/m²
(2) 200N/m²
(3) 360N/m²
(4) 400N/m²
(5) 600N/m²

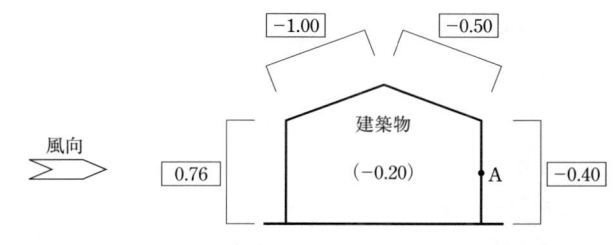

※ □ 内の値は外圧係数を，（ ）内の値は内圧係数を示す。

例題 3

　多雪区域外における一般的な2階建の建築物の1階の構造耐力上主要な部分に生じる地震力として，**最も適当なもの**は，次のうちどれか。ただし，地震層せん断力係数 C_i は0.2とし，また，屋根部分の固定荷重と積載荷重の和を W_R とし，2階部分の固定荷重と積載荷重の和を W_2 とする。

(1) $0.2 \times W_R$

(2) $0.2 \times W_2$

(3) $0.2 \times \dfrac{W_R}{W_2}$

(4) $0.2 \times \dfrac{W_R}{W_R + W_2}$

(5) $0.2 \times (W_R + W_2)$

1・4　構造設計法の概要

1・4・1　剛性，強度および靭性

　今，地震力を想定した水平力を建物に加え（図1・39），この水平力をゼロから徐々に大きくした場合を考える。水平力と変位の関係を示したものが図1・40である。水平力がゼロからある値に達するまでは，力が大きくなるにつれ，変位は比例的に大きくなる。しかしながら，ある値に達すると，構造体の一部に損傷（ダメージ）が生じ，変形のみが進行する。そしてついには，力を維持できなくなり建物は倒壊していく。

　当初の力と変位が比例関係にあるときの比例定数のことを**剛性**と呼び，建物のかたさを表す。特に，ここで対象とするような水平力に対するかたさのことを水平剛性という。

　また，建物が耐えることができる最大の荷重の大きさを**強度**あるいは**耐力**と呼び，大きな荷

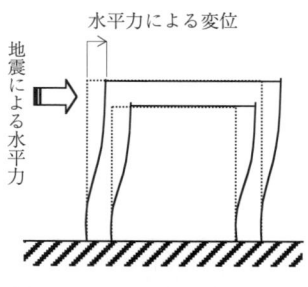

図1・39　地震力を受ける建物

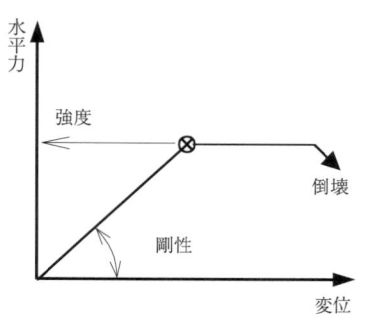

図1・40　強度と剛性

重に耐えられる構造のことを高い強度（耐力）
を有するという。

　高い強度を有する建物は，低い強度の建物よ
りも損傷を受けにくいことは明らかである。た
とえば，図1・41のような場合には，設計時に
考えられる地震力に対して，A，Bは全く損傷
を受けないが，Cは何らかの損傷を受けること
となる。したがって，強度は構造設計する上で
極めて重要な目安となる。この強度に主眼を置
いた設計法の一例が**許容応力度設計法**と言われ
るものであり，現在**1次設計**と呼ばれる段階
にて行われる。この設計法の対象となる荷重
は，固定，積載，雪，風および中規模までの地
震荷重である。

　また，剛性も設計上重要な因子の1つであ
る。剛性が小さい場合には，力が作用した場合
に多大な変形が建物に発生する。地震時の大き
な変形による壁面の脱落（図1・42）や日常生
活における床振動による不快感など様々な障害
を生む。このため現在の設計においては変形が
大きくならないように規制している。

　近年いくつかの地震被害を受ける中で，**靭性**
（じんせい）あるいは粘り強さを重んじる耐震
設計法が施行された。「靭性」とは，建物の一
部が損傷を受けた後も変形は進展するものの，
荷重値は維持する性質（図1・43中のb）を指
し，**脆性**（ぜいせい）は，一部が損傷を受け
た後，荷重を維持することができず急激に耐力
が低下する性質（図1・43中のa）を指す。一
部が損傷する時の水平力の大きさは同じ（強度
が同じ）でも脆性的な性質を持つ建物は倒壊し
やすく，靭性的な性質を持つ建物は倒壊しにく
い。そこで，現在の耐震設計法では，なるべく
靭性のある建物ができるように**偏心率**，**剛性
率**のチェック項目を設け確認させ，その確認
の結果，aに相当すると判断される場合には，
bの場合に比べ，大地震に対する必要な強度を

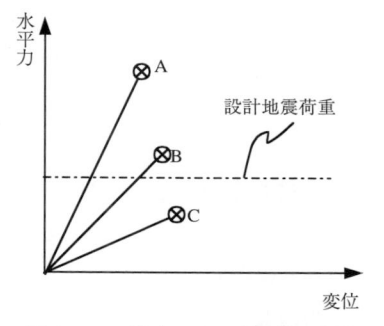

図1・41　強度による安全性の判定

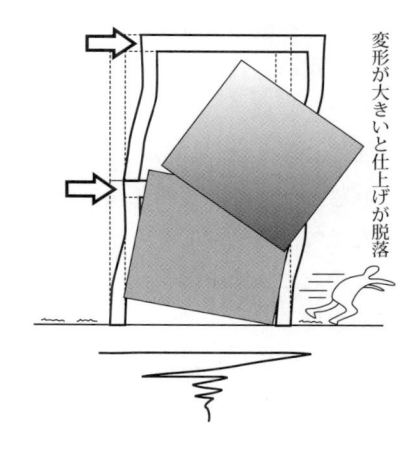

図1・42　変形が大きいと

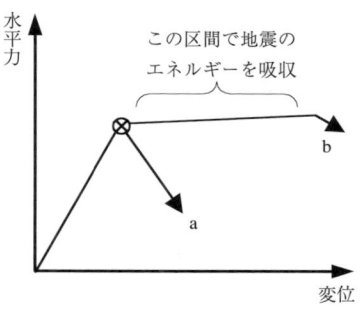

図1・43　靭性とは

高くすることを要求している（**保有水平耐力**の確認）。この確認作業を **2 次設計**と呼んでいる（表 1・3）。

1・4・2　許容応力度と 1 次設計

外力が作用したとき，図 1・44に示すように部材の断面内には力の束が発生する。この力の束のことを**応力度**とよぶ。

一方，構造材料にはそれぞれの材料に対して設計上認められる応力度の上限が決められている。その限界値を**許容応力度**とよび，これに基づき設計する方法を許容応力度設計法とよぶ。

評価対象となる応力度は，表 1・4に示すように，前述した複数の荷重が作用する場合の値を組み合せて用いられる。その組み合わせを大きく分けると，**長期**あるいは**短期**に生じる力に分けられる。長期とは，日常的に作用すると想定される状態を，また，短期とは，日常的な力が作用した上で，非日常的な力（大雪・台風・地震）が作用した状態を指す。

⑴　許容応力度

許容応力度は使用材料により規定されるが，長期に発生する応力度あるいは短期に発生する応力度に対して，それぞれ**長期許容応力度**，**短期許容応力度**と呼ばれる値が設定されている。短期許容応力度は長期許容応力度に比べ1.5〜2倍大きく定められている（図 1・45）。

表 1・3　設計プロセス

> **1 次設計（許容応力度設計）**
> 長期荷重に対する安全性の確認
> 積雪・暴風・中規模地震時における安全性の確認
>
> **2 次設計**
> 地震時の変形のチェック
> 偏心率・剛性率のチェック
> 保有水平耐力のチェック

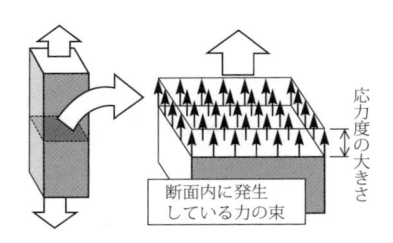

図 1・44　断面内の応力度の分布

表 1・4　力の組合せ

力の種類	状態	一般	多雪区域
長期に生じる力	常時	$G+P$	$G+P+S_1$
短期に生じる力	積雪時	$G+P+S$	$G+P+S$
	暴風時	$G+P+W$	$G+P+W$
			$G+P+S_2+W$
	地震時	$G+P+K$	$G+P+S_2+K$

G, P, S, W, K：固定荷重，積載荷重，積雪荷重，風圧力，地震力により生じる値
S_1：0.70S
S_2：0.35S

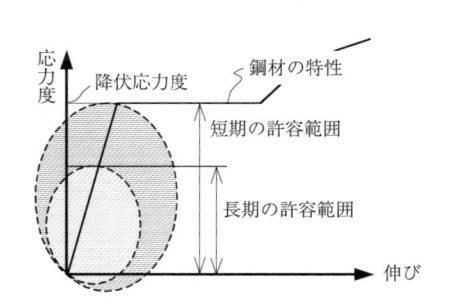

図 1・45　材料の性質（鋼材の場合）

1・4・3　2次設計の検討項目

　1次設計が終了すると，層間変形角のチェックを行い，次に，2次設計と呼ばれる大きな地震に対する安全性の確認作業に入る（表1・3）。ここでは，層間変形角および2次設計におけるチェック項目について説明する。

(1)　層間変形角

　層間変形角とは，図1・46に示すように，地震が起きた場合に生じる層間の変位を階高で除したものである。

　すなわち，

$$層間変形角＝層間の変位／階高$$

として表される。

　通常，この値は1/200以下となることが義務付けられる。ただし，付帯設備や仕上げなどの問題がない場合には1/120以下に緩和することができる。

　層間変形角のチェックは2次設計の最初に行われるものであり，地震時の建物の変形が過大とならないための必須検討項目である（表1・3）。

(2)　剛性率

　剛性率とは，建物の各階の層間変形角をもとに地震力に対する各階のバランスを数値化したものであり，各階の層間変形角の逆数を全層の層間変形角の逆数の平均で除したものである。

　剛性のバランスのとれた建物（図1・48左）では，各階の剛性率はすべて「1」となる。一方，バランスの悪い建物（図1・48右）では，各階の剛性率は不揃いな値となり，図右の1階のような極端に小さい階が存在することになる。地震時にはこのような極端に剛性率が小さい階に被害が集中することになり，最悪の場合，その層が潰れる（層崩壊）場合もある。

　このために，剛性が著しく小さい層が形成されないように，剛性率は0.6以上となるようにする。

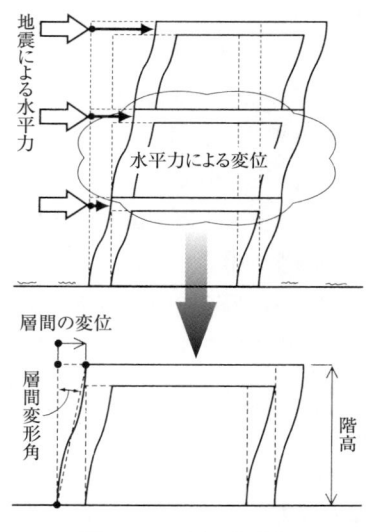

図1・46　層間変形角

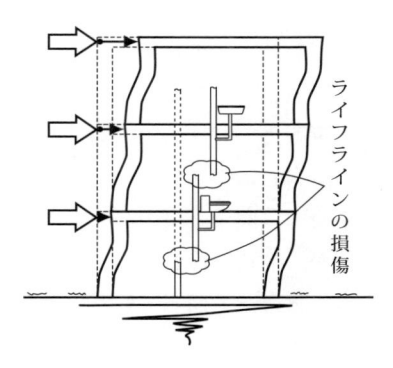

図1・47　層間変形角が大きいと！

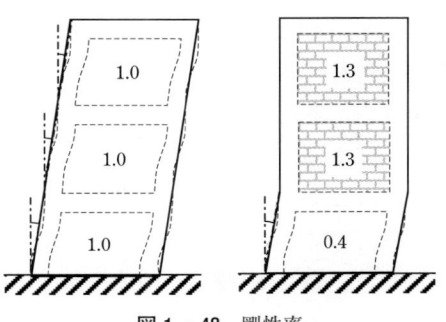

図1・48　剛性率

(3) 偏心率

偏心率とは，図1・49に示すように，建物の各階平面について，剛性の重心（図中の点K）と重量の重心（図中の点G）のズレ（偏心）を数値化したものであり，偏心距離を弾力半径（ねじれにくさを表す値）で除したものである。この剛性の中心を剛心とよび，重量の中心を重心とよぶ。偏心のないバランスのとれた建物では，各階の偏心率はすべて「0」となるが，バランスの悪い建物では偏心率は大きくなる。

図1・50のように，点Gと点Kが大きくずれていると，力が作用する点と動きの中心がずれているということになり，結局，壁のない右側が大きく振られ，この部分に被害が集中する。そこでこのズレをなるべく小さくすることが要求されている。このために，通常，偏心率は0.15（木造は0.3）以下となるようにする。

(4) 保有水平耐力

保有水平耐力とは，建物が保有している水平力に対する耐力（図1・51中の⊗）のことであり，この値が，構造の性質に応じて決められる必要保有水平耐力を上回っていることを確認する。

剛性率の小さい層がある建物や，偏心率の大きな階がある建物に地震力が作用すると，一部分の損傷のみが誘発され，結果として図1・51に示すAのような脆性的な挙動を示す。脆性的な構造の場合には，いったん，保有水平耐力に達すると，建物が崩壊する可能性が高いために，必要保有水平耐力を大きな値とし，保有水平耐力を高くすることで倒壊することを回避する方法を採る。

これに対して，Bのような粘り強い構造の場合には保有水平耐力に達しても直ちに崩壊することはない。そのため必要保有水平耐力は小さな値とすることができる。

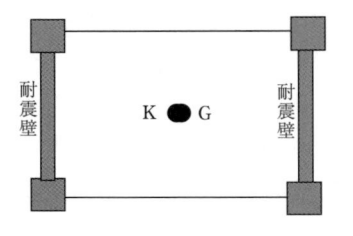

図1・49　偏心のない平面

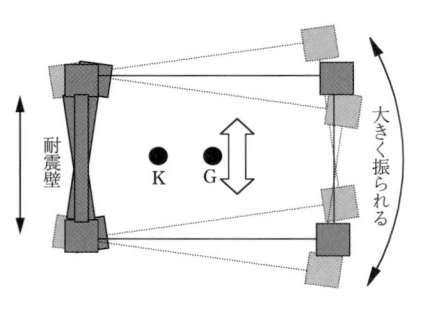

図1・50　偏心の影響

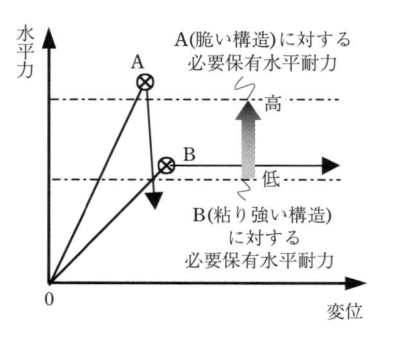

図1・51　必要保有水平耐力

第 1 章 章 末 問 題

次の各問について，記述が正しい場合は○，誤っている場合は×をつけ，誤っている場合は正しい記述を示しなさい。

〔建物に作用する外力〕

【問 1】 同一の室において，積載荷重の大小関係は，一般に，「地震力の計算用」＞「大梁及び柱の構造計算用」＞「床の構造計算用」である。(R3-7)

【問 2】 各階が事務室である建築物において，柱の垂直荷重による圧縮力を計算する場合，積載荷重は，その柱が支える床の数に応じて低減することができる。(R5-7)

【問 3】 屋根面における積雪量が不均等となるおそれのある場合には，その影響を考慮して積雪荷重を計算する。(R1-8)

【問 4】 特定行政庁が指定する多雪区域における地震時の計算に用いる積雪荷重は，短期の積雪荷重の0.7倍の数値とする。(R1-8)

【問 5】 積雪荷重の計算に用いる積雪の単位荷重は，多雪区域以外の区域においては，積雪量 1 cm ごとに2N/m^2以上とする。(R3-7，R4-7：改)

【問 6】 風圧力を計算する場合の速度圧 q は，その地方において定められた風速 V_0 の 2 乗に反比例する。(R5-7)

【問 7】 地震地域係数 Z は，過去の震害の程度及び地震活動の状況などに応じて，各地域ごとに1.0から0.8までの範囲内において定められている。(R2-7：改)

【問 8】 振動特性係数 R_t の算出のための地盤種別は，基礎底部の直下の地盤が，主として岩盤や硬質砂れき層などの地層によって構成されている場合，第一種地盤とする。(R2-7)

【問 9】 地震力の計算に用いる振動特性係数 R_t の地盤種別による大小関係は，建築物の設計用一次固有周期 T が長い場合，第一種地盤＞第二種地盤＞第三種地盤となる。(R5-7：改)

【問 10】 地震力の計算に用いる標準せん断力係数 C_0 の値は，一般に，許容応力度計算を行う場合においては0.1以上とし，必要保有水平耐力を計算する場合においては1.0以上とする。(R5-7：改)

【問 11】 許容応力度等計算において，地盤が著しく軟弱な区域として指定された区域内における木造の建築物の標準せん断力係数 C_0 は，原則として，0.2以上とする。(R2-7，R4-7：改)

【問 12】 建築物の地上部分の各階における地震層せん断力係数 C_i は，一般に，上階になるほど小さくなる。(R2-7)

【問 13】 建築物の地下の各部分に作用する地震力の計算に用いる水平震度 k は，一般に，地盤面から深さ20 m までは深さが深くなるほど小さくなる。(R2-7)

【問 14】 建築物の地下部分の各部分に作用する地震力として，当該部分の固定荷重と積載荷重との和に水平震度 k を乗じて計算した。(R4-7)

【問 15】 建築物の固有周期は，構造物としての剛性が同じであれば，質量が大きいほど長くなる。(R1-19，R2-18)

【問 16】 建築物の固有周期は，構造物としての質量が同じであれば，水平剛性が低いほど短くなる。(R4-18)

【問 17】 形状及び高さが同じであれば，一般に，鉄筋コンクリート造建築物に比べて鉄骨造建築物のほうが固有周期が長くなる。(R2-18)

(注) 問題文の文末にある（R3-7）は，令和 3 年の問題 7 を表し，改は，一部改変を示す。

【問 18】 地震力の計算に用いる建築物の設計用一次固有周期（単位 s）は，鉄筋コンクリート造の場合，建築物の高さ（単位 m）に0.03を乗じて算出する。(R3-7)

【問 19】 鉄筋コンクリート造建築物では，一般に，躯体にひび 割れが発生するほど固有周期が長くなる。(R2-18)

【問 20】 稼動するクレーンを支持する鉄骨造の梁は，繰返し応力を受けるので，高サイクル疲労の検討を行った。(R4-19)

〔構造設計法の概要〕

【問 21】 耐震設計における一次設計は，建築物が弾性限を超えても，最大耐力以下であることや塑性変形可能な範囲にあることを確かめるために行う。(R3-19)

【問 22】 建築物の耐震性は，一般に，強度と靱性によって評価されるが，靱性が乏しい場合には，強度を十分に高くする必要がある。(R2-19，R4-18)

【問 23】 建築物が，中程度の（稀に発生する）地震動に対して，倒壊しないようにすることは，耐震設計の目標の一つである。(R3-19)

【問 24】 建築物が，極めて稀に発生する地震動に対して倒壊しないようにすることは，耐震設計の目標の一つである。(R1-19，R4-18)

【問 25】 各階における層間変形角の値は，一次設計用地震力に対し，原則として，1/100 以内となるようにする。(R2-19)

【問 26】 建築物の各階の偏心率は，「各階の重心と剛心との距離（偏心距離）」を「当該階の弾力半径」で除した値であり，その値が大きいほど，その階に損傷が集中する危険性が高い。(R1-19，R4-18)

【問 27】 建築物の各階における重心と剛心との距離ができるだけ大きくなるように，耐力壁を配置した。(R3-18)

【問 28】 建築物の各階の剛性率は，「各階における層間変形角の逆数」を「全ての階の層間変形角の逆数の平均値」で除した値であり，その値が大きいほど，その階に損傷が集中する危険性が高い。(R1-19，R5-18)

【問 29】 免震構造には，建築物の短周期化を図ることにより，地震動との共振現象を避ける働きがある。(R5-18)

【問 30】 制振構造について，一般に，大地震に対しては制振装置を各層に分散配置する方式が用いられ，暴風時の居住性向上には制振装置を頂部に集中配置する方式が用いられることが多い。(R5-18)

第2章

木質構造

薬師寺西塔

　奈良県薬師寺に建つ2つの三重塔の一つ。総高約34m，昭和56年に宮大工の西岡常一によって再建された。一見すると六重に見えるが，各層の屋根の下に裳階（もこし）と呼ばれる少し短い屋根がとりついているためで，実際の構造は三重塔である。

　写真の西塔は，本塔と対をなす奈良時代創建当初の東塔を範として建てられたものであるが，東塔は全ての部材を一旦解体してから再度組み上げる解体修理工事が，2009〜2020 年に行われた。丁寧に繕い，修理を繰り返すことで木造建築も長い年月存在し続けることができる。

2・1　木質構造の概要

2・1・1　木質構造の種類

木質構造の構法は表2・1のように分類することができる。

これらの構法に関して以下に概要を説明する。

⑴　伝統木造構法

伝統木造構法は，柱と横架材（梁・桁・貫・指鴨居（さしがもい）など）の直線材で構造体を作る軸組構法である。図2・1には伝統木造構法による木造住宅の例を示している。仕口に金物を使用しないことが特徴であり，木を嚙み合わせ，栓・車知（しゃち）・くさびなどの**堅木**を叩き込んで接合部を固める。この軸組に，剛性の高い土塗り壁や板壁を挿入して変形を抑えている。柱や束は自然石で作った凸状の玉石基礎の上に置き，土台は布

石基礎の上に直置きし，上部構造と基礎とは固定しない。

伝統木造構法の水平力に対する耐震性に関して概略を示すと以下のようになる。中程度の地震に対しては，硬くてもろい土塗り壁によって変形を抑える。これより大きな大地震に対しては，土塗り壁が壊れてエネルギーを吸収しつつ，その後はくさびなどを叩き込んで固めた接合部で生じるめり込みなどでエネルギーを吸収して耐える。

このように伝統木造構法は，現代の構造力学的観点からみても，優れた特性を有しており，それらをもう少し詳しく以下に述べる。

①　開口を設ける構面では，足固めに加えて

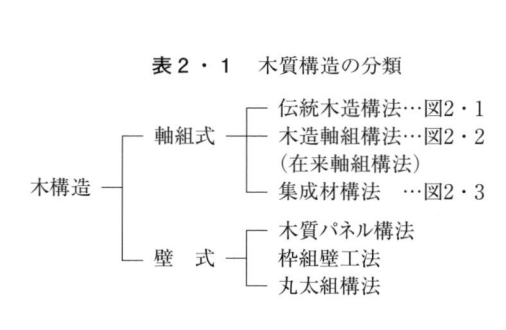

表2・1　木質構造の分類

```
            ┌ 軸組式 ┬─ 伝統木造構法…図2・1
            │        ├─ 木造軸組構法…図2・2
            │        │   （在来軸組構法）
木構造 ─────┤        └─ 集成材構法　…図2・3
            │
            └ 壁　式 ┬─ 木質パネル構法
                     ├─ 枠組壁工法
                     └─ 丸太組構法
```

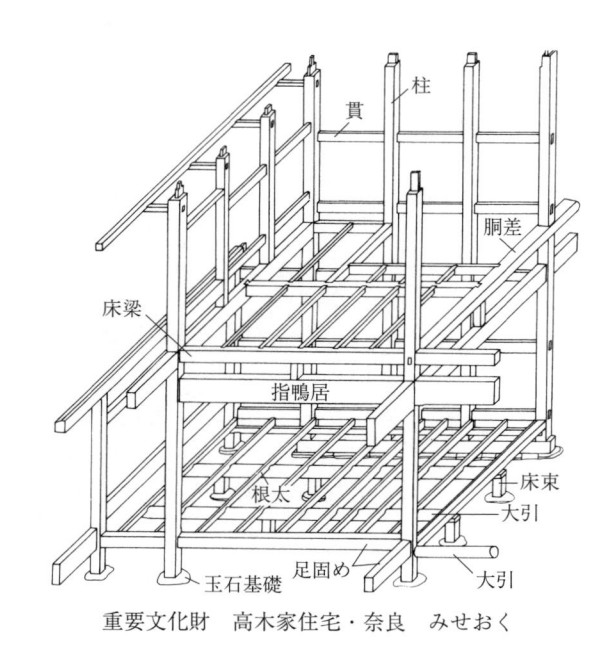

重要文化財　高木家住宅・奈良　みせおく

図2・1　伝統木造構法による木造住宅[1]

1）：「構造用教材」（日本建築学会）より引用。

指鴨居と梁や桁の水平材を柱に貫通させて接合部を固め，無開口構面では，何本かの通し貫*が同様に柱に接合されている。この接合部分は鉄骨造や RC 造のそれのように剛ではないが，ある程度曲げモーメントを伝えることのできるいわゆる半剛接合となっている。このような抵抗の仕組みが，水平・鉛直に幾重にも重なってできている。全ての部材が主に曲げによって外力に対してしなやかに粘り強く抵抗する形式になっている。

② 先に述べたような横架材と柱の接合が縦横に行われることで，有機的な立体架構を形成している。これにより構造体内のあらゆる構造要素が有効な抵抗要素として働く，いわゆる立体効果を発揮できる構造である。

③ 伝統木造構法は，①で述べたような軸組を持ち柔軟ではあるが，揺れやすい。そこで，ここに剛性の高い土塗り壁や板壁を挿入して，木材の曲げと土壁や板壁のせん断で抵抗する複合構造体とすることにより変形を抑えている。

④ 伝統木造構法による住宅では，接合部の数は千を超えることもあり，一般的に非常に多く，不静定次数が高いともいえる。これらの接合部は，変形能力のあるものであるから，力学的には並列結合の形になる。よって各接合部に働く力は分散され，特定の部材や接合部への過度な応力集中を避けることが可能となる。

⑤ 仕口・継手などの接合部では，木組みを行うために断面欠損が生じるが，相手材の木部で必ず埋めて圧着させる。さらに栓・車知・くさびなどの堅木を叩き込んで接合部を固める。外力に抵抗する際にこの部分で，めり込みや木部の擦れ合いによりエネルギー吸収が行われる。

⑥ 前述した接合部を固めるための堅木である栓やくさびは，緩い傾斜を持っており，これを叩き込んで接合部を固めると，堅木にも接合部の部材にも一定のプレストレス*がかかる。このことで，乾燥収縮によるゆるみに対するガタが生じないようにしている。

土壁の塗り土を先に壊し，構造体が粘り強く揺れに耐え，接合部でのめり込みで軸組の大変形を吸収する仕組みは，修復が容易である。塗り土を再使用し，木の軸組も補修して，これを再利用する。建築地球環境の保全から資源循環型が目指され，伝統構法による住宅が近年見直され始めている。限界耐力計算*により，構造計算もされるようになってきている。

＊**通し貫**：柱や束を貫通する貫。両くさび打ちをして接合部分を剛にする（図 2・46 左下）。
＊**プレストレス**：あらかじめ生じている応力。プレストレストコンクリート構造では，プレストレスが積極的に使われている（3・8・3 参照）。
＊**限界耐力計算**：2000 年の建築基準法施行令の改正において，あらたに設けられた設計法。許容応力度計算が仕様規定に適合することを前提としているのに対して，最大級の地震，風圧，積雪に対する安全性を直接検討する，性能型の設計法である。

(2) 木造軸組構法（在来軸組構法）

木造軸組構法は，柱と横架材の直線材で構造体を作り，これに壁や床を取り付けてゆく構法である。わが国に古くから伝えられたもので，近世の数寄屋造や武家造などの伝統構法の住宅タイプが変化したものである。長い歴史の中で日本各地の風土，気候，文化に合わせて改良され，変遷してきており，木造住宅の中では最も多く採用されている。

①伝統構法における耐震要素の貫が筋かいになり，②土塗り壁がボード張りになり，③横架材の嚙み合わせによる水平面の剛性確保が隅角に入れる火打ち依存になったり，近年ではさらに合板張りを併用したり，④太めの材を用いた木組みの継手・仕口が細径材で簡略化されて金物補強併用になり，⑤柱や土台直置きの玉石や布石基礎が土台を緊結する RC 布基礎になるなどの変化をしている。

木造軸組構法の全体構成例および各部の名称を図2・2に示す。

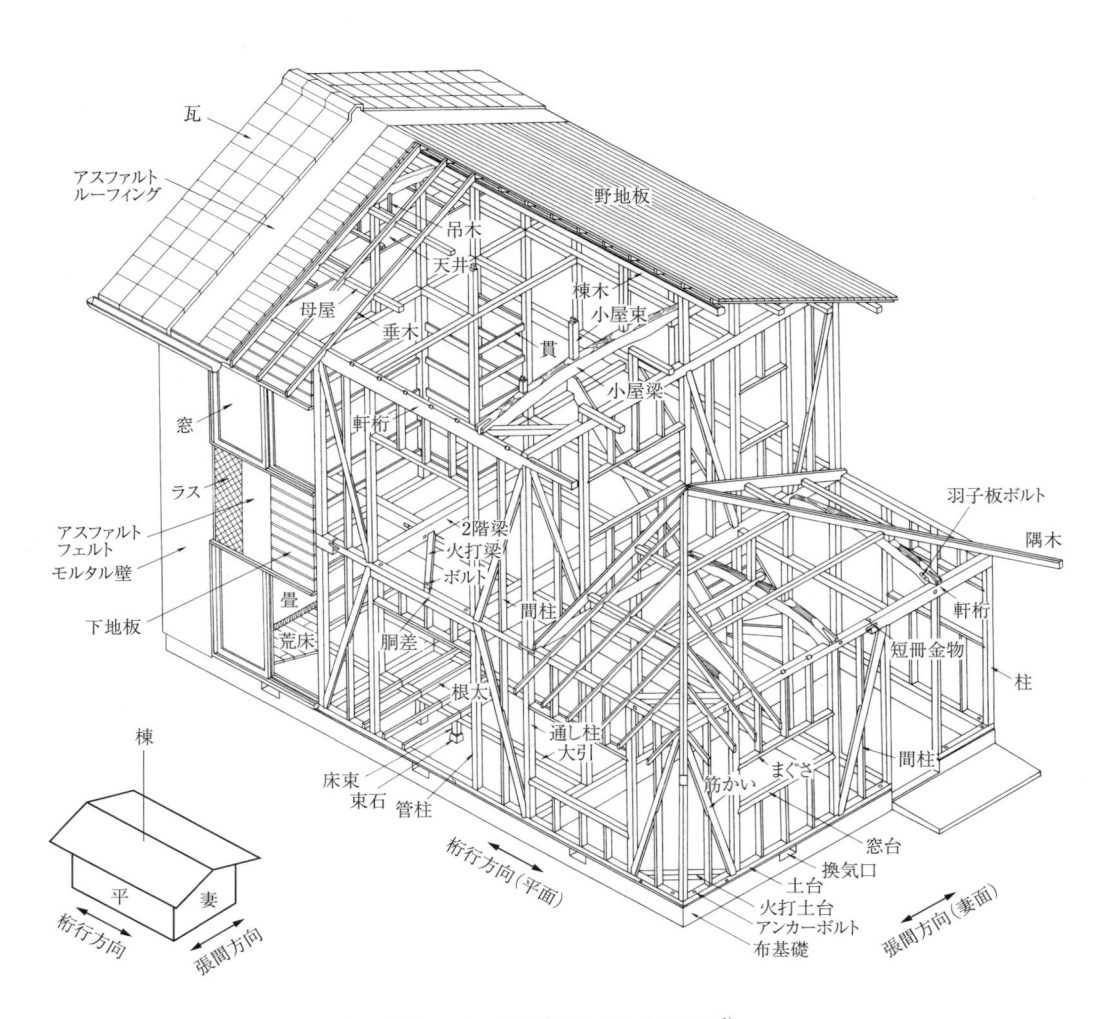

図2・2　木造軸組構法の全体構成[1]

⑶　集成材構法

　集成材構法は，構造耐力上主要な部材として構造用集成材を使用する構造であり，展示場や体育館などのような大空間を構成するために採用されることが多い。骨組み形式としては，アーチ，立体トラスなどのほか種々のものがある。自在に形を造ることのできる集成材の特徴をいかして，湾曲材を用いる場合も多い。張間方向は大断面柱と梁材で水平力に抵抗し，桁行方向は耐力壁で抵抗する構造がよくみられる（図2・3）。

⑷　木質パネル構法

　比較的小さい断面の木材を用いて枠を組み，これに合板を張って壁・床・屋根用のパネルをつくる。軸組を有して，床や壁をパネル化した在来軸組構法に近いものから，軸組をもたず，全ての材をパネル化したものまで多種多様である。

　これらは建築の生産性向上のための方法として，従来の現場生産を中心とした施工法とは異なり，規格化された建築部材を工場などで量産し，現場で組み立てる建築方式である。

⑸　枠組壁工法

　枠組壁工法は，北米で発達した木質構法で，1974年に建設省告示で認められ，日本流に改良されながら，我が国でも一般的な構法の1つになった。木材で組んだ枠に，合板などを打ち付けた床枠組や壁枠組を組み立てて，一体化する構造形式であり，応力の集中が生じにくく，力学的に優れた構造である（図2・55）。使用する製材は十数種と少ない。このうち公称2インチ×4インチ（実寸は1/2インチほど小さくて38×89mm）の製材を最もよく使うので「ツーバイフォー」が通称となっている。

⑹　丸太組構法（校倉造）

　丸太組構法は，丸太や角材を横置きにしてダボでつなぎながら井桁のように組み上げ，壁面を構成し鉛直・水平の両方向に抵抗する構造形式，いわゆるログハウスである。その起源は古く，世界各地の木材資源が豊富な地域で用いら

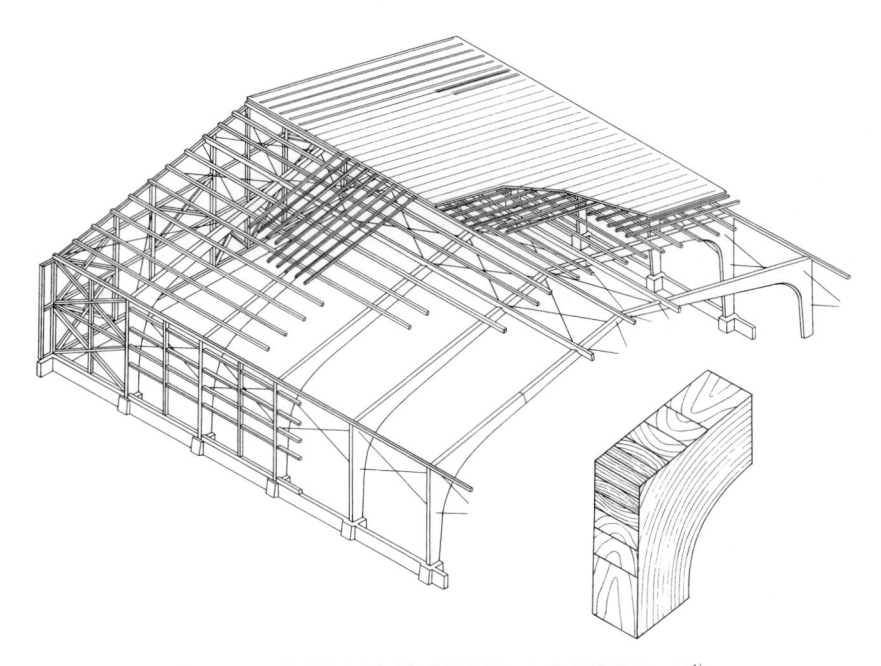

図2・3　構造用大断面集成材を用いた大規模構造の例[1]

れた構法である。我が国では，登呂遺跡など
の復元建物にみられるような穀物倉庫，あるい
はアイヌの熊倉などにその起源をみることがで
きる。前者は，神明造りとして伊勢神宮や，せ
いろう倉として中部・関東地方の山地の民家の
倉として受け継がれた。また，後者の高床と丸
太組の合体した様式は，正倉院に代表される校
倉にその痕跡をみることができる。1970年代以
降，北欧や北米から主に別荘用に校倉構法の建
物が輸入され間伐材の利用などの面から，本構
法による住宅が建てられるようになった。

2・1・2　木質構造の特徴

(a)　木質構造に使われる材料は，軽量なもの
であるから，建物も軽量である。地震によ
って建物に働く力は，その重さに比例する
から，地震に対して有利であり少ない保有
耐力で抵抗することができる。

(b)　木質構造には，継手や仕口，面材と枠材
との接合部分などがあり，ここに存在する
若干のガタは短所の1つとなる。また，母
材に対して接合部の方が必ず弱くなり，接
合部分により構造特性が決定される。

(c)　木質構造において地震力などの水平力に
抵抗する構造要素は主に2つである。筋か
いや火打ちのような斜材をいれて変形しに
くい床面や壁面を作るものと，合板やボー
ドのような面材を柱や梁の間に張り付けて
床面や壁面を作るものである。斜材入りの
ものは，突然に耐力を失うタイプで，面材
張りの壁は，釘などが次第に緩むことによ
り徐々に抵抗力を失うタイプである。

(d)　木材は燃えるが，その炭化速度は遅く安
定している。大断面材では，材の表面から
炎が出ても断面減少速度は遅く，建物の倒

壊に要する時間は長い。これは木材が，①
比熱が高い，②熱伝導率が低い，③熱膨張
が小さくて過熱による内部応力の発生が少
なく割れや変形が起こりにくい，④表面の
炭化層によって酸素の供給と熱の伝達を阻
止できるなどによるものである。

(e)　室内の相対湿度は，快適性，結露やカ
ビ，ダニなどの発生防止，家財道具や書籍
類の保存の観点から，適切な値に保たなけ
ればならない。室内の湿度が高くなったと
き，内装材として使われている木材が吸湿
して湿度を低下させ，逆に湿度が低くなる
と，木材が放湿して湿度を高めるといった
調湿作用を持っている。

2・1・3　RC造，S造との違い

RC造やS造では部材の破壊により構造耐力
が支配されることが多いが，木質構造では，接
合部の破壊により構造耐力が決まることが多
い。これは，最大の違いであり，ゆえに木質構
造においては特に接合部が重要な構造要素とな
っている。

2・1・4　粘りのある木造とするために

木材は異方性材料であり，その荷重を受ける
方向により挙動が異なり，めり込み挙動を除い
ては脆性的な挙動を示す。このような木材を使
用して，靭性にとんだ木質構造とするために
は，2・2に述べるような木材の特徴を踏まえ
た接合部を用いることが必須条件となる。

木材を，木造として接合部でつながった構造
体にしたときに，接合部がめり込むことで，粘
りのある構造体とすることができる。接合部の
粘りがなければ構造体としても粘りがなく，木
造の変形能力は接合部次第ということになる。

2・2　木材と木質系材料

2・2・1　木材の材料特性

⑴　樹木と木材

　樹木は，針葉樹と広葉樹に大別される（図2・4）。針葉樹（softwood）は，一般的に通直で長大な材料が得やすく，加工性に富むため柱・梁など構造用材料に用いられることが多い。種類はあまり多くないが，多量にまとまって森林を形成することが多い。

　広葉樹（hardwood）は，種類が極めて多く，種々の樹種が混生している森林が多い。日本語では堅木とも呼ばれ，土台などに用いられる。

　樹木は，樹冠・幹・根の3部があり，建築用の木材として利用されるのは，幹の部分である。図2・5に，幹の断面図の例を示す。樹木は伸長成長（上へ伸びる方向の成長）と肥大生長（半径方向に大きくなる成長）をするが，木材の実質部分である，木部は樹皮の少し内側にある形成層という分裂組織で形成される。つまり，木材は中心にある部分が最も古く，樹皮に近づくほど新しい細胞で構成されている。木材の中心付近を心材（赤身），周辺を辺材（白太）と呼び，辺材は水分・養分ともに豊富であるため，虫や腐朽菌の影響を受けやすい。

　表2・2に，日本で建築用材料として用いられる代表的な木材の物理的特性を示す。

図2・4　針葉樹（左）と広葉樹（右）

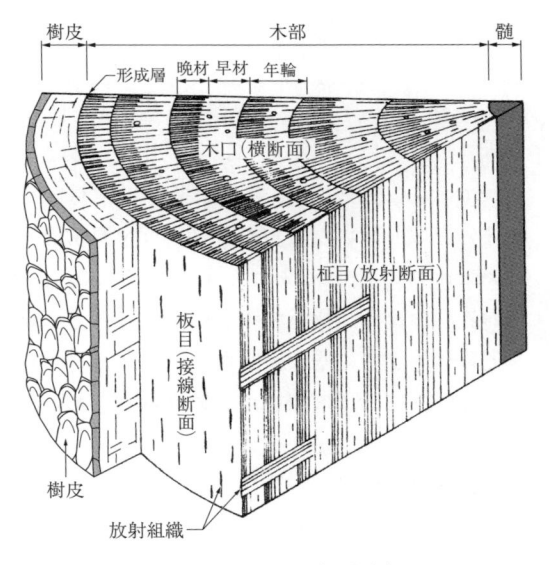

図2・5　木材（針葉樹）

表 2・2　代表的な木材の物理的特性

樹種		密度 (g/cm³)	平均収縮率 (%)		強さ (kgf/cm²)			曲げ ヤング率 (10³kgf/cm²)	熱伝導率 (kcal/(m・hr・℃))
		気乾比重	柾目方向	板目方向	曲げ	圧縮	せん断		
国産針葉樹	ヒノキ	0.41	0.12	0.23	750	400	75	90	0.082
	サワラ	0.34	0.07	0.24	550	330	50	60	0.068
	モミ	0.44	0.12	0.24	640	370	85	90	0.082
	アカマツ	0.53	0.16	0.29	900	450	100	115	0.095
	ツガ	0.51	0.16	0.29	760	430	90	80	0.091
	スギ	0.38	0.10	0.26	660	340	80	80	0.075
国産広葉樹	カツラ	0.49	0.15	0.24	770	390	75	85	0.091
	クリ	0.55	0.16	0.27	785	425	80	90	0.108
	ブナ	0.63	0.17	0.31	890	435	130	120	0.117
	アカガシ	0.92	0.20	0.37	1310	640	190	155	0.160
	ミズナラ	0.67	0.17	0.26	990	465	110	105	0.122
	キリ	0.29	0.06	0.20	395	215	55	50	0.063
	ケヤキ	0.62	0.16	0.27	1010	475	130	120	0.123
北米材	ベイマツ	0.55	0.14	0.23	780	420	80	130	
	ベイツガ	0.46	0.13	0.23	745	405	90	105	
	レッドウッド	0.46	0.07	0.14	620	355	65	90	

(2)　比重

　木材の比重は，実用的には気乾比重（表2・2）で表し，0.3〜0.7のものが多い。木材の空隙部分を取り除いた実質部分の密度を**真密度**といい，木材の種類に関わらず1.5（1500kg/m³）である。つまり，比重の大きい木材ほど，木材の実質部分が多く空隙が少ないため，木材の比重と強度はほぼ比例関係にある（重いものほど強い）。

(3)　直交異方性

　木材の重要な物理的性質として直交異方性があげられる。木材は，もともとが天然の材料であるため，図2・6のように木材の長手・繊維方向（Longitudinal 方向），半径方向（Radial 方向），接線方向（Tangent 方向）によって強度・剛性・収縮率など物理的性質が著しく異なる。このような性質を**直交異方性**という。

　一般的に木材の長手(L)方向は，半径(R)方向，接線(T)方向よりも強く・硬い。その比は，およそ以下のとおりである。

　　L：R：T ＝ 20：2：1

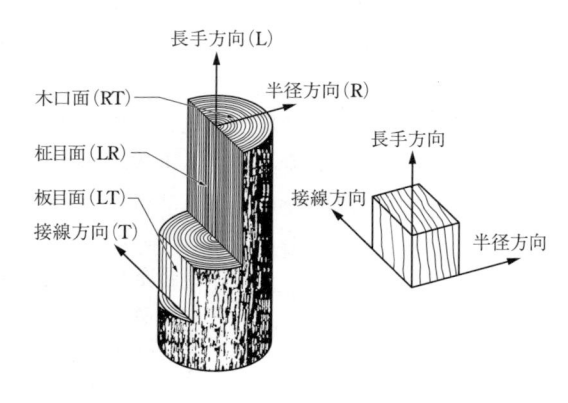

図2・6　木材の直交異方性

(4) 応力の種類（圧縮・引張り・曲げ・せん断）

木材の強度は樹種や力のかかる方向（直交異方性）により異なるが，応力の種類によっても異なる。表2・2に示すとおり，木材の基準強度は同じ樹種では**曲げ＞圧縮＞引張り**となる。

全く欠点のない材料（節や割れなどがない，無欠点小試験材）では，引張り強度は最も高くなるが，一方，引張りは節や割れなどの影響を顕著に受けるため，実大材では圧縮よりも低い値になる。

この他，木材は繊維直交方向への引張り（横引張り）には弱く，脆性的な破壊を示す。この特徴を利用したのが割箸である。一方，繊維直交方向への圧縮（めり込み）には，靭性のある性質を有している。

(5) 含水率

木材は，含まれている水分によって物理的性質が影響を受ける。木材に含まれる水分の重量を，木材の全乾重量（100～105℃で乾燥したときの重量）で除した値を含水率（Moisture content）という。

$$M_c = \frac{W_w - W_0}{W_0} \times 100 \ (\%)$$

W_w：水分を含んだ木材の重量

W_0：全乾重量

なお，分母が水分を含んだ木材の重量（W_w）ではなく全乾重量（W_0）であるため，含水率は100％を超えた値をとることがある。伐採した直後の木材（グリーン材・生木という）の含水率は針葉樹の辺材でおよそ100～200％（心材：30～60％），広葉樹では60～200％程である。

木材を長時間ある環境の大気中に放置すると含水率が平衡に達する。このような木材を**気乾材**と呼び，このときの含水率を**平衡含水率**という。日本国内の平均的な木材の平衡含水率はおよそ10～20％（平均値約15％）である。

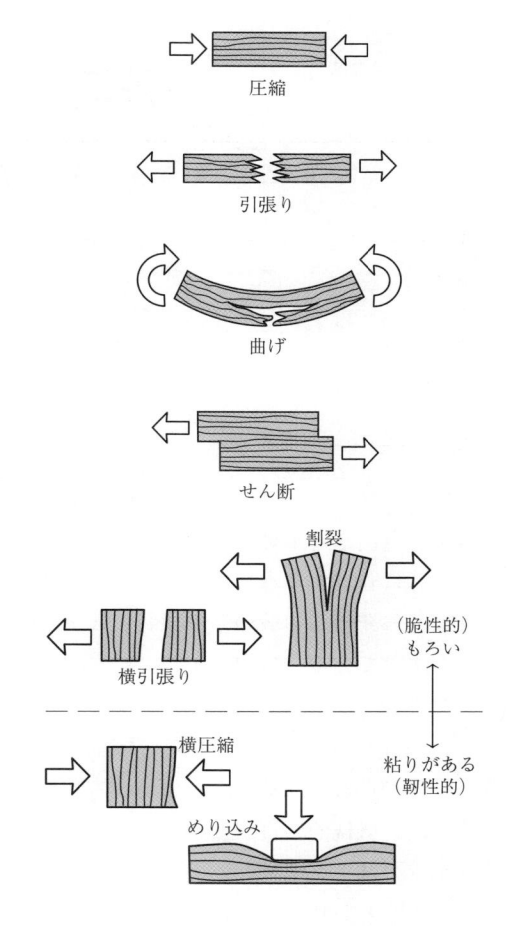

図2・7 加力方向と粘り強さ

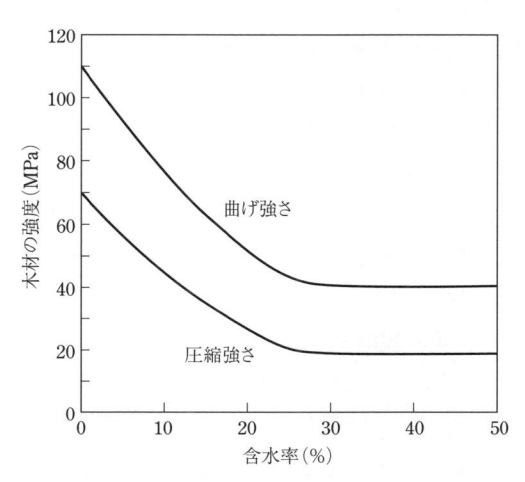

図2・8 シトカスプルースの曲げおよび圧縮強度に及ぼす含水率の影響（出典 伏谷賢美他「木材の物理」文永堂，1991）

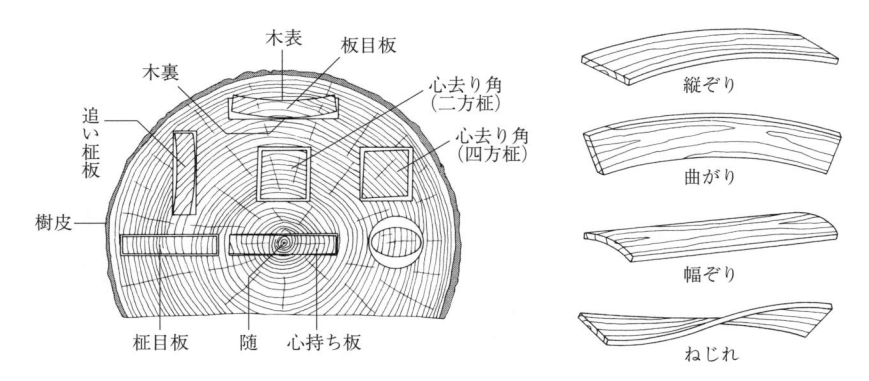

図2・9　木取りと変形およびそり・ねじれ[1]

木材に含まれる水分は，自由水と結合水に分けられる。自由水は木材の細胞内腔や細胞壁の間隙に液状に存在する水分であり，結合水は液状ではなく，非結晶領域の極性物質と2次的に結合した水分である。自由水が完全に失われ，結合水だけになった状態を**繊維飽和点**とよび，そのときの含水率は約30%である。繊維飽和点よりも乾燥が進むと，結合水が失われるため木材の物理的・機械的性質が変化する。具体的には，含水率の低下（木材の乾燥）に伴って，強度は上昇すると同時に，収縮が起きる。

木材の収縮・膨張率は，木材内で均一ではなくその方向によって異なる値をとるため，ねじれやそりの原因となる。収縮・膨張率は，およそ以下のとおりの比を示す。

$$T : R : L = 20 : 10 : 1$$

樹皮に近い方を**木表**，反対を**木裏**と呼び，樹心をとおるR方向から木表にいくほど，収縮率が大きくなるため，木表側にそることがわかる。

⑹　荷重継続時間とクリープ

木材にある一定の荷重を加えると，変位が生じるが，荷重が作用する時間（荷重継続時間）が長くなると変位が増大する特徴をもっている。このような特性を，変位の荷重継続時間依存とよび，時間とともに変形が増大する現象を

クリープ（Creep）とよぶ。

木材の破壊強度と荷重継続時間（期間）の関係を図2・10に示す。図中の実線は，実験結果に基づいて描かれた曲線であり，通常の材料試験（短期荷重）の破壊強度を100%としたとき，3カ月間荷重をかけ続けた際の破壊強度は70%にまで低下することを示している。

⑺　許容応力度と基準強度

木質構造の設計に用いる木材の設計用許容応力度（f）は，樹種・等級・荷重のかかる方向（L，R，T）・応力の種類（圧縮・引張り・せん断・曲げ）ごとに，定められている基準材料強度Fを用いて求める。

$$f = F \times \frac{1}{3} \times K_d \times K_z \times K_s \times K_m$$

f：設計用許容応力度（長期・中長期・中短期・短期）

F：基準材料強度

K_d：荷重継続期間影響係数（表2・3）

K_z：寸法効果係数

K_s：システム係数

K_m：含水率影響係数

木材の設計用許容応力度fは，従来は長期（F/3）と短期（F2/3）だけであったが，現在は荷重継続期間に応じて，表2・3のように4段階を設定している。$\frac{1}{3}$を乗じているのは，図

2・10に示すように，250年後の強度を基準強度1として，これが従来の長期荷重$\frac{F}{3}$に相当するものと考えるためである。

大断面の木材（せいが300mm以上）を用いる場合は寸法効果係数（K_z）により許容応力度を低減係数する必要がある。せいが300mmの際にはK_zは1.0，600mmになると0.91とする。

垂木・根太等の複数の並列材を合板等の面材で固定する際は，システム係数（K_s）を用いて並列材1本当たりの許容応力度を割り増しすることができる。構造用合板を用いる場合はK_sを1.25，構造用合板以外の面材ではK_sは1.15となる。*

木材は含水率が高くなると強度が低下するため，特に常時湿潤な状態で木材を使用する場合は，K_mを0.7（断続的に湿潤な場合は0.8）とする。ただし，含水率が高くなると強度低下だけでなく腐朽等の原因にもなるため，原則的には水がかからないよう，構法的に工夫する方が望ましい。

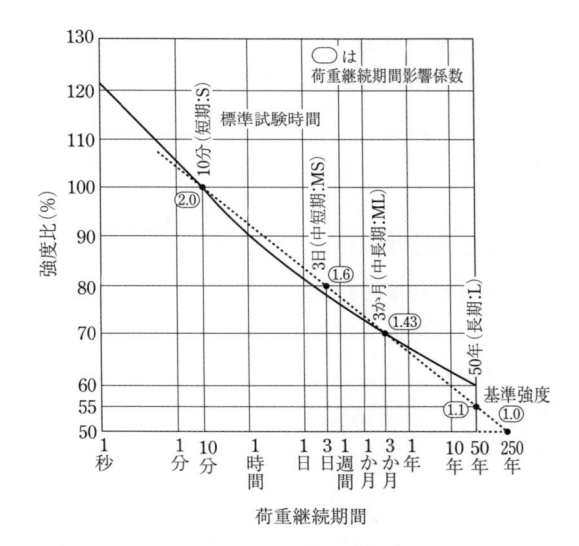

図2・10　木材の破壊強度と荷重継続期間の関係

表2・3　荷重継続期間と木材の設計用許容応力度

荷重継続期間	木材の設計用許容応力度	K_d
長期 （50年相当）	基準強度 $F \times 1.10／3$	1.1
中長期（積雪時） （3ヶ月相当）	基準強度 $F \times 1.43／3$ ＝長期許容値×1.3	1.43
中短期（積雪時） （3日相当）	基準強度 $F \times 1.60／3$ ＝短期許容値×0.8	1.6
短期 （10分相当）	基準強度 $F \times 2.00／3$	2.0

＊各種係数について，詳細は「(社)日本建築学会：木質構造設計規準・同解説―許容応力度・許容耐力設計法―　2003年」を参照のこと。

34

2・2・2　製材

　丸太（原木）の樹皮をはぎ，鋸でひいただけの木材を製材という。1本の丸太から，どのように製材を切り出すかを**木取り**とよび（図2・11），無駄になる部分が極力少なくなるような効率的な木取りが望ましい。

(1)　等級と基準材料強度

　木材の構造的な性能を表す基準は，JAS（日本農林規格）が定める等級区分（Grading）がある。JASの等級区分には，一つ一つの木材ごとに節・繊維傾斜・割れなど目視で判定した目視等級区分と非破壊実験によりヤング係数を測定した機械等級区分がある。ただし，JASの等級区分を受けていない「無等級材」も多く流通しており，これらも従来からの慣用的な基準強度が用いられているのが現状である。

2・2・3　木質系材料

　木質系材料とは，Engineered wood ともい

われ，木材を2次加工した材料である。現在は，多様な種類があり，建築用だけでなく広く使用されている。ここでは，建築の構造用材料として最も多く用いられる，集成材と合板についてとりあげる。

(1)　集成材　Laminated wood

　厚さ2〜5cmの挽き板（ラミナ）を接着剤を用いて積層した木質系材料である。

　建築の構造用材料として用いるのは，構造用集成材と化粧はり構造用集成材であり，それぞれにJAS規格がある。

(2)　合板　Plywood

　構造用面材の一種で，単板（ベニア）を接着剤（フェノール樹脂）で一体にしたものである。繊維が直交するように積層したものを合板というが，繊維が互いに平行に積層しているものはLVL（Laminated Veneer Lumber）といって別の木質系材料である。

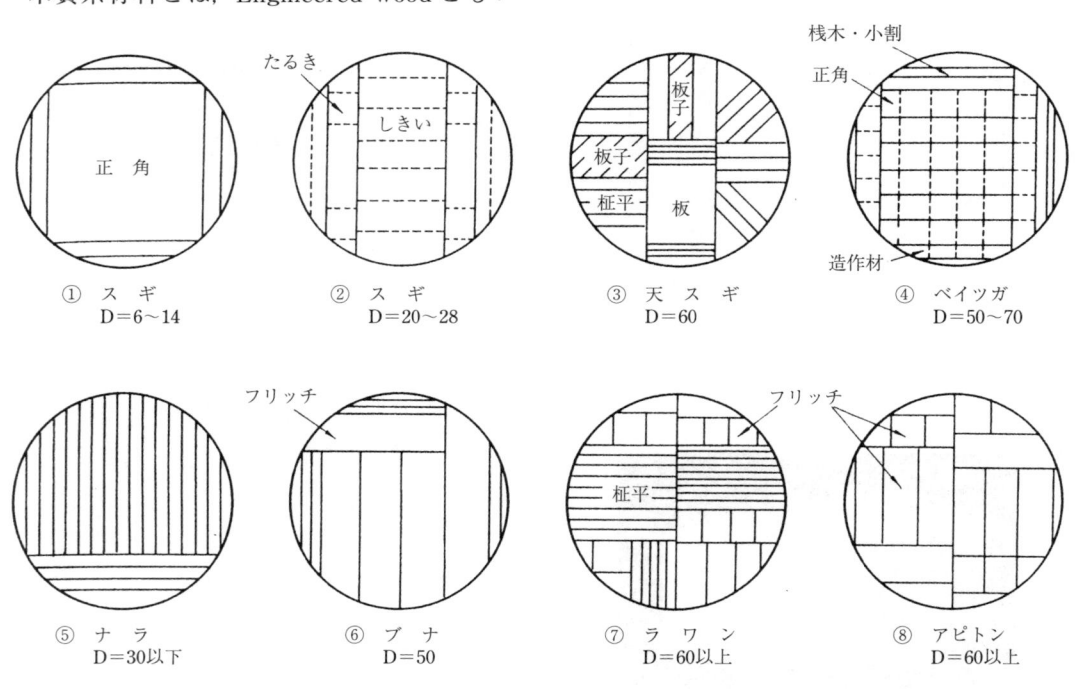

①　スギ　D＝6〜14
②　スギ　D＝20〜28
③　天スギ　D＝60
④　ベイツガ　D＝50〜70
⑤　ナラ　D＝30以下
⑥　ブナ　D＝50
⑦　ラワン　D＝60以上
⑧　アピトン　D＝60以上

D：丸太の直径（単位：cm）

図2・11　木取りの例

2・3　木材の接合

2・3・1　接合部の原則

　木質構造の構造性能は，接合部の性能に大きく依存している。材軸方向に接合する場合を**継手**，角度を持って接合するものを**仕口**というため，総称して継手仕口ともいう。接合部に求められる性能は，主に以下の4点である。

(1)　強度と靭性

　構造材の場合は特に，引張り・圧縮・せん断・曲げ等の各応力に対して十分安全な強度と粘り（靭性）が求められるのは当然のことである。同時に，通常木質構造では部材と比較して接合部は強度・剛性ともに低くなるため，構造的な弱点となりやすい。接合部は可能な限り応力の低い箇所に設け，釘・ボルト等基本的な接合具や各種補強金物を適切に利用する。

(2)　意匠性

　建物ができあがったときにみえる箇所・面を美しく仕上げる。

(3)　施工性

　接合部自体は，工場であらかじめ加工したプレカット材を用いることが多いが，建物を実際に組み立てるに際して施工しやすい箇所・形状の接合部を用いることが重要である。

(4)　耐久性

　接合部は，構造的な弱点となりやすく，同時に劣化の影響が現れやすい箇所でもある。耐久性には十分配慮が必要である。

2・3・2　ほぞ

　材端に突起を加工し，他の材へはめ込むようにした部分を**ほぞ**という。代表的なものを図2・12に示す。

　ほぞの断面形状は長方形または台形である。

　これは，ほぞ穴の断面欠損を抑えつつ，ほぞの断面積を確保するためである。

　直交する2段の横架材に柱のほぞが差し込まれる場合の重ほぞは，下の横架材に対して平ほぞとし，上の横架材の断面を大きく欠かないようにほぞ断面を正方形とする。

2・3・3　継手

　継手には多くの種類があり，使用箇所に適したものを用いる。また，継手を用いるとその部分は弱くなるので，継手の配置に注意する。

(1)　丸太の継手

　丸太は，樹幹の上部（こずえ側）を**末口**，下部（根に近い側）を**元口**という。丸太の継手では一般的に元口と末口を継ぐ，送り継ぎが用いられる（図2・13）。

(2)　継手の位置

　継手は弱点となるため，同一軸上にそろえ

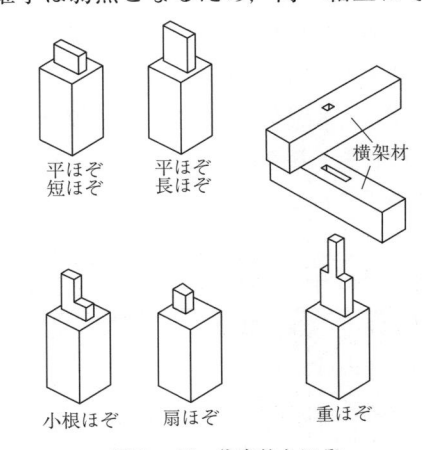

図2・12　代表的なほぞ

（平ほぞ　短ほぞ　平ほぞ　長ほぞ　横架材　小根ほぞ　扇ほぞ　重ほぞ）

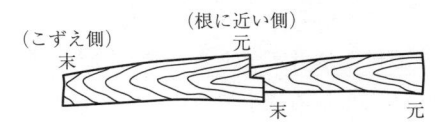

図2・13　化粧丸太の継手（送り継ぎ）

ず，分散配置させ（乱に継ぐ），応力の小さいところに設ける。

(3) 継手の基本形

図2・14に伝統的な継手の基本形を示す。図に示すように，構造材や造作材の継手に用いられる基本形として突付け，相欠き，殺ぎ，目違い，蟻，鎌，略鎌，竿などがある。蟻，鎌，略鎌は引張りに抵抗でき，相欠き（腰掛）は鉛直荷重によるせん断力を伝達し，目違い，竿はねじれに抵抗できるものである。

図2・15の左に引張力を受ける鎌継ぎを示す。図右にこの鎌継ぎの男木を示す。図からわかるように継手が引張りを受ける際に圧縮力を受ける部分の長さ（L_1）とせん断力を受ける部分の長さ（L_2）の比は，およそ1：10である。これは，表2・2に示したように圧縮およびせん断の基準強度が約10：1程度となっており，強度的にバランスのよいプロポーションになっていることがわかる。

(4) 代表的な継手

図2・14に示した，これら基本形を組み合わせた代表的なものを図2・16に示す。以下に基本形を含めた代表的な継手に関して説明する。

(a) 相欠き（図2・14(b)）

　　土台・大引などに使われる。接合する2つの材をそれぞれ，欠き取って重ね合わせる継手である。材せいが同じ場合は，両材とも材せいの半分ずつを欠き取り，接合する。引張力に対する抵抗を発揮させるためにボルト・釘・車知栓などを用いて接合する。段継ぎともいう。

(b) 腰掛け蟻継ぎ（図2・16(a)）

　　土台・桁・母屋などの横架材の継手に使用される。男木を受け支えるために腰掛けを設けた蟻継ぎである。せん断力・引張力を伝えられる継手である。材せいが大きい場合には，蟻ほぞの下にねじれ防止の目違

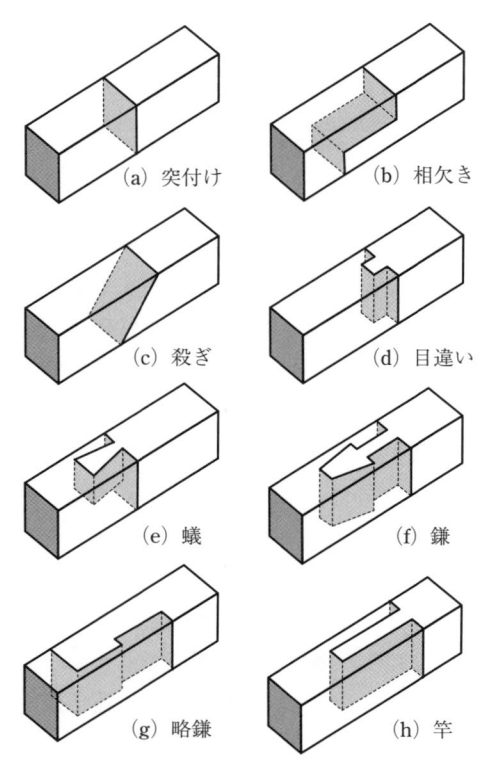

図2・14　継手の代表的な基本形

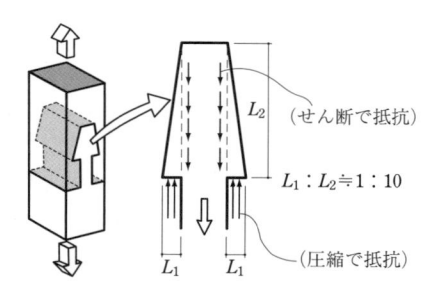

図2・15　引張力を受ける鎌継ぎの男木

いを入れることもあるが，これを腰入れ目違い蟻継ぎという。

(c) 腰掛け鎌継ぎ（図2・16(b)）

　　土台・桁などの横架材の持ち出し継手に使用される。男木を受け支えるために腰掛けを設けた鎌継ぎである。せん断力・引張力に耐える継手であり，強度としては，腰掛け蟻継ぎよりも丈夫で追掛け大栓継ぎよりも弱い。せいの高い横架材では，材のね

じれに抵抗するために，腰掛け鎌継ぎのけら首の下方の腰掛け部分に目違いほぞを加工することもあり，これを腰入れ目違い鎌継ぎという（図 2・16(c)）。

(d)　台持ち継ぎ（図 2・16(d)）

　小屋梁・床梁などの継手に使用され，2 つのだぼまたはボルトを利用してはめ込む略鎌（図 2・14(g)）系の継手の 1 つである。接合面は，水平に置き重ねられる。この継手は，引張力とわずかな曲げモーメントを伝える。

(e)　目違い大鎌継ぎ（図 2・16(e)）

　桁・梁などの横架材に使われる。木口に目違いを持ち大鎌を合わせた継手である。材相互のねじれを防ぐ目的で，洋小屋のろく梁，合掌の継手に用いられ，引張りにもある程度抵抗できる継手である。

(f)　追掛け大栓継ぎ（図 2・16(f)）

　桁・胴差などの持ち出し継手によく使用される。略鎌系の継手の 1 つである。引張力・せん断力のほかに曲げモーメントも伝えられる。強度としては，腰掛け鎌継ぎと比べ，せん断では同程度だが，引張りと曲げでは優れており，継手の中では強固なものである。継手の長さは，せいの 3〜3.5 倍とし，せいの1/6〜1/7の大栓 2 本を打ち込んで，がたが生じないようにする。大栓を打たない場合は，追掛け継ぎという。

(g)　殺ぎ継ぎ（図 2・14(c)）

　根太や垂木もしくは板類の継手に用いられる。2 つの母材を重ねて継ぐ，重ね継ぎの 1 つで滑り刃継ぎともいう。材せいの 1〜2 倍程度を継手長さとし，釘や接着剤でとめ付ける。

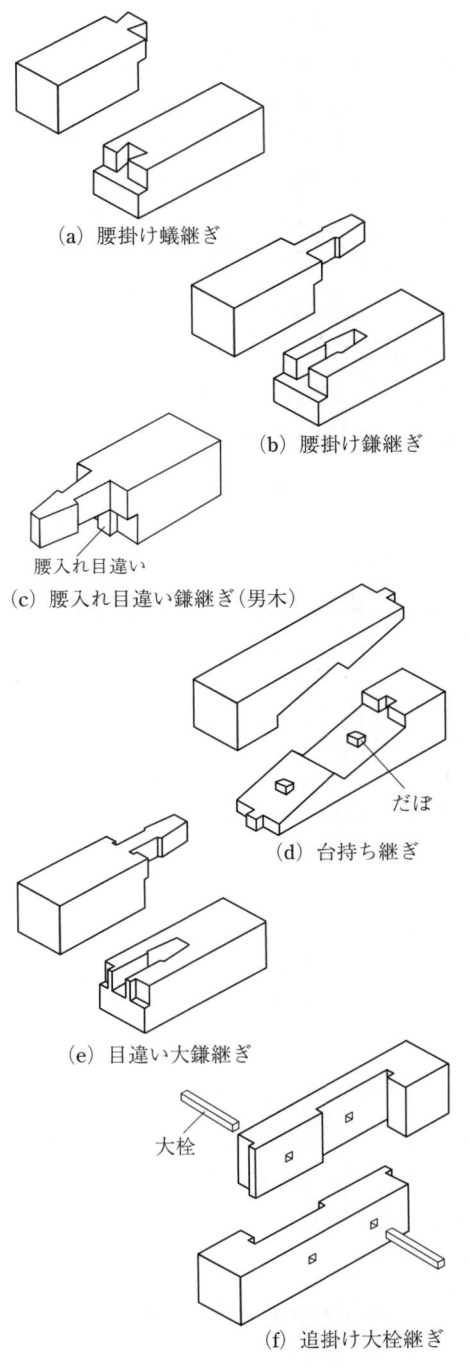

(a)　腰掛け蟻継ぎ

(b)　腰掛け鎌継ぎ

腰入れ目違い

(c)　腰入れ目違い鎌継ぎ（男木）

だぼ

(d)　台持ち継ぎ

(e)　目違い大鎌継ぎ

大栓

(f)　追掛け大栓継ぎ

図 2・16　代表的な継手の基本形

38

2・3・4 仕口

柱と梁，柱と土台，大引きと根太など，2つの母材にある角度を持たせて結合させる接合部を**仕口**という。図2・17に仕口の基本形を示す。使用される部位に応じて，以下の3種類があげられる。

(1) L型仕口

土台や長押の隅に用いられる仕口である。

(2) T型仕口

蟻は，土台や横架材のT字型部の接合に用いられ，ほぞは柱と鴨居などの横架材の仕口に，大入れは柱と胴差などの仕口に用いられる。

(3) X型仕口

大引きと根太，合掌と母屋，梁と桁などの交差部に用いられる仕口である。

仕口において，材が抜けたりずれたりしないようにするために，伝統的な構法ではカシやケヤキなどで作った割りくさび・込栓などの木製接合具を図2・18のように打ち込む。*

* 現在の一般的な木造軸組構法では，接合金物を用いて緊結する。

2・3・5 接合法

(1) 釘

2つの材を接合する場合に，部材に釘を打ち込んで接合する方法がある。簡単に使用でき，用途に応じて多くの種類がある。

木質構造の多様化に伴い，釘による接合の重要性はますます増大している。枠組壁工法は釘接合が基本であるが，木造軸組構法においても，耐力壁や床下張り，屋根下地として合板などのボードが使用されるようになってきており，釘接合は現場施工で多用されている。

釘接合部の荷重に対する抵抗機構は，図2・20に示すように，せん断抵抗と引抜き抵抗に大

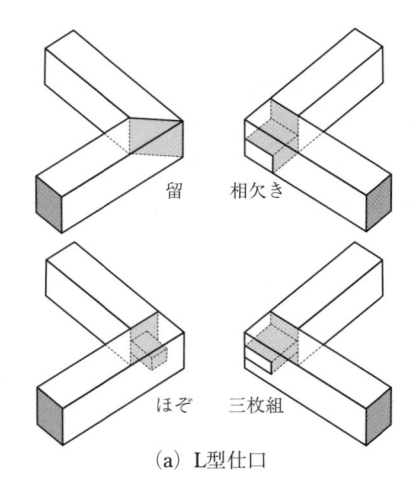

(a) L型仕口

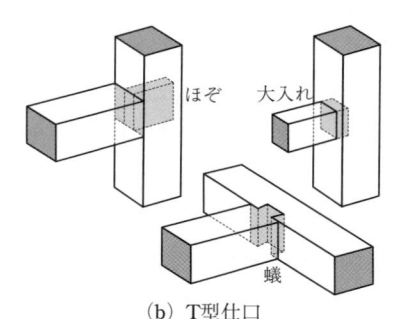

(b) T型仕口

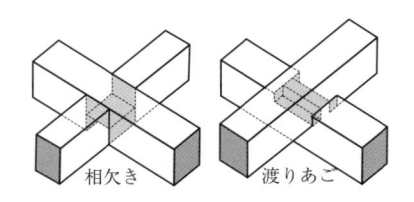

(c) X型仕口

図2・17 仕口の代表的な基本形

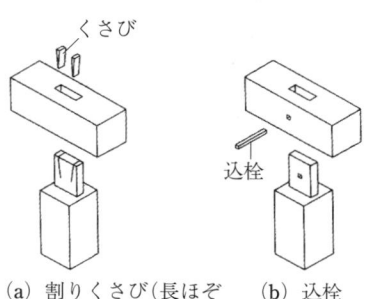

(a) 割りくさび（長ほぞ　　(b) 込栓
差し割りくさび締め）

図2・18 仕口を固める例

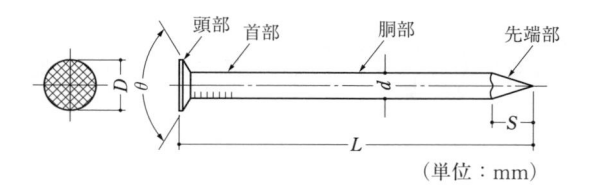

$D>1.8d$ $2d>S≧d$ $θ≒120$
ここに L：長　　さ
　　　　S：先端部の長さ
　　　　D：頭 部 径
　　　　$θ$：頭部下面傾斜（度）
　　　　d：胴 部 径

図2・19 釘の形状と寸法

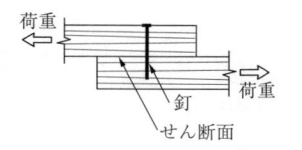

(a) せん断抵抗

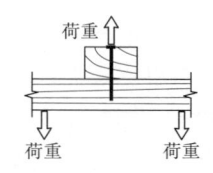

(b) 引抜き抵抗

図2・20 釘接合におけるせん断と引抜き

別されるが，実際には両者が組み合わされることが多い。

(a)　釘接合のせん断破壊モード

　　釘接合がせん断力を受ける場合の破壊の仕方を図2・21に示す。釘が引き抜ける(a)タイプの他に，釘頭の側材貫通（パンチングシア）のタイプ，釘の頭部破断のタイプさらには，主材・側材の割裂・せん断破壊のタイプがある。

(b)　一面許容せん断耐力

　　釘1本につき，せん断面が1つある場合の一面せん断における許容せん断耐力は，図2・21の(a)引抜けモードを想定しているため，木材繊維方向と力の方向がなす角度にかかわらず釘胴部の直径（釘径）dに対して$d^{1.8}$に比例する形で計算できる。

　　端距離・縁距離の最小値および釘間隔の確保が図2・22のように規定されており，側材厚の最低値が図2・23のように決められている。これは，図2・21(a)の破壊モードを想定し，破壊するときは必ず(a)の引抜けモードが生ずるようにするための規定ともいえる。また，図2・23には，主材への釘打ち込み深さの最小値および側材の厚さが規定されているが，これにより許容せん

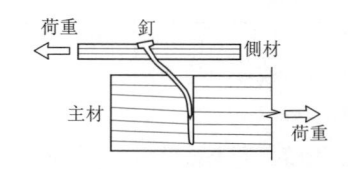

(a) 引抜け

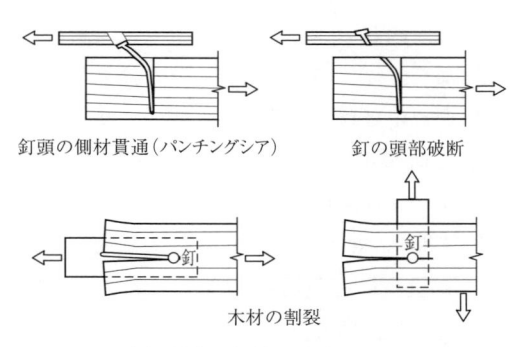

釘頭の側材貫通（パンチングシア）　　　釘の頭部破断

木材の割裂

(b) 引抜け以外の破壊モード

図2・21 釘接合の破壊モード

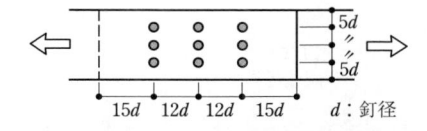

図2・22 釘接合の端距離・縁距離・釘間隔

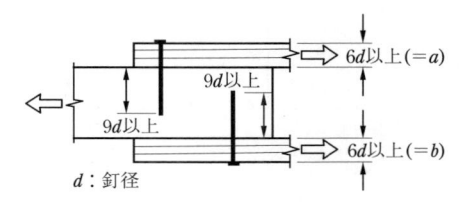

図2・23 釘せん断接合における側材厚および釘の打込み深さ

40

断耐力が $d^{1.8}$ に比例することを保証してい
る。

(c)　合板側材の場合の一面許容せん断耐力

　側材として合板を用いた場合の一面許容
せん断耐力は，木材繊維や合板繊維の方向
と力のなす角度にかかわらず与えられてい
る。合板側材を用いた場合は，釘が主材か
ら引き抜けて破壊することが多い。合板
が薄かったり，比重が相対的に低い場合に
は，釘頭の側材貫通で破壊することが多
い。

　よって，「(b)一面許容せん断耐力」で述
べた釘の引抜けを想定した耐力の他に，図
2・21(b)のパンチングシア破壊することを
想定した耐力も求め，小さい方の値を許容
せん断耐力としている。耐力を保証するた
めに，図2・24に示したような，合板厚さ
および釘径に対する釘打ち込み深さの最低
値が規定されている。

　二面せん断（図2・25），1列に釘本数
が多い場合，鋼板添え板を用いた場合（図
2・26），含水率が20％を超える場合，釘
を木口に打った場合（図2・27），釘を斜
め打ちした場合（図2・28）には，表2・
4に示す調整係数を用いてせん断耐力を求
める。すなわち，木材同士に釘を用いた一

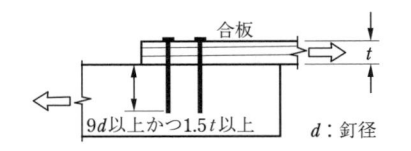

図2・24　合板側材を用いる釘せん断接合

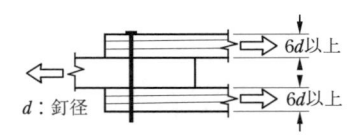

(a)　釘が貫通する場合

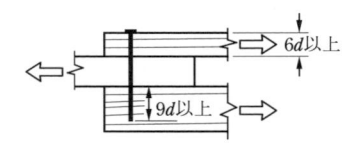

(b)　釘が貫通しない場合

図2・25　釘を用いた二面せん断接合

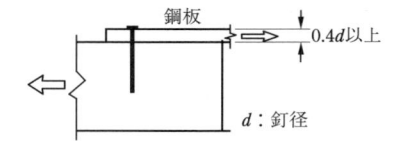

図2・26　鋼板添え板を用いた釘せん断接合

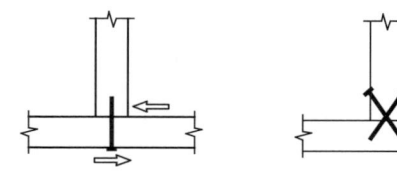

図2・27　釘の木口打ち　図2・28　釘の斜め打ち

表2・4　一面釘せん断接合耐力に対する各種条件に
　　　　よる調整係数

| 各種条件 | 一面せん断耐力に対する
せん断耐力の調整係数 |
|---|---|
| 二面せん断 | 2.00 |
| 1列の釘本数　10〜19本 | 0.90 |
| 20本以上 | 0.80 |
| 側材が鋼板 | 1.25 |
| 施工時・使用状態の含水
率が20％以上 | 2/3 |
| 木口打ち | 2/3 |
| 斜め打ち | 5/6 |

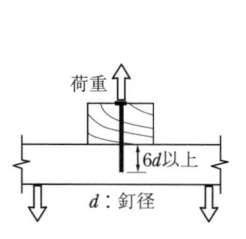

図2・29　釘引抜き抵抗
　　　　　接合

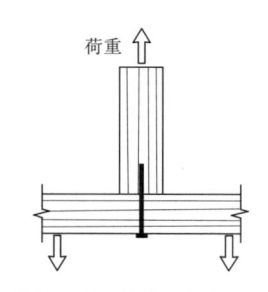

図2・30　釘木口打ちの
　　　　　引き抜き耐力はゼロ

面せん断接合強度に，ここで示した調整係数を乗じることにより許容せん断耐力を求めることができる。なお，合板の代わりにボード類を用いる場合は，ボードが欠けたり，切れたりという破壊をするので，一面せん断接合に対する調整係数を用いて許容せん断耐力を求めることはできない。

(d)　引抜き耐力

許容引抜き耐力は，打込んだ釘胴部の直径（釘径）d と釘の打ち込み深さ L に比例する。図 2・29 に示すように，このときの打込み深さは $6d$ 以上としなければならない。ただし，構造耐力上主要な部分においては，釘を引抜き抵抗接合させるように用いることは避けなければならない。また，図 2・30 に示すように，木口面に打ち込まれた釘を引抜き抵抗接合させるように用いることはできない。

(2)　**ボルト**

(a)　ボルト接合の特徴

ボルト接合は，古くから木造建築の仕口や継手に用いられてきた接合で，接合部材にあけた先孔にボルトを通し，これをナットでとめ付けることにより，部材同士のずれや開きを抑制するもので，現在でも釘接合とともに木質構造に最もよく用いられる接合金物の 1 つである。

1）　ボルト接合の長所

①　ドリルによる簡単な穴あけ加工は現場でも可能である。

②　釘に比べると錆に強い。

③　木材の厚さに対して細い径のボルトを用いることにより粘り強く（靭性的で），エネルギー吸収能力のある接合が実現できる（図 2・31(b)）。

2）　ボルト接合の短所

①　初期すべりを生じる。

②　穴あけの大きさ（クリアランスの大きさ）により剛性が左右される。

③　1 つの接合部に多数の穴あけを行う場合，穴あけ位置に高い精度が要求される。

④　木材の厚さに対して太い径のボルトを用いると，変形能力がなく（脆性的で），エネルギー吸収能力の低い接合となる（図 2・31(a)）。

(b)　ボルトせん断接合のメカニズム

ボルトの締め付けによる摩擦抵抗の効果は，木材の収縮および応力緩和を考慮すると長期的には期待することができないので，すべりが問題となる接合部ではボルト孔をできるだけボルト径と一致させる必要がある。鋼構造のように摩擦接合（図 4・25）とすることはできないのである。

せん断力に対しては，一面せん断，二面せん断あるいは側材が木材・鋼板などの違いにより様々な降伏モードが考えられるが，それを形づくるものには主に 2 つあり，図 2・31 に示すように，ボルトの曲げとボルトの側材・主材へのめり込みにより抵抗すると考えられる。

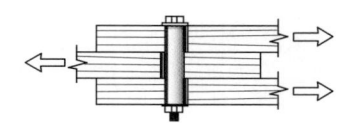

(a)　木材へのボルトのめり込み
（太短いボルトの場合）

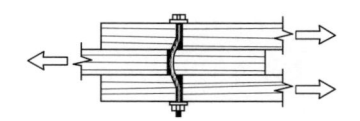

(b)　ボルトの曲げと木材へのめり込み
（細長いボルトの場合）

図 2・31　ボルトせん断接合のメカニズム

(c) ボルトせん断接合の注意点

　木材は異方性が強く，繊維方向の強度と比べて繊維に直角方向の強度が極めて小さい。ボルト接合部においても，木材の繊維に平行でない力が加わると，木材が割裂により破壊する場合があり，この場合，接合部は極めて脆性的な破壊を示す。したがって，ボルト接合部には，木材の繊維に直角方向の力の成分が極力作用しないように設計することが必要である。やむを得ない場合には，木材が割裂により破壊しないようにする必要がある。

　釘接合部と同様に，終局時に木材が割裂またはせん断により破壊することがないように，十分な縁端距離をとる必要がある。図2・32に示した7d は，接合部が降伏荷重に達する前に木材が割裂またはせん断により破壊しないための距離である。縁あきが小さくても木材が割れやすくなるので，図2・32のような数値が決められている。

　なお，一箇所に釘とボルトを併用する場合は，2つの許容耐力の和とすることができないことに注意が必要である。

(3)　接合金物

　木構造用金物として JIS A 5531が1965年に制定され，これが推奨されてきたが，この規格金物は，学校建築，事務所，倉庫などの規模の大きい木造建築物を対象とし，住宅などの小規模なものへの利用にあたっては過剰性能のものであり，使い勝手が悪いということもあって，あまり普及しなかった。現在では，日本住宅・木材技術センターにより，住宅規模に見合った形状・寸法の金物が規格化され，普及している。

　図2・42に在来軸組で用いられる代表的な金物をその使用方法，使用箇所とともに示す。

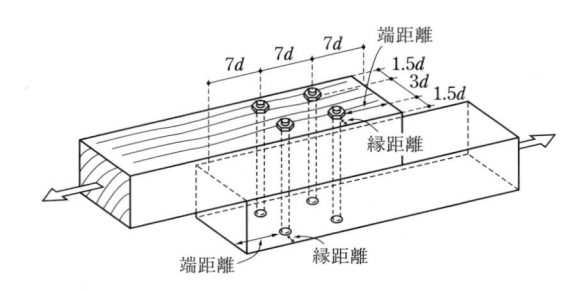

図2・32　ボルト接合の端距離および縁距離

2・4　軸組

2・4・1　軸組の全体

　木質構造における軸組は，主要な骨組である。土台，柱，胴差，桁，梁，筋かい，間柱などで構成された壁体であり，荷重を支えてこれを基礎に伝える。また床組，小屋組と一体となって外力に抵抗する。

　図2・33に示すように，外周軸組は桁行方向の平面とそれに直交する妻面の軸組である。地震力・風圧力などの水平荷重に対して，建築物が基礎から浮き上がったり水平移動したりしないように，図2・34に示すようなアンカーボルトで土台を基礎に緊結したり，柱を直接基礎に

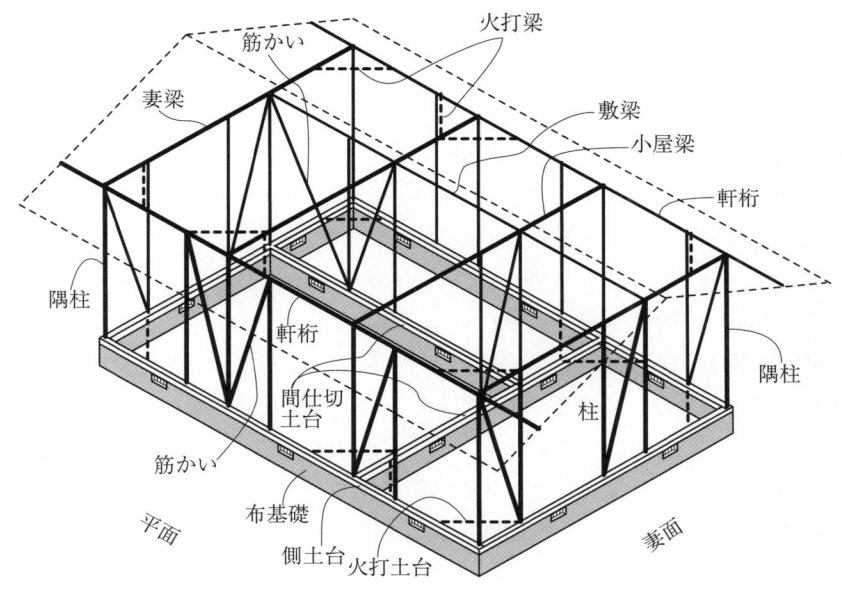

図2・33　軸組概要

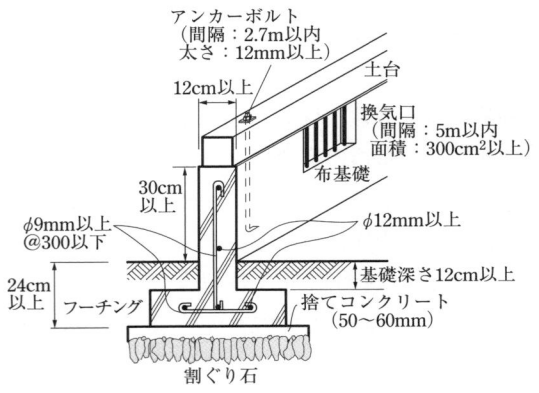

図2・34　フーチング付き RC 布基礎

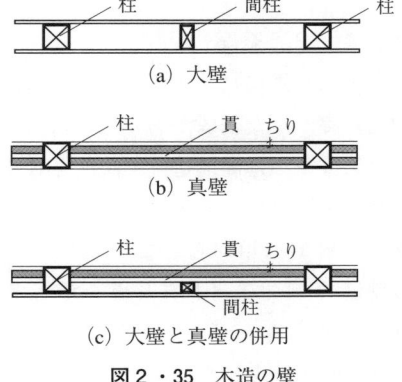

図2・35　木造の壁

緊結したりする。また，軸組が変形するのを防ぐために要所に筋かいを入れ，外周軸組の四隅や主要間仕切の交差部には，火打土台や火打梁を入れて骨組の面内剛性を確保する（図2・33）。

軸組により造られる壁には，図2・35に示すように，大壁，真壁および両者を併用した壁がある。

真壁では，壁の仕上面が柱面より内側に入っているため柱が見える。柱面と壁仕上げ面との距離を**ちり**という（図2・35，2・39）。真壁は，壁体が薄いので軸組に筋かいを入れにくい。

大壁では，壁の仕上材が柱面の外側につけられ，柱は隠れてしまう。洋風の室などに広く用いられる。大壁の軸組では，壁の中に空間ができるため接合金物の取り付けや，大きな断面の筋かいを入れることが容易である。気密性もよく，防寒・防湿・防音の効果も大きいとされているが，壁の内部に湿気が入り込むと，乾燥しにくく部材が腐りやすくなるので注意が必要である。

大壁と真壁を併用した壁は，大壁作りの建物における和風の室の外周壁，あるいは，和風の室と洋風の室に挟まれた間仕切り壁などで用いられる。断面形状の小さい筋かいを入れることはできる。

2・4・2　基礎

軸組は基礎に緊結する。基礎には，**布基礎**，**独立基礎**，**べた基礎**があり，これらの選択方法は「第5章　基礎構造」で説明されている。

図2・34には，多雪区域の建物や2階建て建物に一般的に用いられているフーチング付きの鉄筋コンクリート布基礎を示している。換気口，アンカーボルト，布基礎形状などに耐震性・耐久性を持たせるために様々な規定が設

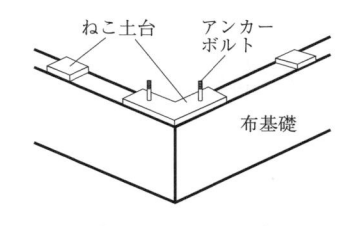

図2・36　ねこ土台

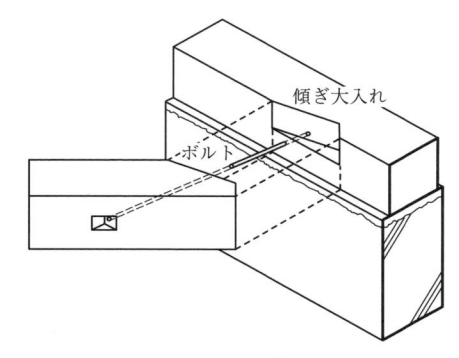

図2・37　土台と火打土台の接合

けられており，これらの数値を図中に示している。

換気口を設けると基礎の断面欠損は避けられない。これを防ぐために，最近では，図2・36に示すように，**ねこ土台**または基礎パッキンを設けて土台を基礎から浮かせ，土台下部の通風を可能にして床下全体の換気を考えているものがある。ねこ土台としては，モルタル，石材，ゴムパッキンなどが用いられている。

2・4・3　土台・火打土台

土台は，柱の根元（柱脚）を結合して建物を固めるとともに，柱から伝わる力を広く基礎に分布させるための横架材である。図2・33に示したように建築物外周の土台を側土台，間仕切位置の土台を間仕切土台とよぶ。

土台は，柱の取付け位置や土台の継手位置から15〜20cm程度離れたところで基礎にアンカーボルトで緊結する。アンカーボルトは1820mm程度の間隔で設置し，最大でも

2730mm 間隔以内に基礎に埋め込む。側土台の隅や主要な間仕切土台の交差位置には，90mm×45mm 以上の火打土台を入れてボルトなどで接合する（図2・33，図2・37）。

　図2・34に示したように，土台は地盤から300mm 以上の高さにすえる。防腐・防蟻のために薬剤処理された防腐土台を用いることが多く，その使用樹種としては，ベイツガ，ヒノキ，ヒバが使用される。土台への湿気を抑えるために，基礎上面に防湿用ビニルシートを敷くことも多い。

　一般的に平屋建てでは，土台として105mm 角程度のものを用いている。また，2階建ての場合には，四隅の柱が120mm 角の**通し柱**を用いることから120mm 角程度のものを用いることが多い。

2・4・4　柱

　柱は，上部の荷重を土台に伝える主要部材で常時圧縮力を受けている。2階分を1本の材でまかなう**通し柱**と各階ごとに分かれている**管柱**とがある（図2・38）。階数が2以上の建物においては，隅柱は通し柱としなければならないが，管柱でも接合部を金物などで補強すれば通し柱の代わりに用いることもできる。

　柱の間隔は，壁体の内部では910mm〜1820mm である。柱の最小径は建築基準法に定められており，住宅の場合を表2・5に示す。住宅では一般的に，管柱は105mm 角，通し柱は120mm 角を用いている。

　柱に用いられる樹種には，ヒノキ，スギ，ツガなどの針葉樹の心持ち材が多い。真壁の柱には木理の美しい材を用い，角は**面取り**をする（図2・39）。心持ち材は，乾燥収縮によって割れが発生するため，見えがかり（でき上がった時に見える面）に生じる乾燥割れを防ぐために，あらかじめ壁などで隠れる面に切り込み

表2・5　柱の最小径

		軽い屋根	重い屋根
平屋建て		h/33	h/30
2階建て	2階	h/33	h/30
	1階	h/30	h/28

h：横架材間の内法距離

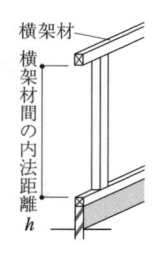

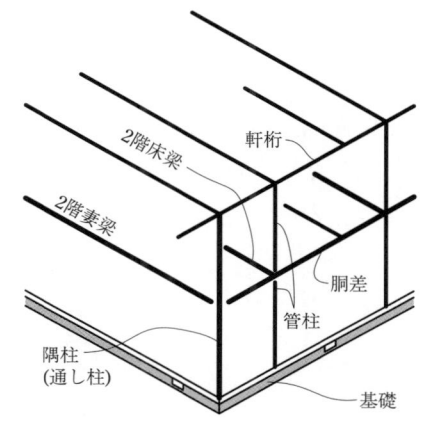

図2・38　柱と胴差

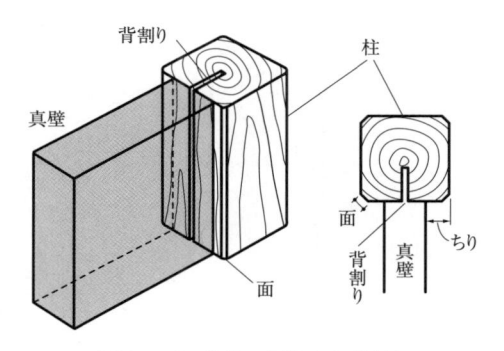

図2・39　柱材の面取りと背割り

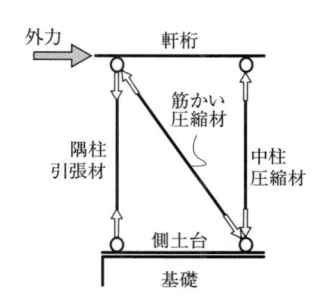

図2・40　筋かいと隅柱の引張り（柱脚の浮き上がり）

を入れ変形を吸収させる。これを**背割り**という（図2・39）。

柱頭，柱脚部は，一般的に図2・12に示したようなほぞを作り，土台・軒桁・胴差に差し込み，かすがい（図2・42(f)）・羽子板ボルト（図2・42(i)）・短ざく金物（図2・42(a)），角金物（図2・42(h)(k)）などで補強する。特に，隅柱は，図2・40に示すように外力によって浮き上がるので，これを防ぐために，図2・42(e)(h)(k)のように山形プレートや角金物を用いて土台と接合し，柱に近接した位置で土台を基礎に緊結する。大きな引張耐力を必要とすると

きは，引き寄せ金物（ホールダウン金物）（図2・42(m)）を用いて，直接基礎にアンカーする。

2・4・5　胴差

図2・38に柱と胴差の関係を示す。**胴差**は，2階建て平側軸組（桁行方向）の2階床位置に用いる。上下階の管柱を連結し，2階の壁を支えるもので，場合によっては2階梁も支える。胴差と柱・梁との仕口は，羽子板ボルト（図2・42(i)），金折金物（図2・42(g)）などで接合する。

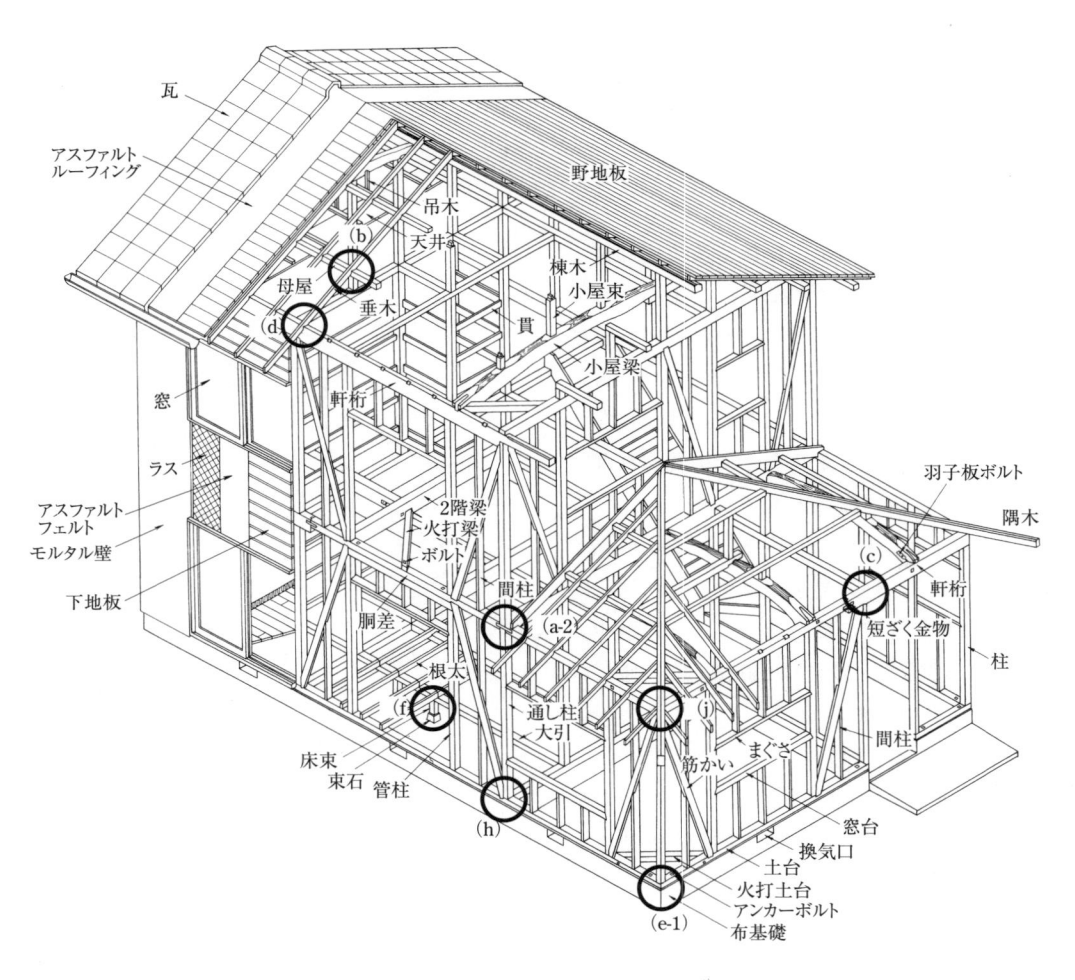

図2・41　木造軸組構法の全体構成[1]

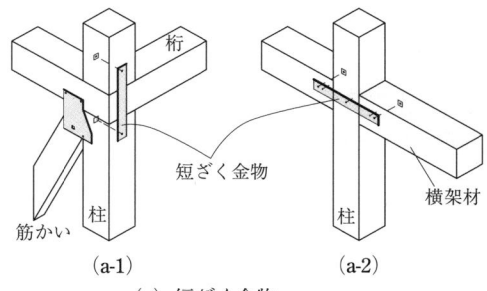

（a-1）　　　　　（a-2）

（a）　短ざく金物

1，2階管柱の接合，2階床梁相互の接合

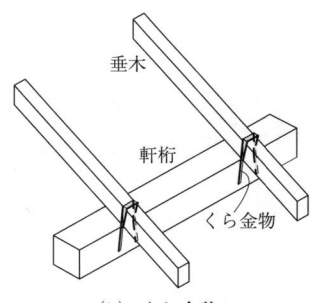

（b）　くら金物

垂木と母屋の接合，垂木と軒桁の接合，垂木と
棟木の接合（特に軒の出が大きい垂木の接合）

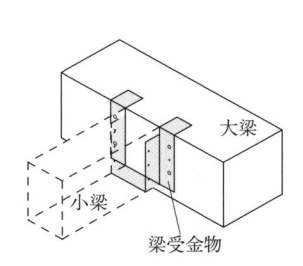

（c）　梁受金物

大梁と小梁の接合

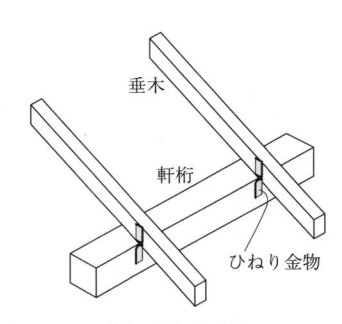

（d）　ひねり金物

垂木と軒桁の接合，垂木と母屋の接合，
垂木と棟木の接合

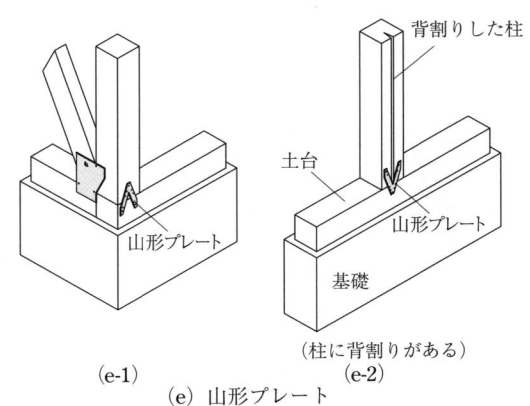

（e-1）　　　　　　（e-2）

（柱に背割りがある）

（e）　山形プレート

柱と横架材の接合，隅材と横架材の接合，
通し柱と横架材の接合

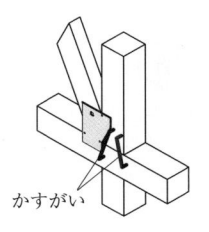

（f）　かすがい

床束と大引，管柱と胴差，小屋梁と小屋
束の接合

図 2・42（1）　軸組の接続部

48

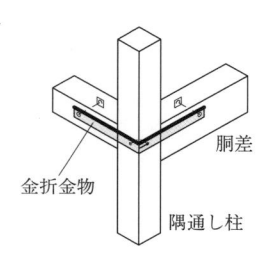

（g）金折金物
隅通し柱と2方向の
胴差の取り合い

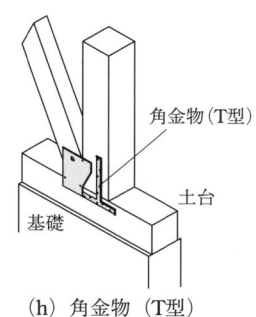

角金物（T型）
土台
基礎

（h）角金物（T型）
柱と土台の接合，隅柱と横架材の
接合，通し柱と横架材の接合

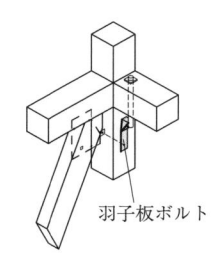

羽子板ボルト

（i）羽子板ボルト
小屋梁と軒桁，梁と柱等の接合，
独立基礎と柱の接合

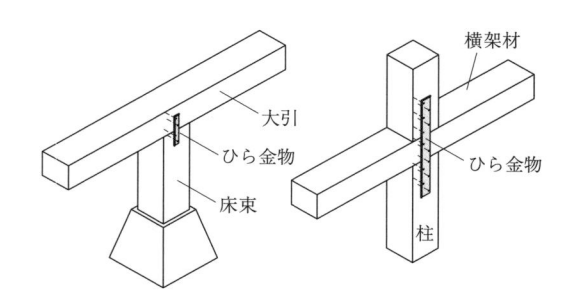

大引
ひら金物
床束

横架材
ひら金物
柱

（j）ひら金物
大引と束・土台と柱・管柱と胴差・小屋梁と小屋
束・母屋相互の接合，管柱同士の連結（長もの）

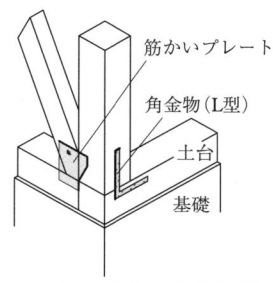

筋かいプレート
角金物（L型）
土台
基礎

（k）筋かいプレートと角金物（L型）
・筋かいプレートは筋かいと柱，横架
　材を同時接合
・L型金物は柱と横架材の接合，隅柱
　と横架材の接合，通し柱と横架材の
　接合

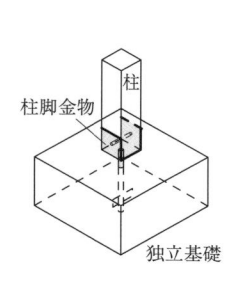

柱
柱脚金物
独立基礎

（l）柱脚金物
玄関の独立柱，バルコ
ニーの受け柱の支持

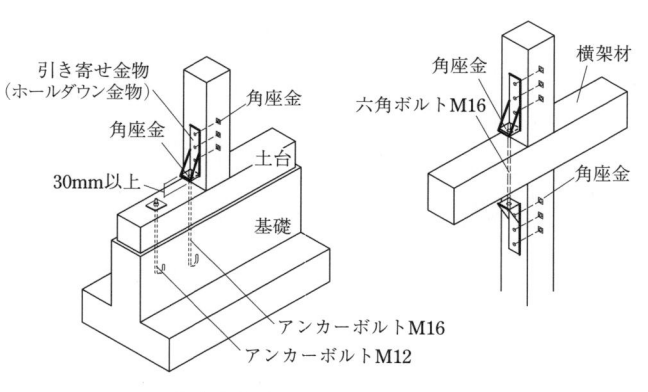

引き寄せ金物
（ホールダウン金物）
角座金
角座金
30mm以上
土台
基礎
アンカーボルトM16
アンカーボルトM12

角座金
横架材
六角ボルトM16
角座金

（m）引き寄せ金物とアンカーボルト
引き寄せ金物　　　　　：基礎と柱，土台と柱，管柱同士の接合
（ホールダウン金物）
アンカーボルトM16：引き寄せ金物により柱と基礎コンクリ
　　　　　　　　　　　　ートを緊結
アンカーボルトM12：土台と基礎コンクリートを緊結

図2・42（2）　軸組の接続部

2・4・6　桁・梁・火打梁

　桁とは，柱の上部を連結している桁行方向の水平材（横架材）であり，張間方向の同様の水平材が梁である（図2・43）。木造軸組の各部の名称は，部材名称の前に建物内の位置名をつけるのが一般的である。例えば桁でも，建物の軒の位置にあり，小屋梁・垂木を受けて屋根荷重を柱に伝えるものを**軒桁**という。妻側にある梁は**妻梁**といい，張間方向の中間にあって小屋梁を受けるものをとくに**敷梁**，柱上部をつなぐだけで，屋根荷重を受けないものを**頭つなぎ**という。

　面内剛性を確保するために，軒桁と妻梁，胴差と2階梁などの交差部には，90mm角以上の火打梁を取り付ける。

　桁に用いる材種は胴差と同様で，継手には追掛け大栓継ぎ（図2・16(f)）を多く用いる。部材断面が異なるときは，応力が小さいところに継手位置がくるように注意して持ち出し継ぎとする。このとき用いる継手は腰掛け蟻継ぎ（図2・16(a)）や腰掛け鎌継ぎ（図2・16(b)）である。柱との接合部は，かすがい（図2・42(f)），角金物（図2・42(h)(k)）などの金物で補強する。

2・4・7　筋かい

　建物が地震力や風圧力などの水平荷重を受ける場合に，軸組の変形を抑えるために**筋かい**を対角線方向に入れる（図2・40）。

　筋かいは，平面内に釣合いよく配置して剛心と重心を一致させ，建築物にねじれが生じないようにしなければならない。

　図2・40の場合には，筋かいは圧縮力を負担する圧縮筋かいとなっている。力の向きが反対になると引張筋かいとなる。座屈などを考慮して筋かい材の最小断面が図2・44のように規定されている。

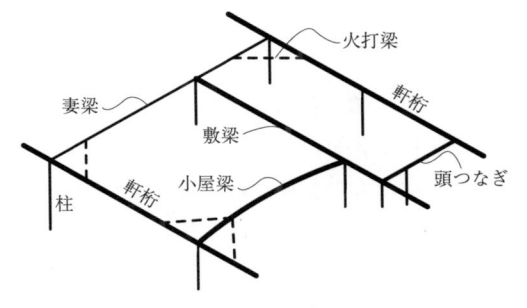

図2・43　桁および梁

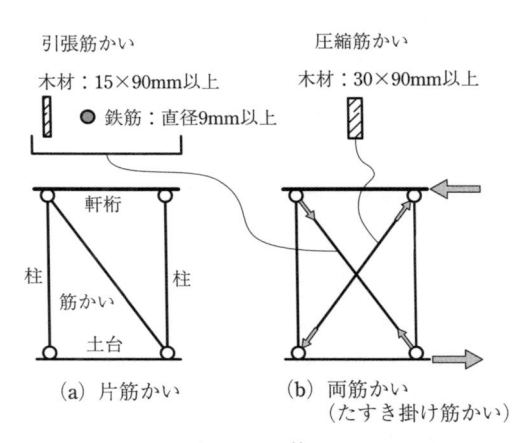

図2・44　筋かい

　図2・44(a)に示すように，一方向の筋かいだけが入っているものを片筋かいといい，(b)のように両方向に筋かいが入っているものを両筋かい（たすき掛け筋かい）という。筋かいに生じる軸力をその端部の接合部において伝えられるように，図2・42(k)に示したような筋かいプレートを使うなどの注意が必要である。筋かい端部は，筋かいの中心線ができるだけ柱と水平材の中心線の交点に一致するようにする。

　圧縮を受ける筋かいの場合，荷重が大きくなり変形が進むにつれて，壁面外に反り出す，いわゆる座屈を起こす。一方，引張りを受ける筋かいでは，筋かい端部の仕口部分における補強がきちんとしていないと効果的ではない。柱と同寸の筋かいをたすき掛けにする場合を除いて筋かいの断面欠損を避けるため，切り欠きをつ

くってはならない。

2・4・8　貫・間柱

　真壁を作る骨組の1つで，柱と柱の間に水平に取り付けたものを**貫**といい，図2・45のように，取付け位置により地貫・胴貫・内法貫・天井貫という名称がつけられている。これらの位置は，床・天井・開口部との関係で決め，図2・46のように，くさび止めまたは釘打ちで柱へ取り付ける。

　大壁の場合には，柱と柱の間に約450mm間隔に鉛直材を立てるが，これを**間柱**（図2・35(a)）といい，土台と桁に取り付ける。大きさは柱の二つ割り材・三つ割り材を用いる。

2・4・9　壁倍率と壁量

　建物が地震力や風圧力などの水平荷重を受ける場合には，壁や筋かいのある軸組が抵抗する。建物を安全にするためには，このような壁や筋かいのある軸組の長さ（以下，**軸組長さ**という）をある程度確保しなければならない。

　地震力は，建物重量に比例して作用するため，床面積に比例してその大きさがかわる。一方，風圧力の場合は主として見付面積（図2・47）によって左右される。よって，地震力は張間方向・桁行方向ともに同じであり，風圧力は張間方向・桁行方向で異なる。軸組長さと水平抵抗力は比例するとして，床面積・見付面積それぞれの単位面積あたりに必要な軸組の長さが表2・6，2・7のように規定されている。

　（地震力）⇨（表2・6の単位面積あたりに必要な軸組長さ）×（床面積）を用いて，張間方向または桁行方向に設ける必要な軸組長さが求まる。

　（風圧力）⇨（表2・7の単位面積あたりに必要な軸組長さ）×（見付面積）を用いて，それに直角方向に設ける必要な軸組長さが求めら

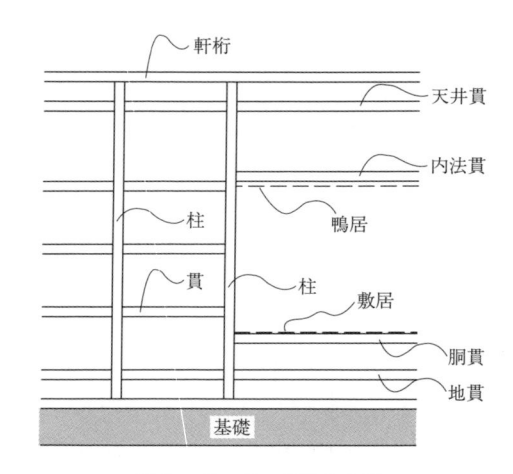

図2・45　貫の位置と名称

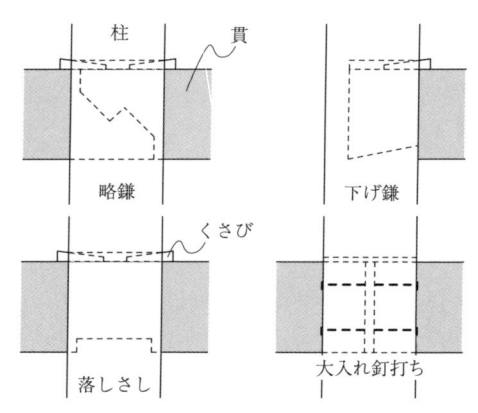

図2・46　貫の柱への取り付け方法

表2・6　単位面積あたりに必要な軸組長さ

	地震力に対する各階の必要壁率 （必要壁量／その階の床面積：cm/m²）		
	平屋建て	2階建て	3階建て
重い屋根の建物 （瓦葺など） 重い壁の建物 （土蔵造など）	15	21 33	24 39 50
軽い屋根の建物 （金属板・石綿ス レート葺など）	11	15 29	18 34 46

注　軟弱地盤では，この数値の1.5倍とする。

れる（図 2・47）。

　軸組の水平抵抗力は，軸組長さが同じであっても筋かいの断面の大小や数，または合板・ボードの種類や厚さなどによって異なる。この抵抗力の違いを，断面15mm×90mm の木材を用いた片筋かい入り壁を 1 としてそれに対する倍率で表し，これを**壁倍率**という。主な壁の壁倍率を表 2・8 に示す。たとえば，断面30mm×90mm の両筋かいの壁倍率は3.0であるから，この壁 1 m の軸組抵抗力は，断面15mm×90mm の片筋かい 3 m分に相当することになる。軸組長さの検討では，軸組の種類の違いは壁倍率により考慮することになる。

　耐風・耐震的な構造とするためには，必要な軸組長さを検討するだけでなく，平面上偏らないように釣合いよく配置し，建物の隅角部上下階の軸組はできるだけ一致させるなどに注意する必要がある。

　また，これらの軸組が有効に働くためには，床組や小屋組の梁・桁面に火打材を設けるなど，その水平骨組面の面内剛性を確保しておく必要がある。

表 2・7　風圧力に対する必要壁率

区　域	算定用見付面積に乗じる数値 （cm/m²）
しばしば強い風が吹くと認められる区域	50より大きく75以下の範囲で，特定行政庁がその地方における風の状況に応じて定めた値
一般区域	50

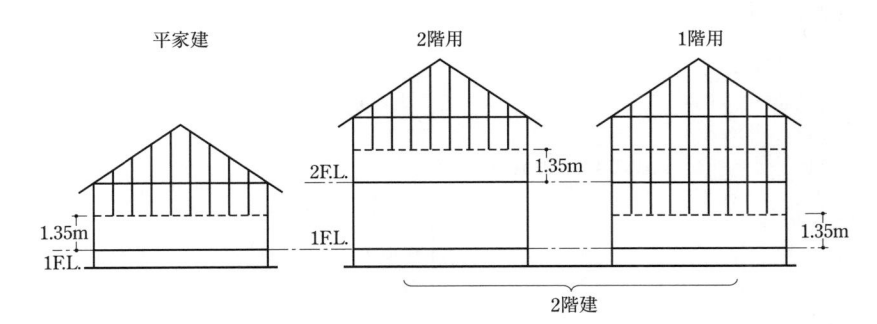

床上1.35m からの水平投影面積

図 2・47　風圧力算定見付面積

表2・8　各種壁と壁倍率

耐　　力　　壁　　の　　種　　類			倍率
土塗り壁（真壁）	裏返し塗りの有無にかかわらない		0.5
木ずり下地壁（大壁）	片面釘打ち		0.5
	両面釘打ち		1.0
片筋かい	筋かいに用いる材料		
	9 φ鉄筋		1.0
	1.5cm × 9 cm の木材		1.0
	3 cm × 9 cm の木材		1.5
	4.5cm × 9 cm の木材		2.0
	9 cm 角の木材		3.0
たすき掛け筋かい	筋かいに用いる材料		
	9 φ鉄筋		2.0
	1.5cm × 9 cm の木材		2.0
	3 cm × 9 cm の木材		3.0
	4.5cm × 9 cm の木材		4.0
	9 cm 角の木材		5.0
構造用合板壁（大壁）	釘	面材	
	N50（JIS A 5508）@15cm 以下	構造用合板　特類7.5mm 厚以上	2.5
		パーティクルボード12mm 厚以上	
		構造用パネル	
		ハードボード 5 mm 厚以上	2.0
		硬質木片セメント板12mm 厚以上	
石膏ボード（大壁）	釘	面材	
	GNF40（JIS A 5552）またはGNC40（JIS A 5552）@15cm 以下	炭酸マグネシウム板12mm 以上	2.0
		フレキシブルボード 6 mm 厚以上	
		石綿珪酸カルシウム板 8 mm 厚以上	
		石綿パーライト板12mm 厚以上	
		パルプセメント板 8 mm 厚以上	1.5
		石膏ボード12mm 厚以上	1.0
シージングボード（大壁）	釘	面材	
	SN40（JIS A 5553）外周@10cm 以下	シージングボード12mm 厚以上	1.0

例題 4

下図に示す 2 階建て木造軸組住宅の耐震・耐風安全性を壁量にもとづいて検証しなさい。ただし設計条件は以下のとおりである。

地盤：普通，屋根葺材：スレート葺，積雪量：30cm，風当たり：一般区域
使用されている壁の種類は以下の 2 種類。

外周壁：30mm ×90mm 片筋かい・木ずり両面打ち，内壁：15mm ×90mm 片筋かい

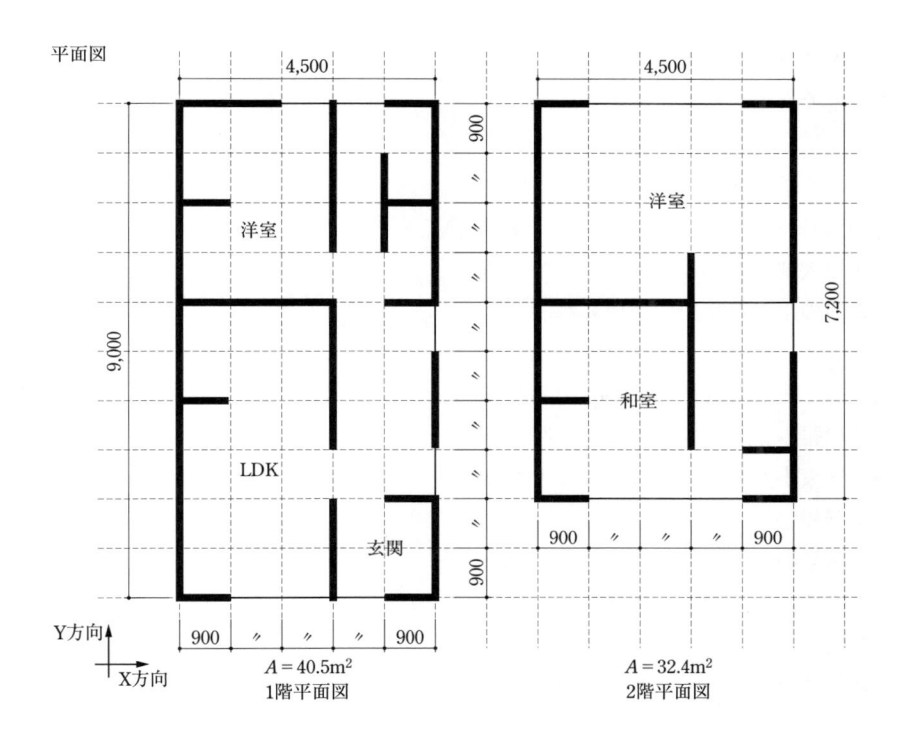

$A = 40.5\text{m}^2$
1階平面図

$A = 32.4\text{m}^2$
2階平面図

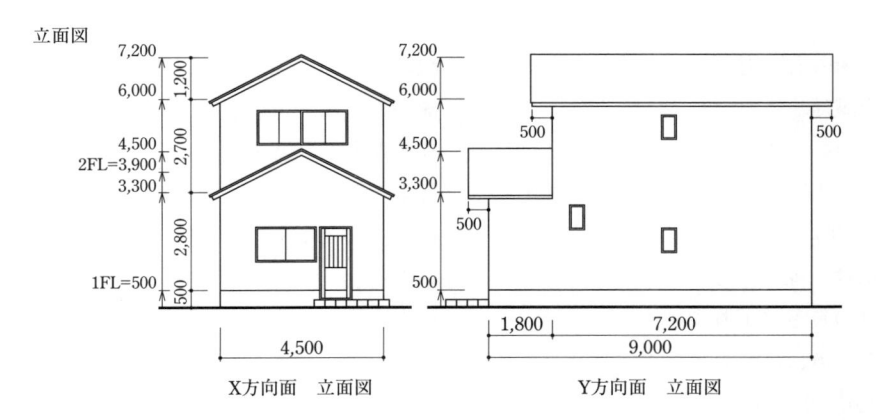

X方向面　立面図

Y方向面　立面図

2・5　小屋組

　小屋組は，屋根を形づくるための骨組であり洋小屋と和小屋がある。屋根荷重は，垂木・母屋を介して小屋組に伝えられる。

2・5・1　和小屋・洋小屋の特徴

　和小屋の典型である束立て小屋組は，図2・48(a)に示すように小屋梁などに小屋束を立て，屋根荷重を支える構造である。小屋梁には曲げモーメントが生じる。張間が大きくなると曲げモーメントが増大するため，住宅などの間仕切壁の多い，張間の小さなものに用いられることが多い。

　洋小屋は，図2・48(b)のように部材を三角形状のトラス状に組み立てた構造である。図2・48(b)のような真束小屋組に鉛直荷重が作用すると，真束および陸梁は，引張材となる。陸梁には和小屋の小屋梁のような大きな曲げモーメントが生じないので，張間の大小によって部材断面の大きさを大きく変化させる必要がなく，集会場などのように張間の大きいものに用いられる。

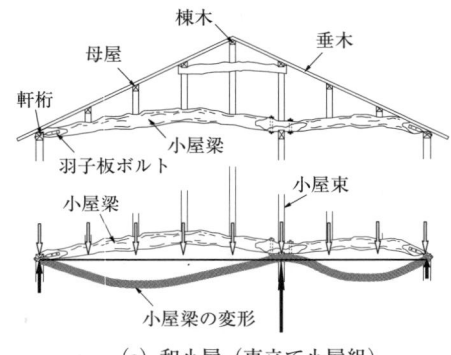

（a）和小屋（束立て小屋組）

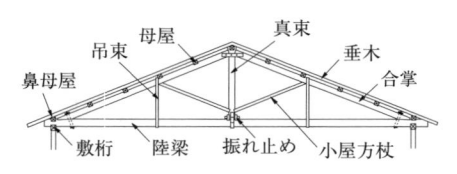

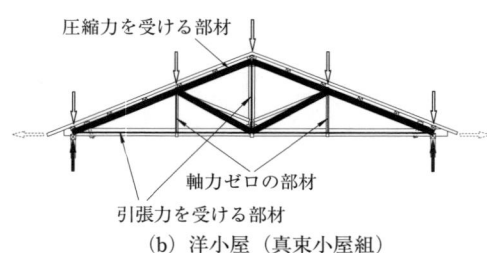

（b）洋小屋（真束小屋組）

図2・48　和小屋と洋小屋

2・5・2　和小屋の構造

⑴　束立て小屋組

　束立て小屋組の詳細を図2・49に示す。図に示すように，小屋梁を1.8〜2m間隔で軒桁の上にかけ，その上に約90cm間隔に小屋束を立てる。小屋束は，棟木・母屋などを支え，屋根勾配は小屋束の長さにより調整する。

　小屋梁のかけ方には，京ろ組と折置組とがある（図2・50）。小屋梁を軒桁の上にかけ渡すものが京ろ組，柱の上に小屋梁をのせてその上に軒桁を取り付けるものが折置組である。折置

組の場合は，軒桁を鼻母屋とよぶことが多い。構造的には，折置組の方が京ろ組よりやや丈夫な組み方といえる。柱のない位置で小屋梁を支えることができることや小屋梁端が外観に出ないことなどから京ろ組の方がひろく用いられている。

　小屋梁と軒桁，垂木と軒桁の接合には，かすがい（図2・42(f)）・羽子板ボルト（図2・42(i)）・くら金物（図2・42(b)）・ひねり金物（図2・42(d)）などの接合金物を使い，屋根全体が風で吹き飛ばされることがないようにする。

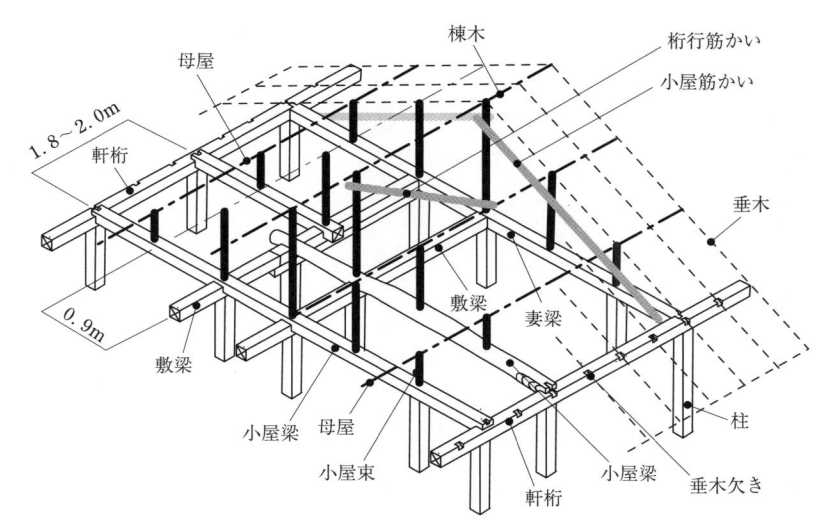

図2・49 和小屋（束立て小屋組）

小屋梁方向に小屋束を連結するように**小屋筋かい**を入れ，桁行方向には，妻側の風圧力によって倒れるのを防ぐために**桁行筋かい**を入れる（図2・49）。

垂木は，約450mm間隔に配置し，母屋に垂木欠きして取付け，母屋上で乱に継ぐ。棟木には，垂木彫り・垂木欠きをして取り付ける。

(2) 隅部の構造

寄棟屋根の隅部を図2・51に示す。母屋を屋根面にそって配置し，母屋の交点を小屋束で支え，その小屋束を支えるために飛梁を妻梁と小屋梁にかけ渡す。母屋の交点に隅木を掛け渡し，隅木により配付け垂木を支える。妻梁と軒桁・敷梁の接合部には，火打梁（90mm角以上）を取り付けて補強する。

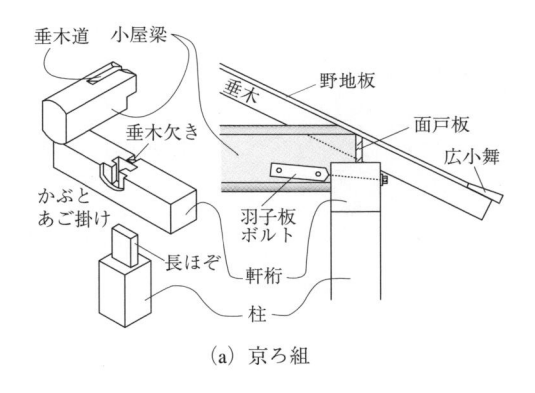

(a) 京ろ組

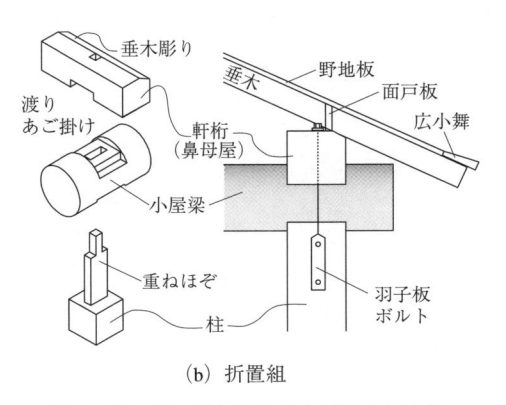

(b) 折置組

図2・50 和小屋における小屋梁のかけ方

2・5・3　洋小屋の構造

洋小屋の典型である真束小屋組は，図2・48に示すように，真束・陸梁・合掌・小屋方杖・吊束などで構成された小屋組である。この小屋組を約1.8m間隔で敷桁上に掛け渡し，その両端を鼻母屋・柱などと接合する。トラスの真束同士を結ぶ桁行筋かいによりトラスの桁行方向横倒れを防ぐ。陸梁と敷桁の接合部には火打梁を用いて面内剛性を確保する（図2・52）。

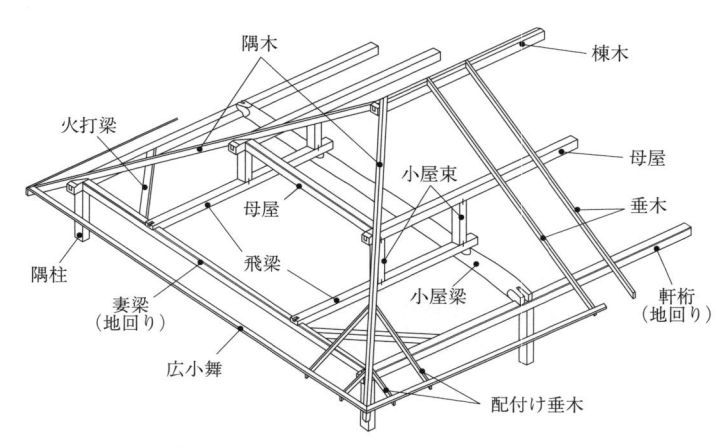

図2・51　寄棟屋根の隅部の束立て小屋組

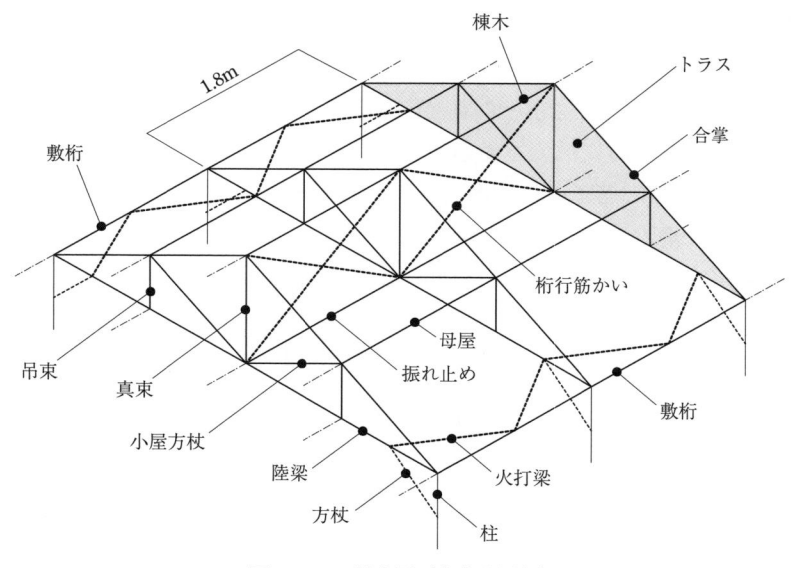

図2・52　洋小屋（真束小屋組）

2・6　床組

　床組により各階の荷重を支持する。また下階の天井を吊り下げたりする。1 階床組などに用いる束立て床と 2 階以上の床組に用いる束のない床組とに分けられる。

　最下階の床については，防湿シート＋コンクリート打設など，特別に防湿措置をしていない場合は，住宅の居室では，直下の地面より 45cm 以上の高さにすることが重要となる。

　2 階以上の床など，束のない床組の場合は，床梁に大きな曲げモーメントが生じるため，張間に応じて梁せいを大きくしなければならない。

2・6・1　束立て床組

　図 2・53 に束立て床組を示す。**根太・大引・床束**で構成されており，地盤面からの高さは床束により調整する。

　大引の一般的な間隔は，約 900mm で，約 900mm ごとに配置された床束で支え，両面にかすがいを打ち付ける。床束を安定させるために，床束同士に根がらみ貫を釘打ちしたり，通し貫とする。根太は大引へのせかけて固定する。根太の間隔は，畳下地の場合は約 450mm，床板下地の場合は約 300〜400mm くらいである。根太の両端は，土台または根太大掛けに乗せ掛けて釘打ちとする。とくに壁ぎわの根太をきわ根太という。

2・6・2　束のない床組

　図 2・54 に 2 階床組を示す。梁床・組床・根太床の区別がある。

(1)　梁床

　梁床は，張間が 2 m から 4 m の床組に用いる。梁と根太で構成されており，梁は柱・胴差に金物で緊結する。

　梁材としては，曲げ強度の大きいマツを使い，支える根太の張間が 2 m 以下となるようにする。根太は，梁と根太の上面をそろえて大入れとする場合と梁に根太を載せて渡りあごとする場合がある。

(2)　組床

　組床は，下階の柱が少なく，張間が 6 m くらいまでで部屋面積が大きい場合に用いる。大梁・小梁・根太で構成されており，大梁を張間

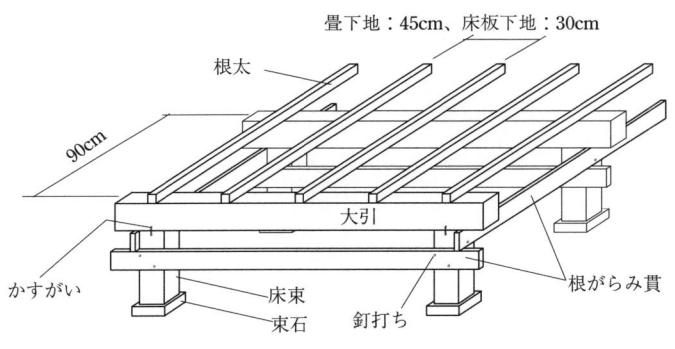

図 2・53　束立て床の構造

58

の小さいほうに掛け渡し，その上に直交方向に小梁を約 2 m 間隔に取り付ける。

大梁が受ける力は大きく，鉄骨造にする場合もあるが，必ず柱で大梁を受ける。小梁は，大梁にのせかけることもあるが，大梁の断面欠損を避けるために大梁側面に取り付けることが多く，梁受金物（図 2・42(c)）などを用いて補強する。

(3) 根太床

根太床は，梁を用いずに根太のみで床を支持する床組である。張間 2 m くらいまでの床に用い，根太を胴差・間仕切桁などにのせかける。

1 階の広縁などにも用いるが，その場合は，根太を土台または根太掛けにのせかける。

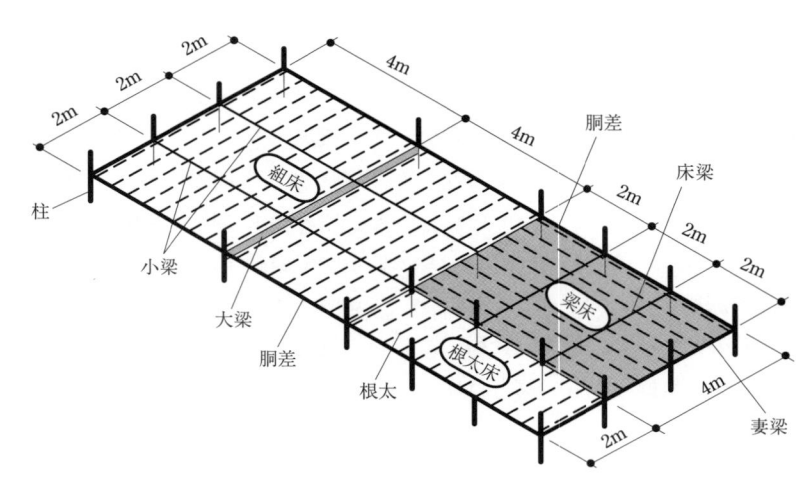

図 2・54　2 階の床組（束を用いない床組）

2・7　枠組壁工法

2・7・1　構成

　枠組壁工法の全体構成を図2・55に示す。木材で組まれた枠組に構造用合板，その他これに類するものを打ち付けた床および壁によって構成された構法である。公称2インチ×4インチの製材を最もよく使うので「ツーバイフォー構法」とも呼ばれている。枠組壁工法住宅組み立ての流れを図2・56に示す。

　在来軸組構法が，荷重や外力に対して柱や梁，筋かいといった軸組みで抵抗するのに対して，枠組壁工法は，床，壁，屋根が構造的な面材として抵抗する。用いられる木材は国際規格材であり，材種は少なくて，各部の接合は，釘打ちを主としており，要所に図2・57に示すような補強金物を使用しなければならない。

2・7・2　構造材料

　構造耐力上主要な部分に使用する枠組材，合板，ボード類の面材，釘は日本工業規格（JIS）や日本農林規格（JAS）に適合するものを使用する。

(1)　製材

　用いる製材は，日本農林規格，国土交通省告示により規定されている。表2・9(a)，(b)に種別と等級を示し，表2・9(c)，(d)に寸法形式を示す。これらの情報は製材1本ごとにラベルま

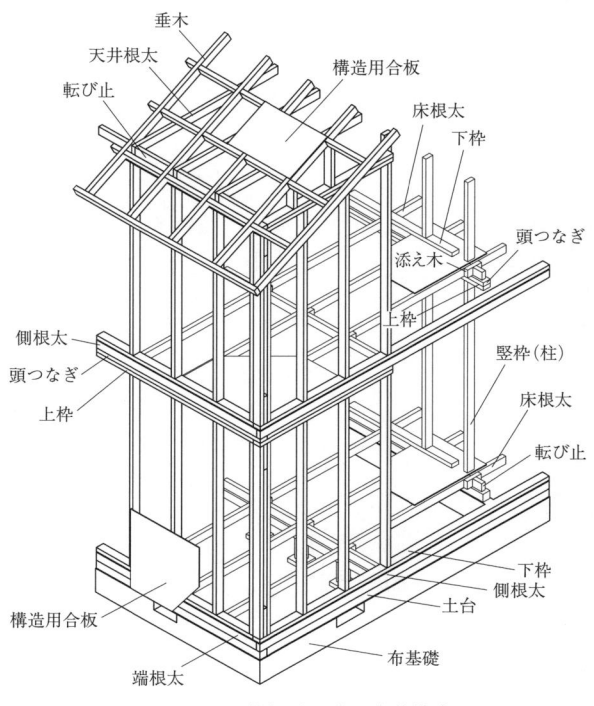

図2・55　枠組壁工法の全体構成

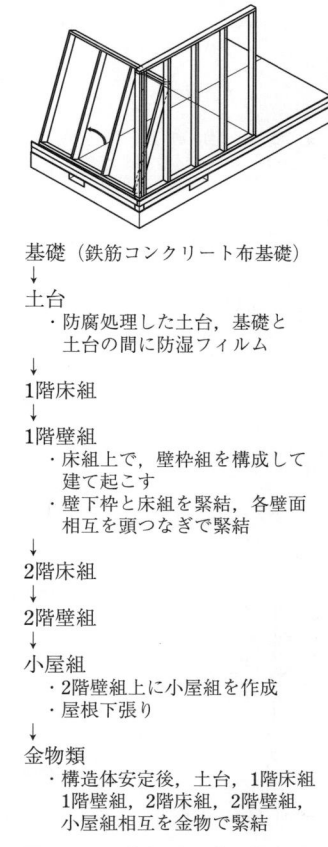

基礎（鉄筋コンクリート布基礎）
↓
土台
　・防腐処理した土台，基礎と
　　土台の間に防湿フィルム
↓
1階床組
↓
1階壁組
　・床組上で，壁枠組を構成して
　　建て起こす
　・壁下枠と床組を緊結，各壁面
　　相互を頭つなぎで緊結
↓
2階床組
↓
2階壁組
↓
小屋組
　・2階壁組上に小屋組を作成
　・屋根下張り
↓
金物類
　・構造体安定後，土台，1階床組
　　1階壁組，2階床組，2階壁組，
　　小屋組相互を金物で緊結

図2・56　枠組壁工法の組み立て

たはスタンプによって表示されている。特に，表示色により，曲げ材（水平部材）として使用できる材（赤），圧縮材として使用できる材（黒），下枠にだけ使用できる材（緑）が一目でわかるように色分けされている。甲種枠組材は横架材として使用されるもので，乙種枠組材はそれ以外に使用されるものである。

(2) 構造用面材

床・壁・屋根の構造用下張り材として使用できる面材の種類・品質は，構造部位に応じて定められている。構造用合板，パーティクルボード，ハードボードなど多くの面材が使われている。

(3) 釘・ねじ

枠組壁構法で使用できる釘は日本工業規格で規定されている CN 釘，GNF 釘，SN 釘，ZN 釘，SFN 釘，BN 釘，WSN ねじ，DTSN ねじなどがある。実際に多用されている釘の規格と使用法を表 2・10に示す。

(4) 接合・補強金物

使用される主な金物を図 2・57に示す。これらの留め付けには ZN 釘またはボルトを使用する。

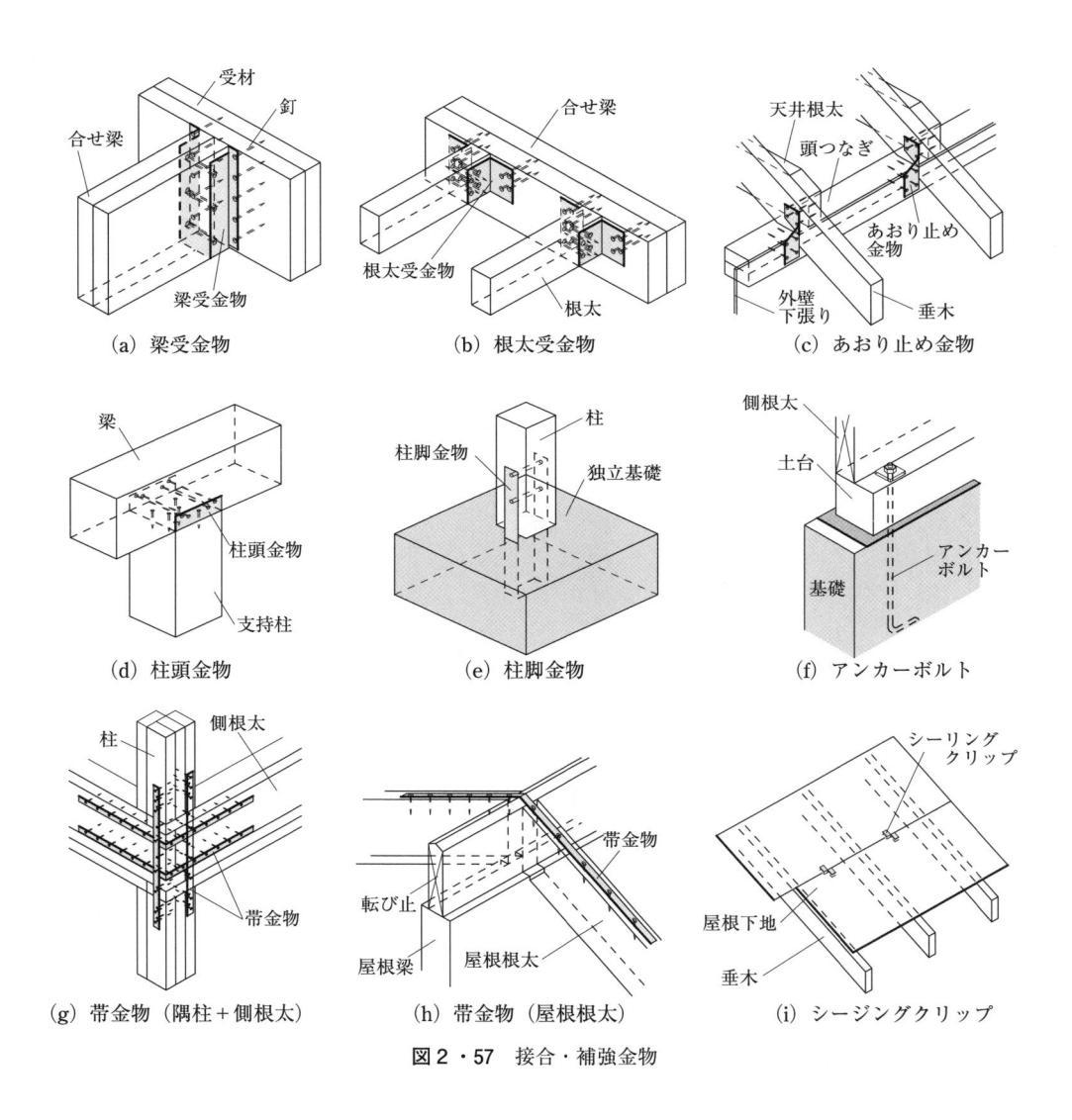

(a) 梁受金物　　(b) 根太受金物　　(c) あおり止め金物

(d) 柱頭金物　　(e) 柱脚金物　　(f) アンカーボルト

(g) 帯金物（隅柱＋側根太）　　(h) 帯金物（屋根根太）　　(i) シージングクリップ

図 2・57　接合・補強金物

表2・9　製材の規格
(a)　構造用製材の区分

種類	等級	使用箇所
甲種枠組材	特級，1級	主として高い曲げ性能を必要とする部分
	2級，3級	(b)構造用製材の区分の木材規格を参照
乙種枠組材	コンストラクション，スタンダード，ユーティリティ	(b)構造用製材の区分の木材規格を参照

(b)　構造用製材の区分

	構造部材	規格
(1)	土台・床根太・端根太・側根太・まぐさ・天井根太・垂木・棟木	・甲種枠組材：特級，1級，2級 ・構造用集成材：1級，2級など
(2)	壁の上枠，頭つなぎ	・甲種枠組材：特級，1級，2級，3級 ・乙種枠組材：コンストラクション，スタンダード ・構造用集成材：1級，2級
(3)	壁の竪枠	・(2)の規格材 ・構造用たて継ぎ材
(4)	壁の下枠	・甲種枠組材：特級，1級，2級，3級 ・乙種枠組材：コンストラクション，スタンダード，ユーティリティ ・構造用集成材：1級，2級
(5)	筋かい	・JASに規定する針葉樹の板類：特等，1等

(c)　構造用製材の区分

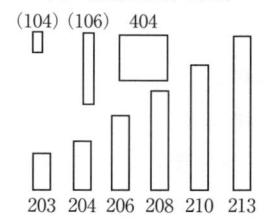

(d)

寸法形式	未乾燥材 (含水率>19%) 厚さ×幅(mm)	乾燥材 (含水率≦19%) 厚さ×幅(mm)	北米での 呼び名 (inch)
(104)	—	18×89	
(106)	—	18×140	
203	40×65	38×64	2×3
204	40×90	38×89	2×4
206	40×143	38×140	2×6
208	40×190	38×184	2×8
210	40×241	38×235	2×10
212	40×292	38×286	2×12
404	90×90	89×89	4×4
定尺長さ(m)	2.44，3.05，3.66，4.27，4.88，5.49，6.10 (2.44は204のみ)		

表2・10　釘の規格と使用法

釘の種類	長さ	胴部径	頭部径	主な使用例	色
CN50	50.8	2.87	6.76	構造用合板等と枠組材	緑
BN50	50.8	2.51	6.76		
CN65	63.5	3.33	7.14	枠組材相互，壁の枠組材と筋かい等	黄
BN65	63.5	2.87	7.54		
CN75	76.2	3.76	7.92	枠組材相互，垂木と天井根太等	青
BN75	76.2	3.25	7.92		
CN90	88.9	4.11	8.74		赤
BN90	88.9	3.43	8.74		
GN40	38.1	2.34	7.54	石膏ボード等と枠組材	
SF45	45.0	2.45	5.60		
SN40	38.1	3.05	11.13	シージングボードと枠組材	
ZN40	38.1	2.51	6.35	金物接合用	
ZN65	63.1	3.33	7.14	金物接合用	
ZN90	88.9	4.11	8.74	金物接合用	

2・8　構造用大断面集成材を用いた構造

2・8・1　構造の特徴

ひき板（ラミナ）をその繊維方向を互いにほぼ平行にしてフィンガージョイント（図2・58）などで縦継ぎし，厚さ・幅方向に接着して作った構造用集成材を用い，アーチやドーム形式などの大スパン建築を可能とした構造である。その例を図2・59に示す。構造用集成材には以下のような特徴がある。

① 大きな断面の部材を比較的容易に製造できる。

② 十分に乾燥されたラミナを使用し，欠点の除去や分散の処置がなされているため，建設後の狂いを生じることが少なく，部材の強度特性に対する信頼性も高い。

③ 火災時に表面炭化（燃えしろ）による防火性能が期待できる。

2・8・2　構造用大断面集成材

用いるひき板の厚さは，欧米では一般に30〜35mm，日本では20〜35mm 程度である。ひき板の長さには限度があるので，ひき板同士を長さ方向に，図2・58に示すようなフィンガージョイントを用いて必要な長さのひき板を作る。構造用集成材は，ひき板をその繊維方向をほぼ平行にして積層接着した材であり，このうち厚さが75cm 以上，幅が15cm 以上のものを構造用大断面集成材と呼んでいる。

断面は，図2・60に示すように，ひき板を外層用，内層用，中間層用に区分して集成材の等級に応じてひき板の強度性能を規定している。全ての部分に同じ強度のひき板を用いる場合（等級集成材），外層に強度の高いひき板を用いる場合（異等級集成材）などがある。

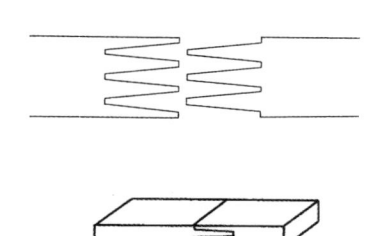

（a）水平フィンガージョイント

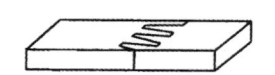

（b）垂直フィンガージョイント

図2・58　フィンガージョイント

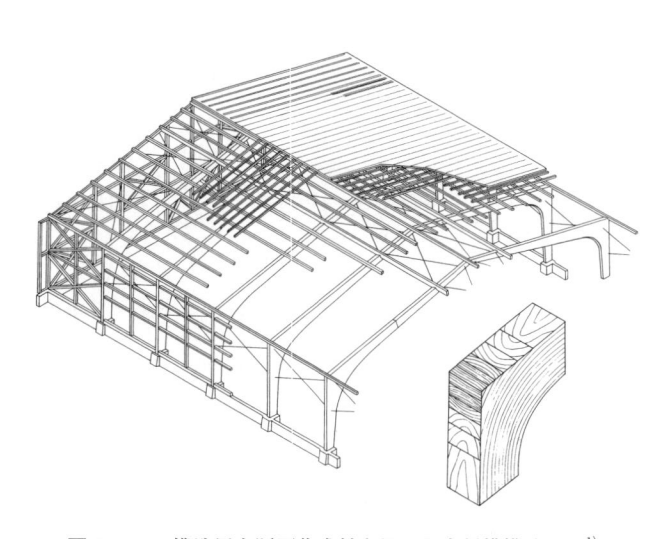

図2・59　構造用大断面集成材を用いた大規模構造の例[1]

2・8・3　接合部

　大断面集成材を用いた構造によく使われる接合部を紹介する。

(1)　鋼板挿入型接合

　最もよく使われている接合法であり，鋼板にドリフトピンあるいはボルトなどの接合具を使用する（図2・61）。

　ドリフトピンを用いる場合は，鋼板および集成材にあけられたドリフトピン径とほぼ同径の下孔にドリフトピンを打ち込む。これによりナットを締め付ける手間が省け，鋼板と集成材の下孔径と位置の精度を確保すれば，現場の省力化と施工精度の向上に役立つ。ドリフトピンを用いると意匠上有利であり，鋼板を集成材の中に挿入することにより，防火上も有利である。また，構造的には比較的高い剛性を得ることが可能である。

(2)　合せ梁＋シアファスナー型接合

　せん断力を伝達できるボルトなどの接合具で集成材同士を接合する方法で，接合具のせん断性能を増加させるために，集成材間にせん断力を確実に伝えるためのシアファスナーを付加して使う（図2・62）。

(3)　引張ボルト型接合

　古くから行われている接合方法であるが，接合部の剛性はあまり高くない（図2・63）。集成材のめり込み剛性を高めることにより剛性の改善ができる。

(4)　ピン接合

　大規模構造物では，応力伝達を明確にするために，脚部や3ヒンジ構造の頂部にピン接合を設ける場合がある（図2・64）。

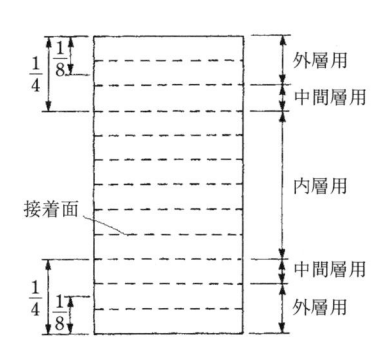

図2・60　構造用大断面集成材におけるひき板の配置

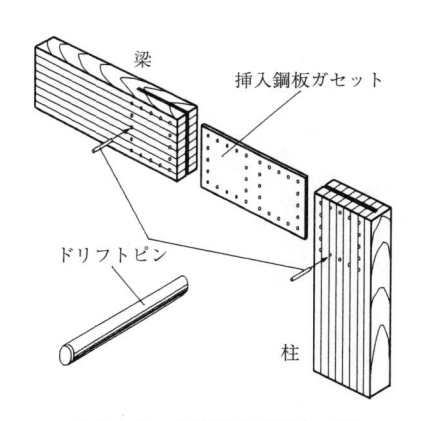

図2・61　鋼板挿入型接合の例

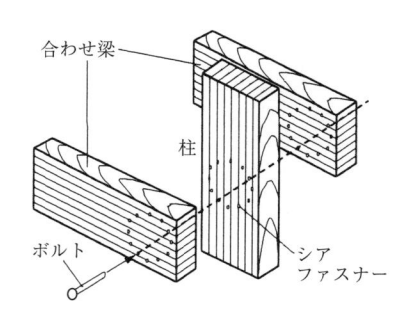

図2・62　合せ梁＋シアファスナー型の接合例

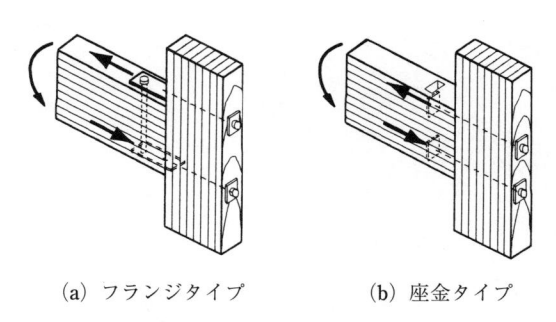

（a）フランジタイプ　　　（b）座金タイプ

図2・63　引張ボルト型接合

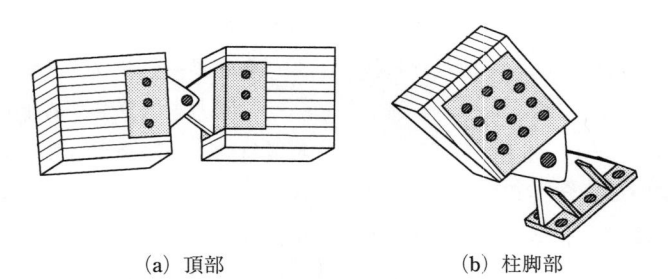

（a）頂部　　　　　　　　　　（b）柱脚部

図 2・64　ピン接合

2・9　各部構造

2・9・1　勾配屋根

(1)　機能と各部の名称

屋根は，建築物の上部において，外部に面して，空間を覆っている。雨・雪や直射日光から人間を守ることが屋根の主要な機能であり，屋根材料の屋根下地，小屋組まで含めた構造部位である。勾配を持った屋根を**勾配屋根**という。

雨仕舞いの観点からは，形状が単純なほどよいが，平面および立面計画，ならびに意匠との関係から，必ずしも単純な形とはならない。勾配屋根の各部名称を図2・65に示す。

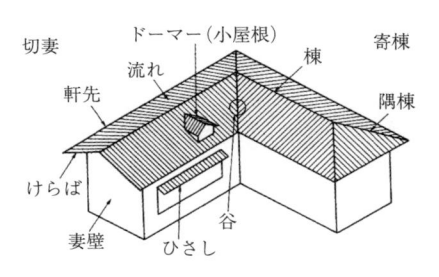

図2・65　勾配屋根の各部名称

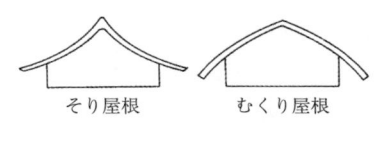

図2・67　曲面屋根

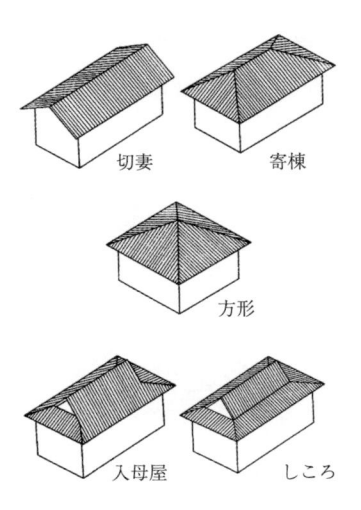

図2・66　屋根の形状

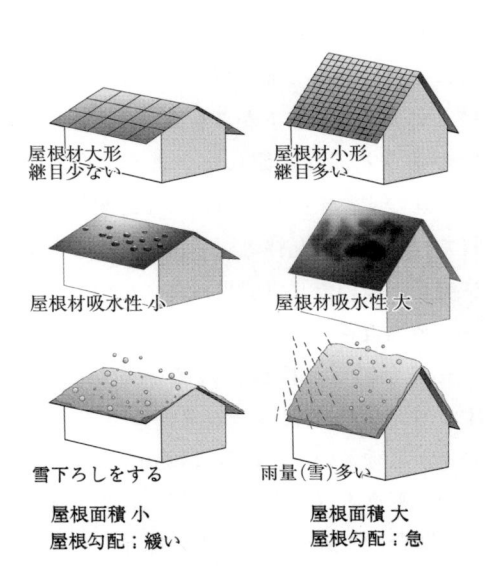

図2・68　屋根勾配を決める主要因

(2) 形状と勾配

代表的な屋根の形状を図2・66, 2・67に示す。

屋根面の傾きの度合いを**勾配**という。屋根勾配を決める主な要因を図2・68に示す。

用いる屋根葺き材料と屋根勾配の一般的数値を表2・11に示す。

(3) 屋根下地

勾配屋根で葺仕上を用いる場合に, 仕上材の継目からの浸水による雨漏りや, 金属板の結露で野地板が腐るのを防ぐために, その下に**葺下地**を用いる。

図2・69にスレート葺きの例を示す。この場合の葺下地は, 野地板の上に**ルーフィング**を張ったものである。野地板の代わりに合板や木毛セメント板を用いることもあり, ルーフィングとしては, アスファルトルーフィングなどの防水シートを用いる。

(4) 葺仕上げ

(a) 瓦葺

代表的な和形の瓦を図2・70に示し, 桟瓦葺を図2・71に示す。桟瓦は平瓦と丸瓦をつなぎ1枚にしたようなものである。図2・72に示すように, 左下から右上に葺き上げて雨水が重なり部分に流れないようになっている。瓦のずれを防止するために野地板の上に打ち付けられた瓦桟と引っ掛かるように裏面に突起がついた瓦（引掛桟瓦）を用いる。

(b) 金属板葺

長尺金属板瓦棒葺きの例を図2・73に示す。野地板の上にルーフィングを張り, その上から垂木の上の位置に40mm×50mm程度の木製真木（心木）を釘打ちして下地を作る。隣合う平葺板は, 心木の側面で立ち上げて両端を包み板に掛ける。

表2・11 屋根葺き材と勾配

屋根葺き材料	屋根勾配
瓦	4/10〜5/10
金属板	1.5/10〜4/10
スレート	3/10〜3.5/10

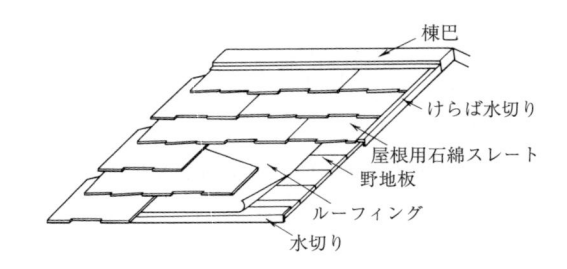

図2・69 スレート葺

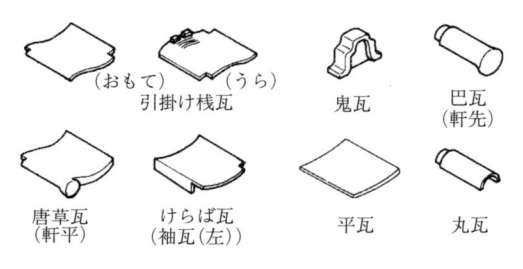

図2・70 代表的な和形の瓦

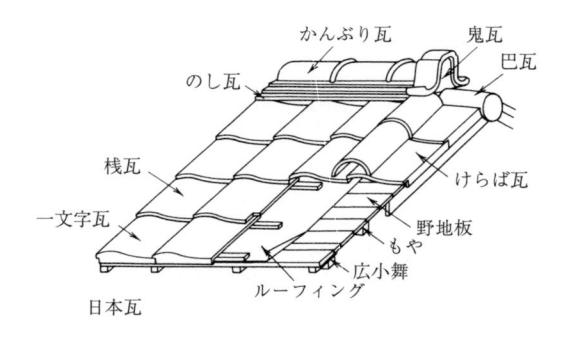

図2・71 桟瓦葺

（c）　波形スレート葺・折板葺

　波形スレート葺および折板葺は，葺材その
ものが高い剛性を有しているので，野地板を
用いずに直接母屋に葺くことが多い。

(5)　棟・けらば・軒

　図2・71に示した桟瓦葺を例に，棟および外
壁より外側に突き出た屋根部分の軒の納まりを
図2・74および図2・75に示す。

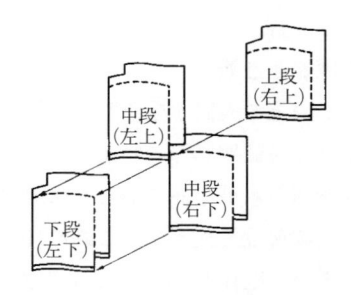

図2・72　桟瓦葺の重なり

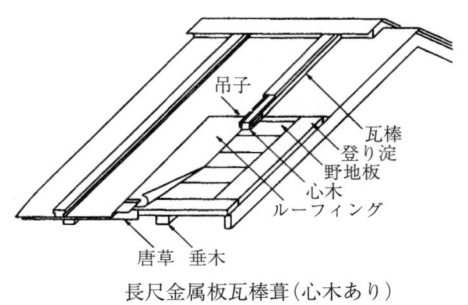

長尺金属板瓦棒葺（心木あり）

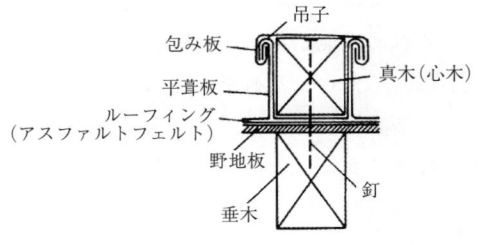

瓦棒まわり詳細

図2・73　金属板瓦棒葺

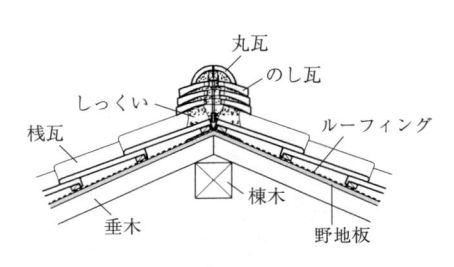

図2・74　棟（桟瓦葺）

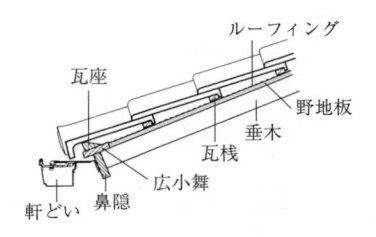

図2・75　軒先（桟瓦葺）

68

2・9・2　床

(1)　床の機能と性能

　床は，その上で人間が生活したり，その上に必要な家具や設備機器等の物品を置いたりする建物内部空間の水平な面である。床組により人や物等の積載荷重を支えて，これを柱・壁体に伝える。また，壁体と一体となって建物の水平剛性を保ち，建物が風圧・地震力等の水平荷重に耐えるための役割をする等，床組として建物の構造耐力を負担する。

　床の性能としては，床版としての性能と，床表面に求められる性能がある。床版として求められる性能は，与えられる荷重条件に対応する強度・剛性，断熱性，防水性，きしみ音を発しないこと，などである。表面に求められる性能

としては，適度な摩耗抵抗が挙げられる。

(2)　床の構造

(a)　下地

　床の下地として木造を用いた場合を図2・76に示す。在来構法に用いられる束立て床，組床，枠組壁式構法床およびパネル構法床を示す。

(b)　仕上げ

　木造床で大引や梁の上に根太を架け，組み上げる例を図2・77に示す。根太は300～400mm間隔に配列されるのが普通である。

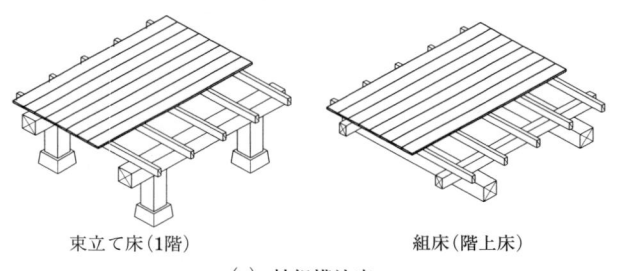

束立て床（1階）　　　　　　組床（階上床）

（a）軸組構法床

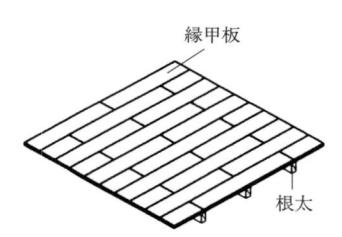

縁甲板張り仕上げ

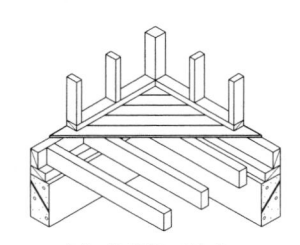

（b）枠組壁工法床

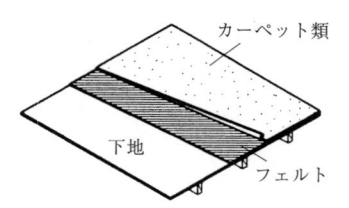

カーペット類敷仕上げ

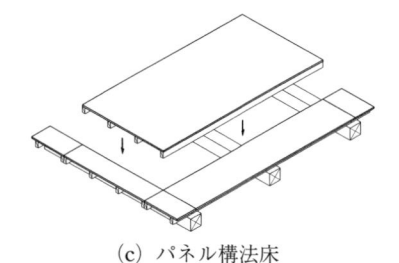

（c）パネル構法床

図2・76　床の構造（木造）

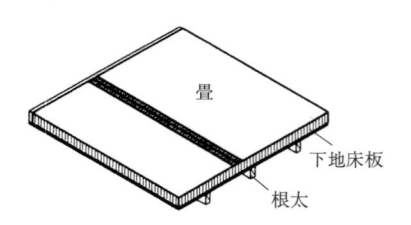

図2・77　床仕上げ（根太下地）

(3) 床と幅木

　壁と床との取り合い部分には，**幅木**を設けるのが一般的である。幅木は，壁を損傷や汚れから保護するばかりでなく，室内の装飾も兼ねる。幅木に，用いる材料には，木材，石材，テラゾー，タイル，金属材などが用いられる。

　図2・78に，一般的な後付け幅木，仕上げに先行して取り付けられる先付け幅木，幅木と同様の働きをする畳寄せと雑巾ずりを示す。

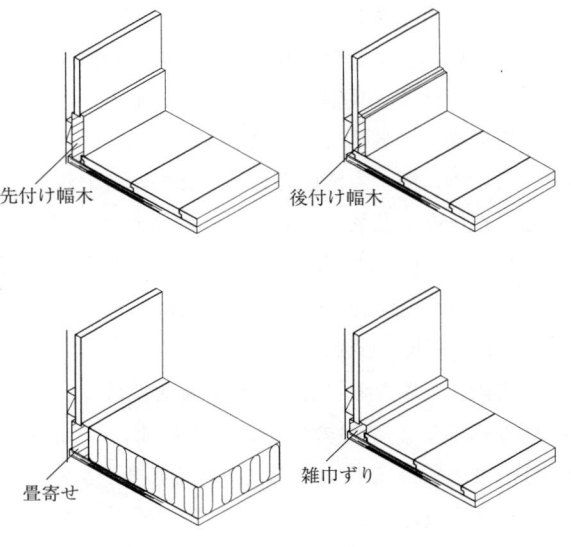

先付け幅木　　　　　　　後付け幅木

畳寄せ　　　　　　　　　雑巾ずり

図2・78　幅木のいろいろ

2・9・3 階段

　階段には上下階をつなぐ機能があるが，室内空間のデザイン要素としても重要である。

　階段周りの名称などを図2・79に示す。

　階段の勾配は，**踏面**と**け上げ**との割合で決まる。建築基準法施行令では，一般住宅では踏面は15cm以上，け上げは23cm以下と決められているが，余裕をみて踏面20〜25cm，け上げ15〜20cmとするのが望ましい。

　階段が長くなる場合は，踊り場を設けなければならない。建物の種類と規模によって高さ3mまたは4m以内ごとに設ける必要があり，一般の住宅では4m以内ごとに必要となる。踊り場の幅は0.75m以上必要となる。

　階段および踊り場の両側に側壁がない場合には，手すりが必要である。踏面の先端から手すりまでの高さは70〜90cmである。

　木造の階段の主要なものに，側桁階段，ささら桁階段がある（図2・80）。

(1) 側桁階段

　側桁の上下両端を階段受け梁・2階梁・土台などにかけ渡し，接合金物で緊結した後，踏板とけ込み板を大入れに差し込み，くさび打ちで組み固める。

(2) ささら桁階段

　側桁階段と構法的には同じである。側桁を段形につくったささら桁の上に踏板をのせ，側桁の外面まで延ばした階段である。

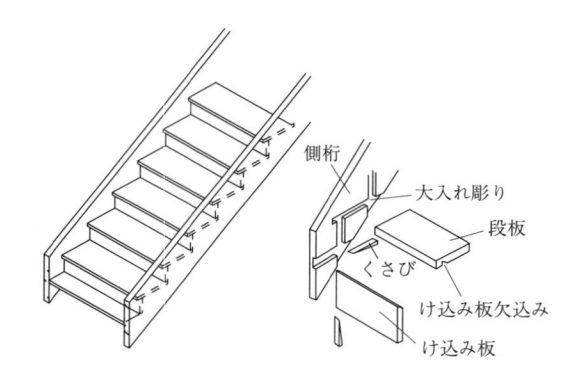

（a）側桁階段

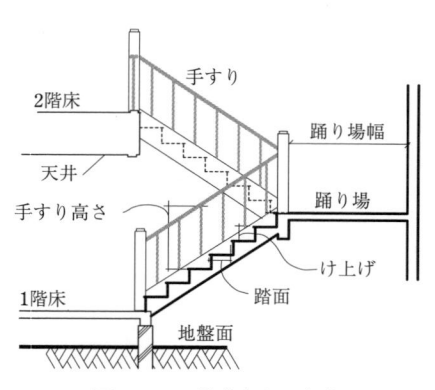

図2・79　階段各部の名称

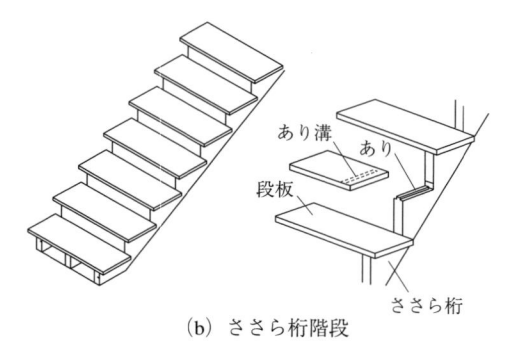

（b）ささら桁階段

図2・80　代表的な木構造階段

2・9・4　壁

(1)　外周壁と間仕切壁

　外周壁は，屋内と屋外とを区切る壁であり，**間仕切壁**は，屋内の部屋を区切る壁である。

　外壁は，外周壁そのものを指す場合と，外周壁の外側面を指す場合がある。外壁は防水性・防火性を有し，風圧力や衝撃に対する耐力・剛性を有している必要がある。また建築物の外観を決定付けるものであるから，美観を備えていなければならない。

　内壁は，外周壁の室内側面を指す場合と間仕切壁を指す場合がある。

　耐力壁は，水平力・全角鉛直力などの外力を負担する壁であり，外力を負担しない**非耐力壁**を**帳壁**と呼ぶことがある。

(2)　壁の構成

　木造住宅の壁をモルタル塗壁とする場合には，下地となる面を作らなければならない。塗壁の仕上面にひび割れが生じると雨水が浸入し，壁体内の通気が悪いので内部の骨組や下地材が腐りやすい。これを防止するために，骨組・下地材は，地面から 1 m 以内の範囲に防腐剤を塗る。

　モルタル塗は，防火構造の外壁としてよく用いられている。下地板を柱および間柱に釘打ちしてその上に，アスファルトフェルトとワイヤラスを張って下地とする。そこに，下塗・中塗・上塗の順にモルタルを塗って仕上げる。

　間柱や胴縁が鉄骨で組まれている場合には，施工を単純にするために，直接胴縁内に掛け渡すことのできるリブラスや，角波鉄板にラスを溶接したラスシートなどが使用される。

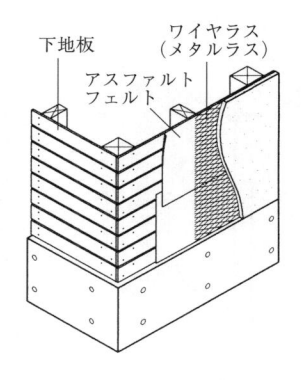

図 2・81　ラスモルタル塗壁（木壁体）

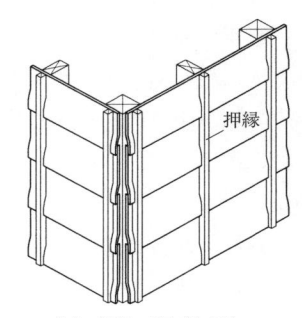

（a）　押縁下見（和風）

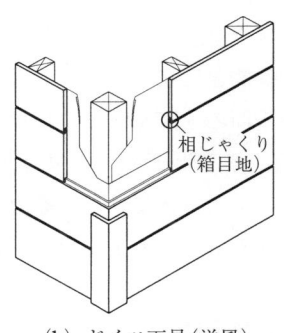

（b）　ドイツ下見（洋風）

図 2・82　下見板張り

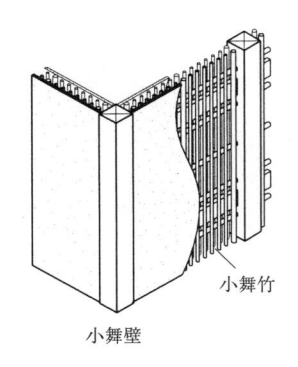
小舞壁

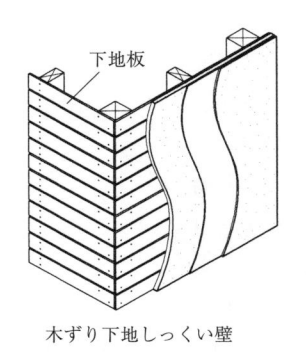
下地板

木ずり下地しっくい壁

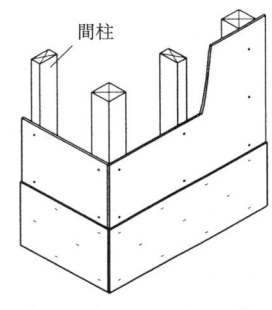
間柱

木下地プラスターボード壁

図2・83　木壁体からなる壁

(3) 乾式壁

(a) 下見板張り・羽目板張り

外壁に板材を用いる場合に，その接合部の雨仕舞いを考えて，板を横に用いて重なりをとることが多い。下見板張りの和風・洋風各1例ずつを図2・82に示す。

(b) 通気構法

壁の中の結露は気が付きにくく木材の腐朽をもたらす。これに対処するために，壁体内の通気構法が用いられている。サイディングを用いた場合の通気構法の例を図2・84に示す。

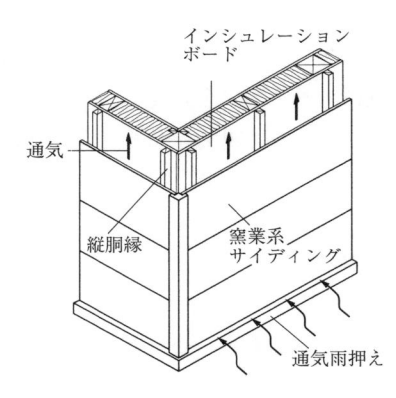

インシュレーションボード

通気

縦胴縁

窯業系サイディング

通気雨押え

図2・84　窯業系サイディング通気構法

2・9・5　天井

(1) 天井の機能と形状

天井は室空間の上限を構成する面であり，小屋組，床組，梁型と区画し，防塵・遮熱をする。設備が多く組み込まれる建築物では，天井ふところはダクト・配線・配管のためのスペースとして重要である。

天井の形状には図2・85のように様々なものがあるが，一般的には水平のものがほとんである。床面から天井仕上面までの高さを**天井高さ**というが，傾斜天井のように高さが異なる場合は，平均高さを天井高さと考える。

(2) 天井の構成

(a) 下地

天井の仕上げ材を支持する下地構造に応じて，主に次の2つに分類することができる。

（a）吊り天井

吊り木を使用して天井を作る構法である。

（b）直張り天井

吊り木を使用せずに，小屋組・床組の構造材に直接野縁受けや野縁を取り付ける構法である。木造の場合は，垂木や上り梁に直接天井板を打ち上げるものもある。

⒝　天井の吊り方

吊り天井が最も一般的に使われている（図2・86）。梁などの構造躯体から木や鉄棒などの吊り材で吊られている。

野縁受けおよび野縁により吊り材と天井面を接続する。野縁は平行もしくは格子状に流した線状部材であり，木材あるいは金属材からなり，300〜450mm の間隔で設けられる。

⒞　各種天井

⒜　ボード張り天井

図2・87⒜に示すようにボード類を使用するもので，断熱・耐火・音響効果もある。ボードの規格寸法に合わせて配置した野縁に釘または接着剤で張り付ける。

⒝　板張り天井

吊り天井や木造下地の直張り天井で，野縁に天井板を釘で打ちつける。吊り天井の例を図2・87⒝に示す。壁と天井の取り合い部に回り縁を設け，壁が接する面には散りじゃくりをして壁と回り縁が離れて隙間ができることを防ぐ。

⒞　さお縁天井

日本では古くから用いられている和風天井である。図2・87⒞に示すように壁と天井の取り合い部に回り縁を設け，これにさお縁を大入れとする。さお縁の上端に天井板を釘で打ちつける。

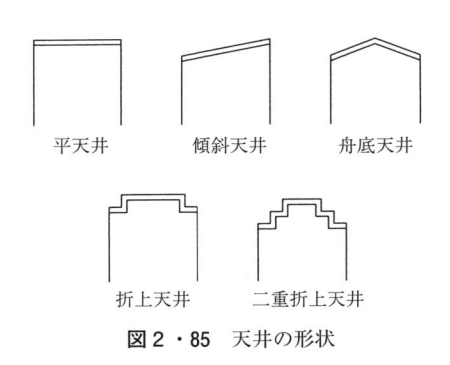

図2・85　天井の形状

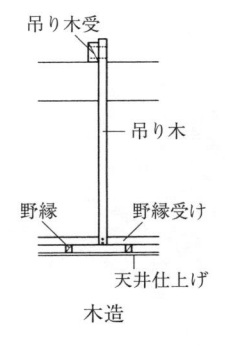

図2・86　吊り天井の吊り方と各部の名称

⒟　格天井

社寺や格式の高い部屋に用いられ，図2・87⒟に示すように回り縁を二重にし，格縁を井桁に組む。格間に鏡板を張ることが多い。

⒟　回り縁

回り縁は，天井と壁との取り合い部分に用いられる見切り材である。子供部屋や洋室の場合には細くして軽く見せることがあり，広間では二重回り縁とすることがある。

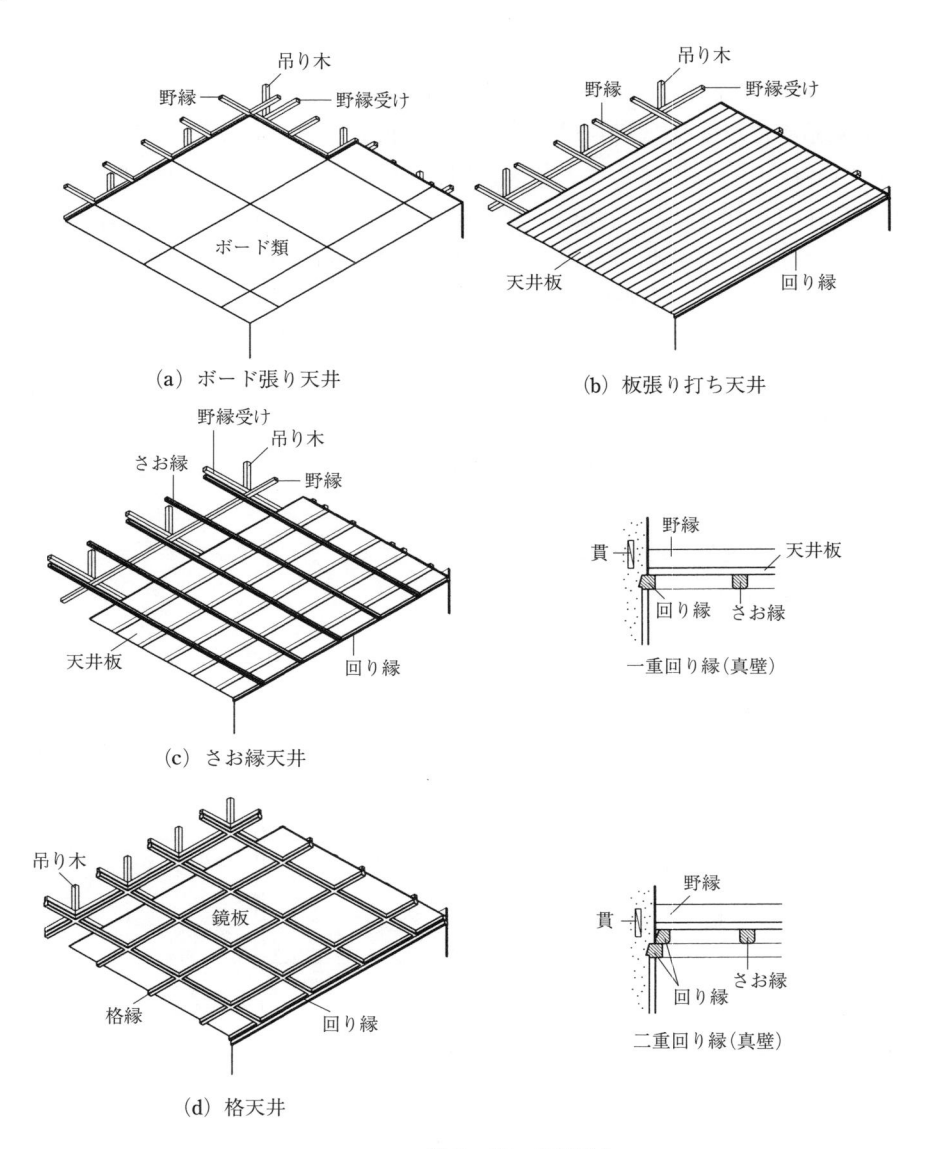

図2・87　各種天井

2・9・6　開口部

(1) 開口部の機能と開閉方式

　これまで示したように建築物では，壁・床・屋根などにより，内部空間を外界と遮断したり区画している。これを生活空間として使うために，外部との接触あるいは部屋相互の連絡を可能とするために設けるものが開口部である。

　建具の開閉方式は，図2・89に示すように，平行移動および回転の方式とこれらを組み合わせた方式がある。

⑵　外部開口部の雨仕舞い

　外壁に設ける外部開口部では，雨仕舞いが重要となる。図2・88に外部開口部の典型的な例を示す。基本的には，水だれを設けて重力を利用して雨水を外に流すようにしている。強風時などの内外の圧力差により雨水が室内に吹き込まれるのを水返しが防ぎ，また毛細管現象による雨水の室内への浸入を水返しじゃくりが防いでいる。上枠にある水切り鉄板は，雨水が枠を伝わって室内に浸入しないようにするためのものであり，また下枠の水切り雨水が枠を伝わって壁体内にしみ込まないようにするためのものである。

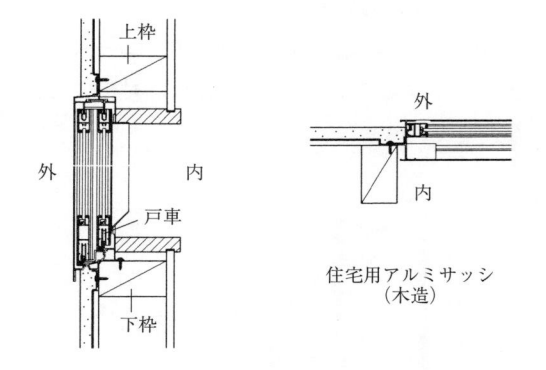

図2・88　外部開口部アルミサッシ

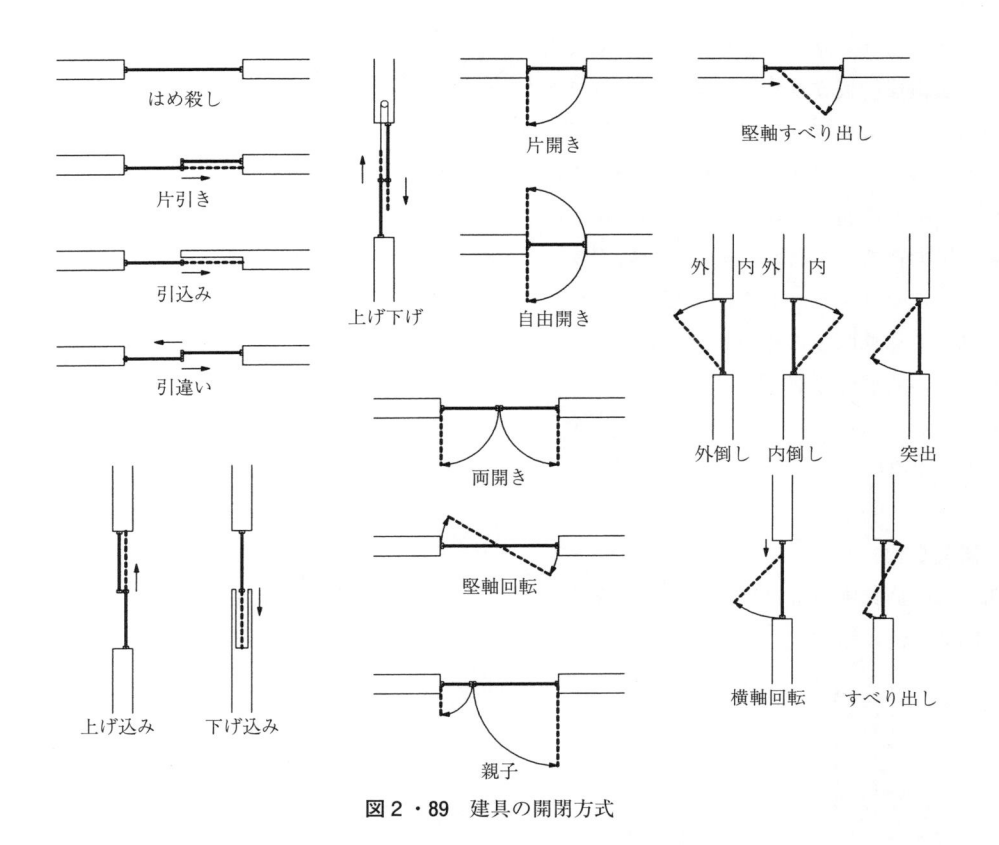

図2・89　建具の開閉方式

(3) 開口部納まり

図2・88に外周壁にアルミサッシを用いた場合の例を示す。水切りを設けたり，コーキングをしたりすることにより，防水に対応している。

木造の内壁における開口の例を図2・90に示す。図(a)は大壁の内壁に片開き戸がある場合で，図(b)は真壁の内壁に引違い戸が付く場合を示している。

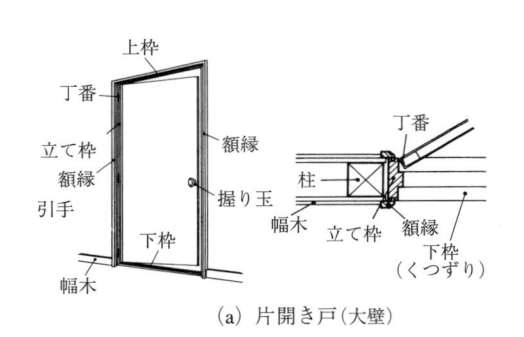

(a) 片開き戸（大壁）

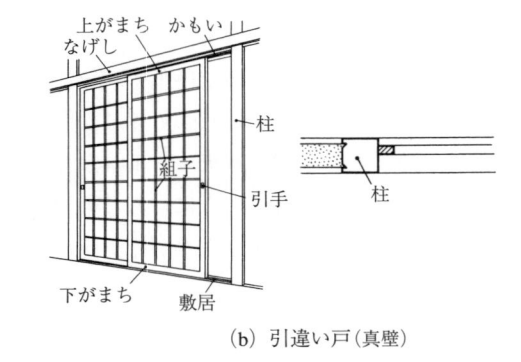

(b) 引違い戸（真壁）

図2・90 木造内壁における開口

(4) ガラス

板ガラスには，フロート板ガラス，網入板ガラス，熱線反射板ガラス，熱線吸収板ガラスなどがある。網入板ガラスは防火性に優れているが強度は低い。この他に，断熱性に優れた複層ガラス，強度の高い強化ガラスがあるが，いずれも現場で裁断できない。また2枚のガラスの間にプラスチックシートを挟んだ合わせガラスは，割っても飛散しにくい特徴がある。

ガラスの典型的な取り付け方法を図2・91に示す。

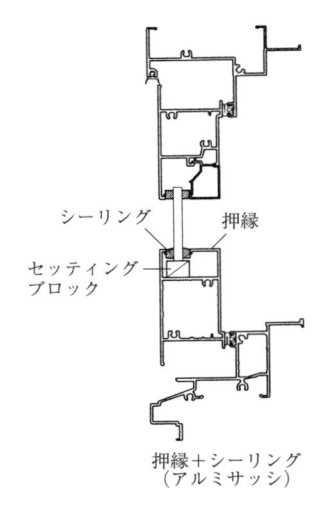

押縁＋シーリング
（アルミサッシ）

図2・91 ガラスの取り付け方法

(5) 建具金物

開き戸の回転中心部に使用される代表的な丁番を図2・92に示す。

図2・93には，代表的な錠を示し，図2・94には，代表的な取手の例を示す。

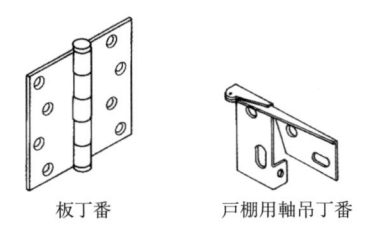

板丁番　　　戸棚用軸吊丁番

図2・92 丁番の例

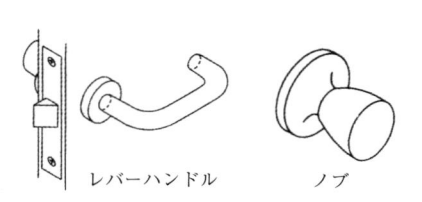

レバーハンドル　　ノブ

図2・94 取手の例

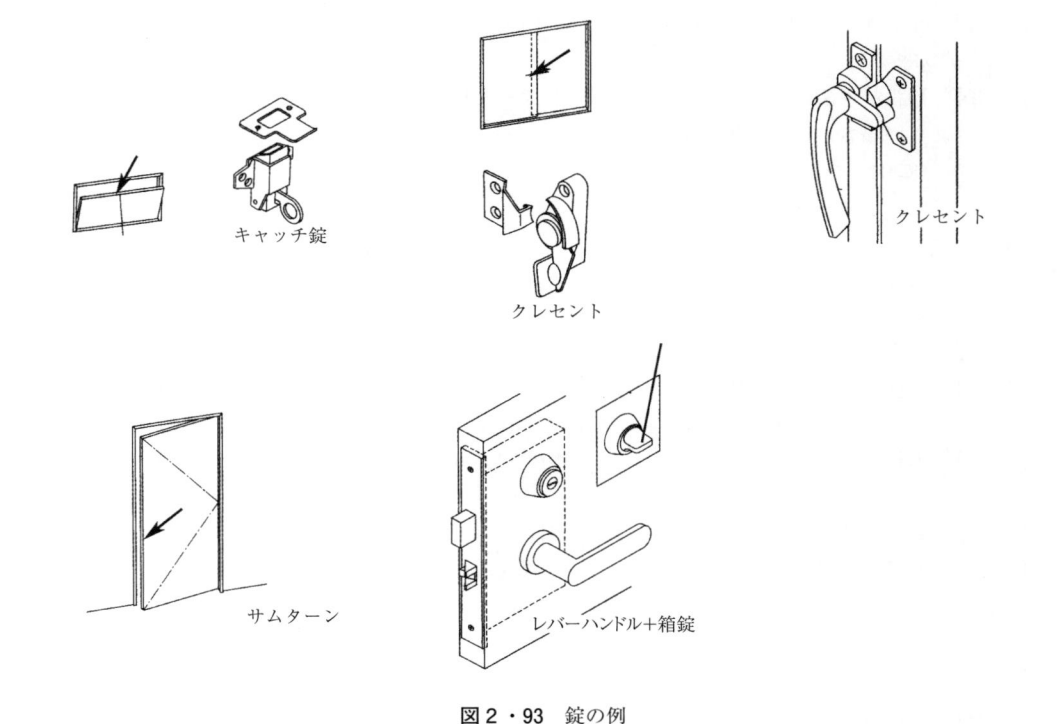

図 2・93　錠の例

第 2 章　章 末 問 題

　次の各問について，記述が正しい場合は○，誤っている場合は×をつけ，誤っている場合は正しい記述を示しなさい。

〔全　般〕

【問 1】　野縁は，天井と壁の接する部分に取り付ける見切り部材の名称である。（R3-10）

【問 2】　胴差は，軸組において 2 階以上の床の位置で床梁を受け，通し柱を相互につないでいる横架材である。（R3-10）

【問 3】　まぐさは，開口部の上部において，襖や障子を建て込むための溝のある水平部材である。（R1-10）

【問 4】　上がり框は，玄関等の上がり口の床の縁に取り付けられた化粧材である。（R1-10）

〔構造計画〕

【問 5】　建築物の各階における重心と剛心との距離ができるだけ大きくなるように，耐震壁を配置した。（R3-18）

【問 6】　木造軸組構法の建築物について，構造耐力上主要な柱の所要断面積の1/4を欠込みしたので，欠込みした部分を補強した。（R3-18）

【問 7】　ピロティ階の必要保有水平耐力について，「剛性率による割増し係数」と「ピロティ階の強度割増し係数」のうち，大きい方の値を用いて算出した。（R3-18）

【問 8】　風圧力に対して必要な耐力壁の有効長さを求める場合，見付面積に乗ずる数値は，平家建ての建築物と 2 階建ての建築物の 2 階部分とでは同じ値である。（R2-11）

【問 9】 木造軸組構法では，建築物の十分な耐力を確保するために，継手位置をそろえる。(R2-11)

【問 10】 枠組壁工法において，セットバックやオーバーハングにより上下階の耐力壁線が一致しない場合，上階の壁からの鉛直力などが床版を介して下階に伝わるように設計する。(R2-11)

〔材　料〕

【問 11】 CLT は，ひき板を幅方向に並べたものを繊維方向が直交するように積層接着したものである。(R2-20)

【問 12】 板目板は，乾燥すると木裏側に凹に変形する。(R2-20)

【問 13】 木材の真密度（真比重）は，樹種によらずほぼ一定であり，樹種によって比重が異なるのは木材中の空隙率の違いによるものである。(R2-20)

【問 14】 木材の強度は，一般に，含水率の増加に伴い低下し，繊維飽和点を超えるとほぼ一定となる。(R3-20)

【問 15】 木材の乾燥収縮率は，繊維方向より年輪の接線方向のほうが大きい。(R3-20)

【問 16】 木材の腐朽菌は，酸素，温度，水分，栄養源のうち，いずれか一つが存在すると繁殖する。(R3-20)

〔接合部〕

【問 17】 引張力を受けるボルト接合部において，ボルトの材質，ボルトの径，座金の寸法および樹種が同じであったので，許容引張耐力は，ボルトが長くなるほど大きくなることを考慮した。(R2-12)

【問 18】 柱の上下端部と横架材の接合部は，ほぞ差しなどによって，せん断力を伝達できる仕口とした。(R2-12)

【問 19】 燃えしろ設計では，柱や梁の燃えしろを除いた有効断面を用いて許容応力度等計算を行った。(R2-12)

【問 20】 構造耐力上主要な部分において，木口面にねじ込まれた木ねじを，引抜き方向に抵抗されることは避けた。(R3-11)

【問 21】 せん断力を受けるボルト接合において，座金が木材にめり込まない程度にボルトを締め付けた。(R3-11)

【問 22】 メタルプレートコネクターを用いて木材同士を接合する場合の木材は，気乾状態のものとした。(R3-11)

【問 23】 ドリフトピン接合は，ボルト接合と異なり，降伏後の耐力上昇が期待できないので，終局せん断耐力は降伏耐力とほぼ同じ値となる。(R1-11)

【問 24】 ボルト接合部において，せん断を受けるボルトの間隔は，木材の繊維に対する加力方向の違いに関係なく一定とする。(R1-11)

【問 25】 2 階建ての木造軸組構法住宅において，地震力に対する構造耐力上必要な耐力壁の有効長さ（必要壁量）を計算する場合，各階の床面積に乗ずる数値の大小関係を示しなさい。ただし，地盤は著しく軟弱な区域として指定されていないものとする。(R4-12)

	1 階の床面積に乗じる数値	2 階の床面積に乗じる数値
瓦葺きなどの重い屋根	ア	イ
金属板葺きなどの軽い屋根	ウ	エ

第3章

鉄筋コンクリート構造

ロンシャンの礼拝堂（ル・コルビュジエ，1955竣工）

正面ファサードは，カニの甲羅を形どったとされる独特な形態で，薄い屋根と，壁には深い陰影を持つ不規則な開口部を有している。これは，鉄筋コンクリートが可能にした自由で彫塑的な造形であるが，圧縮には強く，引張りに弱いコンクリートに対して，その内部に合理的に鉄筋が配筋されて成り立っている。

3・1　鉄筋コンクリート構造とは

3・1・1　鉄筋コンクリート構造の歴史

　図3・1に鉄筋コンクリートラーメン構造の典型例を示す。

　まず，鉄筋コンクリートの歴史を簡単に説明する。コンクリートの原型は紀元前7000年頃の新石器時代であるといわれている。現在のコンクリートは，1824年にイギリスのアスプディン（Aspdin）がポルトランドセメントを発明してから広く利用されるようになった。このコンクリートを棒鋼（鉄筋）で補強した鉄筋コンクリート構造は，19世紀にフランスでランボー（Lambot）が船の甲板を，またモ

ニエル（Monier）が金網で補強した植木鉢を作ったのが始まりとされている（モニエルコンクリート）。英語では，補強されたコンクリート構造という意味から Reinforced Concrete Structures といわれ，これを省略して RC 構造と呼ばれることが多い。

　我が国には，明治時代になってセメント製造技術が導入された。1903年に土木構造物として，我が国初の RC 構造である京都琵琶湖疎水路上の橋が造られ，1904年に建築構造物として，我が国初の RC 構造である佐世保重工ポンプ小屋が造られた。

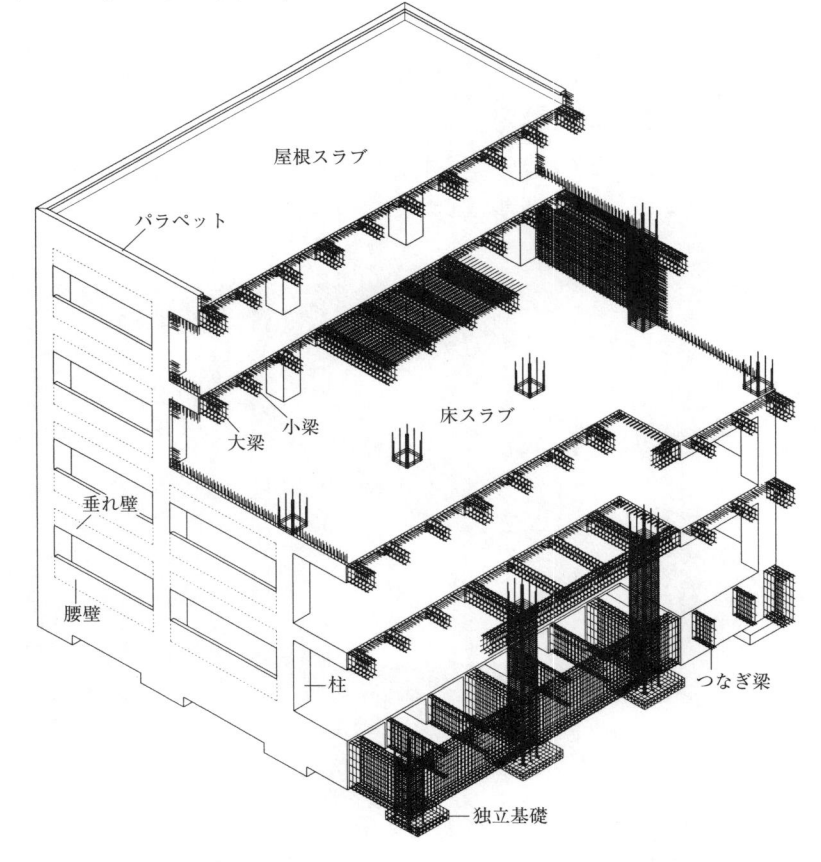

図3・1　鉄筋コンクリートラーメン構造

また，従来RC構造の高層化は難しいと言われてきたが，近年，RC構造の特性を踏まえた高層RCマンションが数多く造られるようになった。材料の高強度化，構造設計・建設技術の進歩により，このような高層化の実現が可能となった。1971年から2000年4月までに日本建築センターで評定を行った高さ60m以上のRC造高層建築物は，224棟である。

3・1・2　RC構造の形式

RC構造と鉄骨構造との大きな違いはその製作過程にある。

鉄骨構造では，工場で柱や梁などを製作し建設現場に運搬したのち，これら柱梁部材を建設現場で接合し全体を構築するのに対して，RC構造では，①鉄筋を組み上げた後，②その周囲に型枠を組立て，その中にコンクリートを流し込む（コンクリートを**打設**するという），③コンクリートが硬化した後，型枠をはずす（**脱型**するという），という手順により作られる。つまり当初液状のコンクリートが硬化し固体となることで目標となる構造が形成されるのである。

型枠の例を図3・2に示す。柱・梁・スラブの型枠を示している。型枠としてせき板（コンパネ）を用い，流し込まれたコンクリートの圧力により型枠位置がきちんと保たれるように，端部にコーンがついたセパレーターや縦桟，横桟，締付け金物（ホームタイ），受木，パイプサポートなどを用いている。この型枠内には，図3・4で示すような，鉄筋が配筋されるがここでは省略している。鉄筋が正確に配置されるように，鉄筋にはスペーサー（ドーナッツ）が用いられる。

③の硬化する段階で一体化された構造体が造り上げられるので，一般に柱・梁の接合部は剛接合となる。剛接合による骨組架構はラーメン構造（図3・3(a)）とよばれ，構造的に安定していることは1章で述べたとおりである。RC構造では**壁式構造**（図3・3(b)）もよく用いられ，さらには鉄骨構造にあっても床などはRC構造とする場合が多い。これは，RC構造は建設現場で成形する構造であるので，運搬には適さないような大きな面状のものも製作することができること，遮音性がよいことが一因である。梁を設けず，スラブが直接RC柱に緊結される**フラットスラブ構造**（図3・3(c)）やRC版を曲面にした**シェル構造**（図3・3(d)）とする場合もある。

鉄筋の呼び名は，用いられる箇所によって使い分けられている。梁・柱の代表的なものを図3・4に示す。

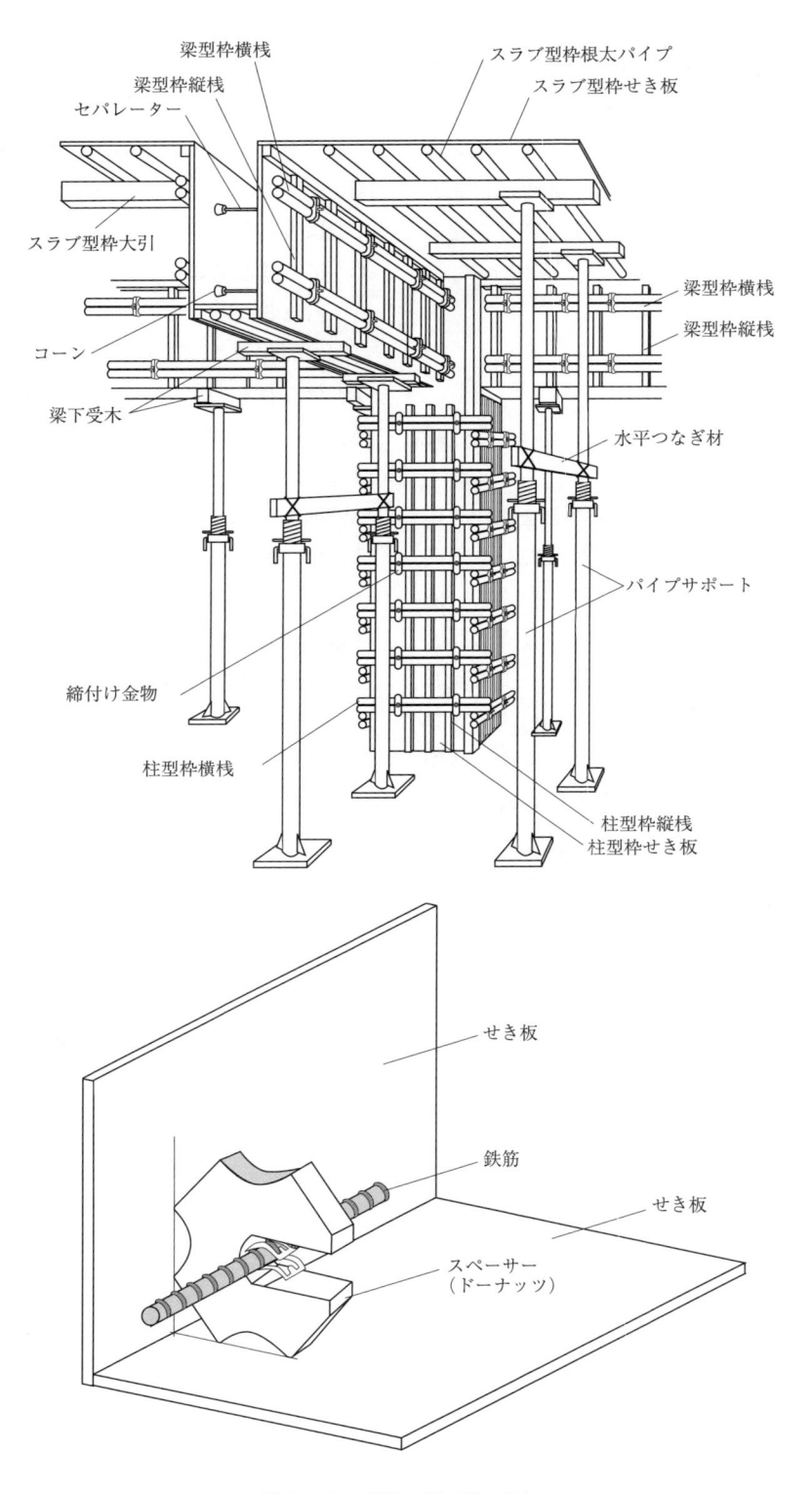

梁型枠横桟

スラブ型枠根太パイプ

梁型枠縦桟

スラブ型枠せき板

セパレーター

スラブ型枠大引

コーン

梁下受木

締付け金物

柱型枠横桟

梁型枠横桟

梁型枠縦桟

水平つなぎ材

パイプサポート

柱型枠縦桟

柱型枠せき板

せき板

鉄筋

せき板

スペーサー
（ドーナッツ）

図3・2　型枠の例（柱・梁）

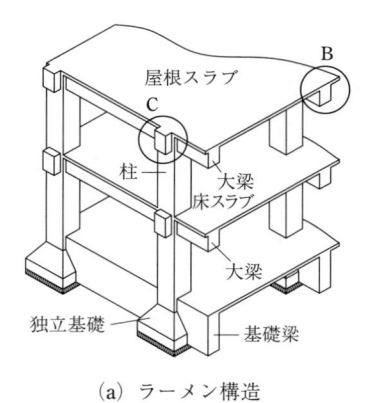

（a）ラーメン構造

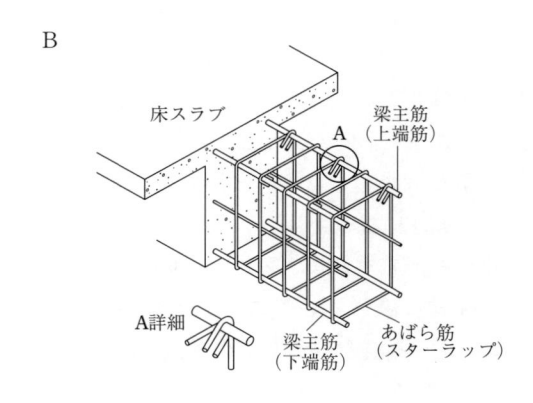

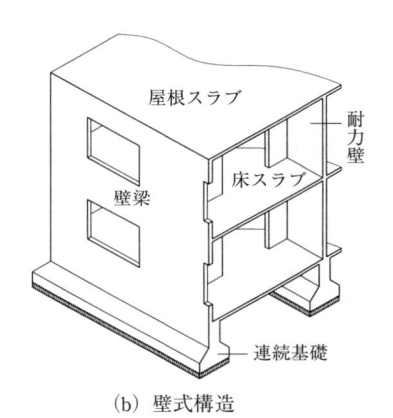

（b）壁式構造

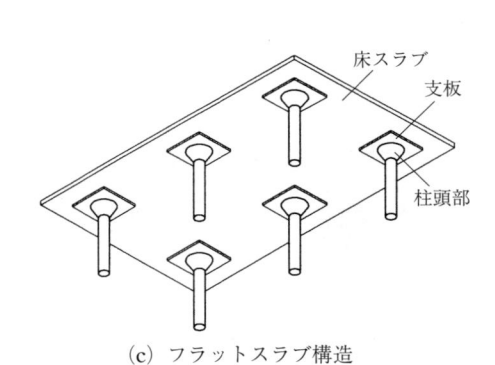

（c）フラットスラブ構造

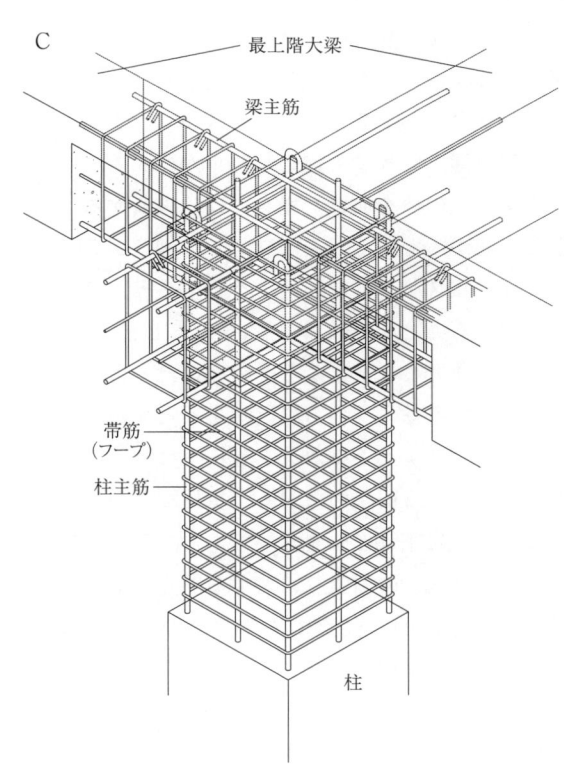

図3・4 RC 梁および RC 柱の配筋例

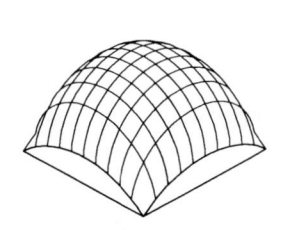

（d）シェル構造（EPシェル）

図3・3 RC 構造の形式

3・1・3 鉄筋コンクリート構造の特徴

　RC 構造の主な特徴は，その素材であるコンクリートおよび鉄筋の性質に大きく依存している。コンクリートの素材としての特徴について列挙すると（詳しくは3・2節で述べる），表3・1のようになる。

　このうち，①〜④はコンクリートが構造材料として非常に優れていることを示す性質であり，⑤〜⑦は構造材料としての欠点である。

　次に RC 構造としての特徴について述べる。

(1)　RC 構造の特徴 A

　コンクリートは引張りに対する強度が小さく，小さな引張力が作用しただけでひび割れが発生するという欠点があり，このひび割れが過大になるのを鉄筋は防ぐ効果がある。具体的に図3・5(a)のような，鉄骨を想定した鉄の棒およびコンクリートを想定したビスケットを曲げる事例を通して両者の違いを明らかにする。

　まず，鉄の棒を曲げた場合には，破断することなく曲がっていく。これに対して図3・5(b)のようにビスケットを曲げようとすると，ほとんど曲がることなく破断する（割れてしまう）。これは，曲げようとすると，物体には一方は伸びようとする効果，他方には縮もうとする効果が働く。ビスケットやコンクリートは，伸びるときに作用する引張力に対して抵抗できないために，簡単に割れてしまうのである。このようなコンクリートの引張りに対する弱点は構造部材として致命的な欠点であり，このままでは非常に限られた部位でしか用いることはできない。

　ビスケットを折れにくくするためには，たとえば図3・5(c)のように，銀紙などでビスケットに密着するように包装する。こうすることにより引張りの力に銀紙が抵抗し折れにくくなる。銀紙とビスケットとが一体となるように工夫されているとより折れにくくなる。実際の

表3・1　コンクリートの素材としての特徴

①当初は液状であるので，自由な形を形成できる。
②熱伝導率が小さい。
③アルカリ性である。
④比較的安価である。
⑤強度重量比および剛性重量比はそれほど大きくない。
⑥引張りに対する強度が小さい。
⑦クリープ変形を伴う。

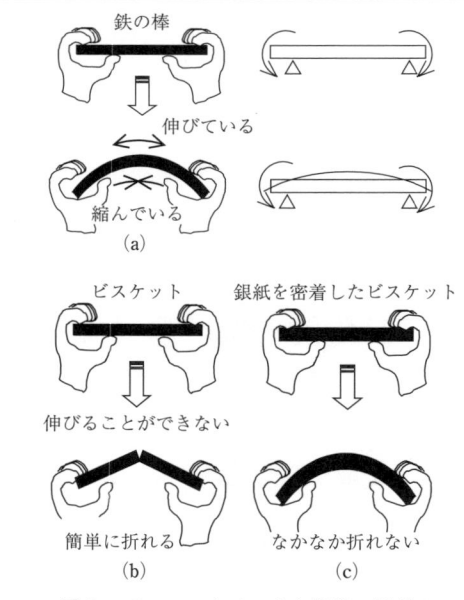

図3・5　コンクリートと鉄筋の関係1

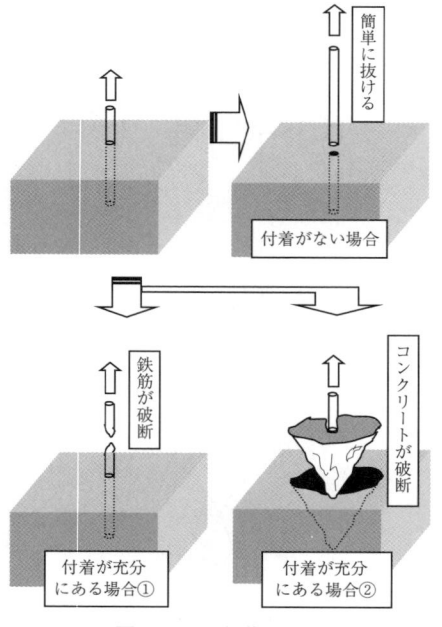

図3・6　付着の効果

RC 構造において，この銀紙に対応する働きをするものがコンクリート内部に配置される鉄筋である。

　コンクリートと鉄筋が RC として有効に機能するためには，両者間の**付着**により一体化していることが重要である。付着とは，コンクリートと鉄筋の間に働く糊のような効果である。たとえば，図3・6のようなコンクリートに埋め込まれた鉄筋を引き抜くことを考えてみる。もし，付着がなければ，どんなに強度の高い鉄筋やコンクリートを用いようとも鉄筋は簡単に引き抜けてしまう。この場合には，両者は一体となっているとはいえない。逆に充分な付着がある場合には，鉄筋が破断するか，コンクリートが耐えきれず破壊する崩壊形式となる。この場合には，引張力は，鉄筋やコンクリートの強度に依存する。つまり，強度の高い鉄筋およびコンクリートを用いることにより，大きな引抜力にも耐えられることになり，両者は一体化しているということができる。

(2)　RC 構造の特徴 B

　一方で，コンクリートもまた鉄筋の弱点を補う役目を持っている。すなわち，鉄筋は，鉄骨同様，「熱に弱く」「大気中で錆やすい」という欠点を有しているが，RC 構造では，熱伝導率が小さい（熱を伝えにくい）コンクリートに鉄筋は覆われているので，火災時でも鉄筋は高温にならず強度を保持することができ，またコンクリートのアルカリ性により鉄筋の錆も抑制される（図3・7，3・8）。

　また，鉄筋のような細長いものが単独で圧縮力を受ける場合には容易に座屈が生じてしまうが，コンクリートにより拘束されているので，鉄筋は座屈しないと一般には考えてよい。

　このように，RC 構造は，コンクリートと鉄筋が互いの欠点を補いながら，耐久性の高い構造を安価に提供できる構造である。ただし，高

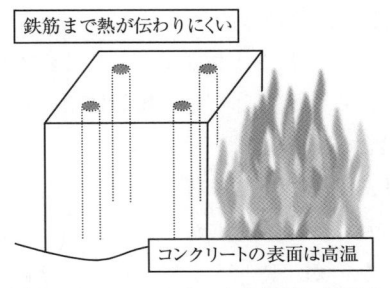

図3・7　コンクリートと鉄筋の関係2

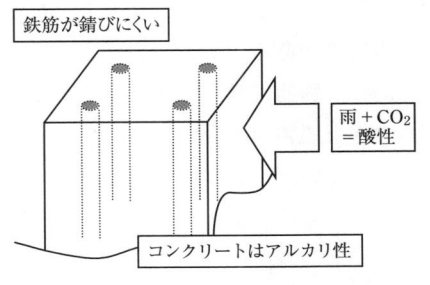

図3・8　コンクリートと鉄筋の関係2

い耐久性を実現するためには，鉄筋に対するコンクリートの「かぶり厚さ」が大きな影響を及ぼすので注意しなければならない（3・3・2節参照）。

(3)　RC 構造の特徴 C

　コンクリートは，鋼に比べて強度が小さいので，同じ力に対して必要な断面は大きくなる。つまり，RC 構造の柱・梁は一般に鉄骨構造のそれよりも太くなる傾向にある。

　ただし，太い断面により構造が造られることは，必ずしも欠点であるとは限らない。つまり，断面が大きいので，鉄骨構造に比べて，

・構造としての剛性は大きくなり，振動障害などは起こりにくい。したがって，マンションなど居住施設に適している。

・「座屈」も起こりにくくなり，一般的な建物規模の柱では座屈を考えなくてもよい。

などのメリットもある（図3・9）。

⑷ RC 構造の特徴 D

　コンクリートには**クリープ**と呼ばれる特殊な現象が見られ，時として建物の使用に支障をきたす場合がある。

　鉄骨部材では，ある荷重が作用した場合の変形（たわみ）は，荷重が一定であれば変化することはないが，RC 部材の場合には時間とともに変位が大きくなる。これをクリープと呼ぶ（図 3・10）。つまり，建物ができた時点では，ほぼ真直ぐな梁でも10年後には大きくたわんだ梁になる場合がある。

　鉄骨同様，鉄筋にはクリープ現象がない。このため大きな圧縮力を受ける柱のクリープによる軸変形あるいは，クリープによる梁のたわみの増大に対しては，圧縮を受ける鉄筋を増やすことが有効となる。

　その他の特徴をいくつか挙げておく。

・鉄筋の加工・組立，型枠工事あるいはコンクリート打設，打設後コンクリートが硬化するまでの養生期間など施工が煩雑でしかも施工期間が長い。

・コンクリートは当初液状であるので曲面から成るシェル構造なども建設することができる反面，曲面状の型枠を正確に作成することは高い技能が必要となったり，多くの人手を必要とするので，人件費の高い日本のような国では高価なものとなる。

・コンクリートが硬化するときにコンクリートは縮もうとする。これを**乾燥収縮**とよぶが，鉄筋は乾燥収縮しないので，この乾燥収縮によりコンクリートにはひび割れが発生する。過大なひび割れが生じたコンクリートは，①雨漏れなど漏水が起きやすい，②鉄筋を錆発生から防ぐ効果が低下する，③剛性が低下し振動障害の原因となるなど，様々な使用上あるいは構造上の問題を生むので注意しなければならない。

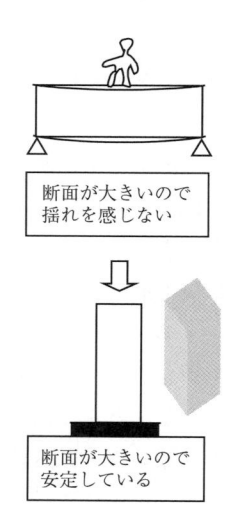

図 3・9　断面が大きいことによるメリット

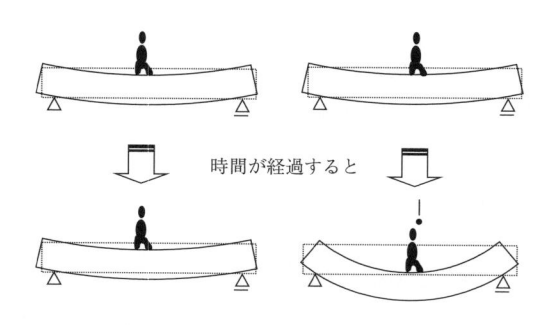

鉄骨の場合　　　　　　RCの場合

図 3・10　クリープ（変形）

3・2　RC 構造の材料

　鉄筋コンクリート構造は，コンクリートと鉄筋からなり，それぞれの特徴から全体の特徴が決定される。そこで，ここではコンクリートおよび鉄筋の特徴について個別に説明する。

3・2・1　コンクリート

⑴　コンクリートの種類

　セメントおよび砂や砂利を水により練り混ぜて硬化させたものがコンクリートである（図3・11）。コンクリート中の砂や砂利を**骨材**といい，骨材と骨材を結合させる糊の働きをするものがセメントと水からなる**セメントペースト**であり，セメントは水と化学反応することにより硬化する（固まる）。ペーストとは糊を意味する。

　骨材には，粒子の細かい砂などの**細骨材**と粒子の粗い砂利などの**粗骨材**がある。セメントペーストと細骨材からなるものを**モルタル**という。骨材の最大寸法は，コンクリート打設時に，鉄筋と鉄筋の間および鉄筋と型枠の間を骨材自体が容易に通過できるような大きさ（図3・12）を考慮して規定されている。コンクリートの調合設計に必要な細骨材の粗粒率や粗骨材の最大寸法などは，ふるい分け試験によって求める。また，コンクリートは，表3・2に示すように，使用する骨材の違いによって，**普通コンクリート**と**軽量コンクリート**に分類され，軽量コンクリートはさらに第1種と第2種に分けられる。

　セメントにはいくつかの種類があるが，石灰を主成分とする**ポルトランドセメント**とよばれるものが通常の建築では用いられる。さらに，ポルトランドセメントには強度を発生する時間

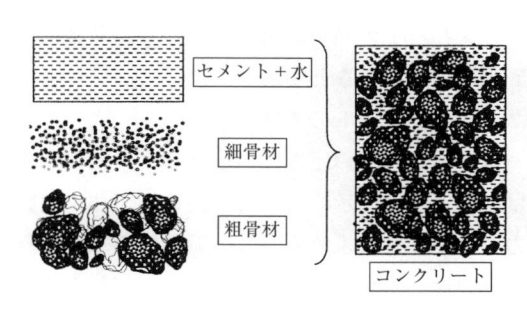

図3・11　コンクリート

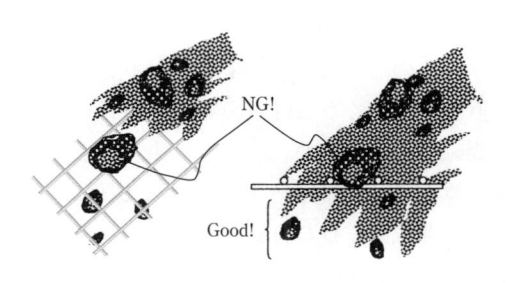

図3・12　骨材の大きさの制限

表3・2　骨材によるコンクリートの分類

骨材による分類 $\left\{\begin{array}{l}\text{普通コンクリート} \\ \text{軽量コンクリート（第1種）} \\ \text{軽量コンクリート（第2種）}\end{array}\right.$

表3・3　硬化時間によるセメントの分類

硬化時間による分類 $\left\{\begin{array}{l}\text{普通ポルトランド} \\ \text{早強ポルトランド} \\ \text{超早強ポルトランド}\end{array}\right.$

（硬化する時間）に応じて，超早強・早強・普通などの種類がある（表3・3）。

　コンクリートの練り混ぜに使用する水は，コンクリートに有害な量の酸・アルカリ・油分などの不純物を含まないものでなければならない。特に，鉄筋を錆びやすくするような，海水のように塩化物を含んでいるものを用いることは好ましくない。

88

上記のセメント・骨材以外に，**混和剤**と呼ばれるものをコンクリートに混入する場合がある。この混和剤には，コンクリート工事の施工性の向上を目的とした流動化剤，さらには鉄筋コンクリートの品質改善を目的とした防錆剤，膨張剤，発泡剤などがある。

(2) コンクリートの力学的性質

コンクリートの圧縮応力度とひずみ度の関係は，図3・13に示すような，円柱供試体に圧縮力を作用させて求める。この試験により得られた応力度—ひずみ度関係は，図3・14に示すような曲線となる。鋼材の場合には，ひずみ度が小さい段階では直線となる（図4・8）。コンクリートの場合には，ひずみ度が小さい段階から直線ではなくなる性質を有しており，応力度が高くなるにつれ曲線の傾きは徐々に小さくなり，点Aでついには傾きはゼロとなる。

この曲線の原点O付近での傾きを初期弾性係数と呼び，傾きがゼロとなる応力度の最大値を**圧縮強度**と呼ぶ。圧縮強度に達するときの圧縮ひずみ度は$1.5 \sim 3.0 \times 10^{-3}$程度であり，その後耐力は減少してコンクリートは圧縮破壊する。

(a) 水セメント比

コンクリートは，骨材がセメントペーストにより一体化したものであるから，コンクリートの強度はセメントペーストの強度に非常に大きく影響される。このセメントペーストの強度は水とセメントの混合の割合で決定される。この割合を重量比で表したものを**水セメント比**と呼ぶ。

水セメント比が大きい場合，すなわちセメント量に対して水が多い場合は，セメントペーストの強度は小さい。濃度が薄いセメントペーストは糊の役割を果たさないばかりでなく，硬化後コンクリート内部に空隙やひび割れを生む原因となり品質にも大きな影響を及ぼす（図3・15）。別のいい方をすれば，セ

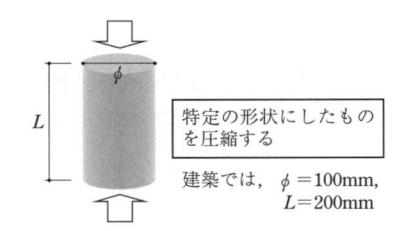

図3・13 強度を確認するための圧縮試験

特定の形状にしたものを圧縮する

建築では，$\phi = 100mm$，$L = 200mm$

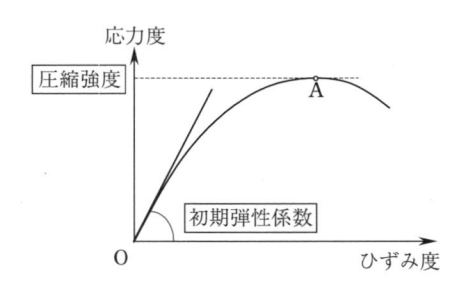

図3・14 圧縮試験による応力度とひずみ度の関係

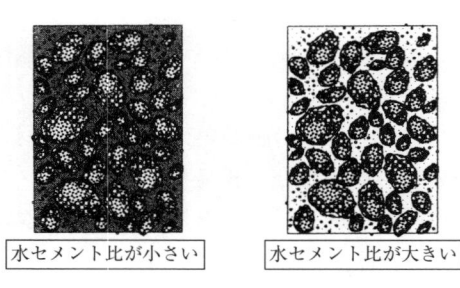

水セメント比が小さい　水セメント比が大きい

図3・15 水セメント比と空隙

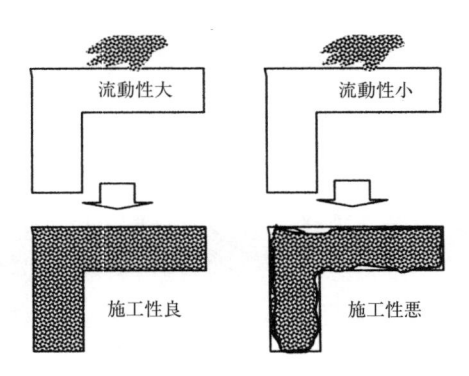

流動性大　流動性小

施工性良　施工性悪

図3・16 流動性と施工性

メントが硬化するのに必要最低限の水のみを
用いたときがセメント強度は最も高くなり，
品質の高いコンクリートとなる。ただし，一
方で，水セメント比は施工性にも多大な影響
を及ぼす。つまり，水セメント比が小さい場
合には液体としての性質が弱められ，その結
果，流動性が低下し施工しにくいものとなる
（図 3・16）。

　コンクリートの流動性を判断する方法とし
て，**スランプ試験**がある（図 3・17）。これ
は円錐台の容器（スランプコーン）に対象と
なるフレッシュコンクリート（まだ固まらな
いコンクリート）を入れた後，容器を撤去し
たときにどの程度コンクリートが崩れるかを
調べるものであり，中央部の下がり量（cm）
で表す。液体に近い（水セメント比が大き
い）場合にはスランプ値は大きくなる。

（b）　線膨張係数

　コンクリートの熱に対する線膨張係数は約
$1 \times 10^{-5}/℃$ であるが，鉄筋の線膨張係数も
これとほぼ同じである。これにより，温度変
化があっても鉄筋とコンクリートは一体とし
て働くことができる。逆に，もし，鉄筋の線
膨張係数がコンクリートに比べて大きい場合
には，夏などの気温上昇に伴い構造全体の温
度が上昇するとき，鉄筋の伸びがコンクリー
トのそれよりも大きくなるため，一体となり
えないことになる（図 3・18）。

(3)　コンクリートの設計における取扱い

　鉄骨と異なりコンクリートでは，小さな圧縮
力を受ける段階から，応力度とひずみ度の関係
は直線ではなくなる（図 3・19）。しかしなが
ら，単純化のために，実際の設計ではこれを直
線 A と直線 B の 2 本の直線で表されるものと
して扱うことが多い。このときの直線 A の傾
きをコンクリートのヤング係数とする。

　直線 A は通常，圧縮強度の 1/3 の点と原点と

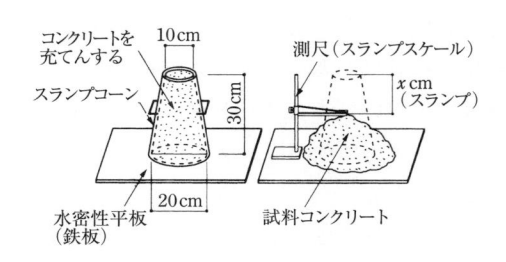

図 3・17　スランプ試験

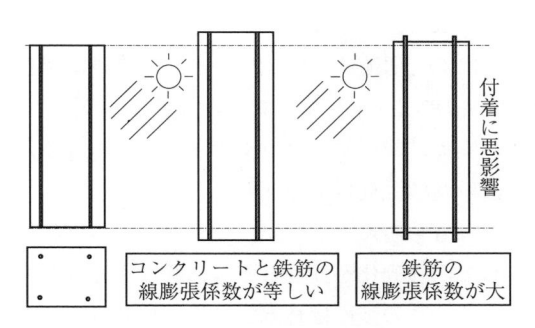

図 3・18　線膨張係数の影響

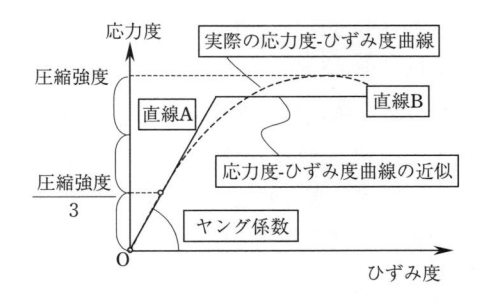

図 3・19　応力度―ひずみ度関係の設計上の考え方

を結ぶ直線として求める。構造設計において
は，図 3・19 の圧縮強度を設計基準強度 F_c と
して進める。設計基準強度は，構造設計におい
て基準とするコンクリートの圧縮強度のこと
で，構造体コンクリートが満足しなければなら

ない強度のことである。ヤング係数の値は，①単位体積重量が大きいコンクリートほど，②圧縮強度の高いコンクリートほど，高くなる。すなわち，重くて強いコンクリートほど硬いということになる。

コンクリートは，水，セメント，骨材から成る混合された材料のために，これらの調合によって強度やヤング係数など物質としての特性が変化する。

(a) 設計基準強度

F_c の下限値はコンクリートの種別に関係なく18N/mm²となっている（表3・4）。

実際に使用するコンクリートの圧縮強度が設計基準強度以上であることが必要となることはもちろんであるが，コンクリートは打設してから硬化が進むとともに強度を発揮してゆく。この強度は材齢28日程度以降は上昇が緩やかになるので，通常は材齢28日の強度をコンクリートの圧縮強度として代表させる。

なお，調合管理強度は，品質基準強度に S 値(構造体強度補正値)を加えた値であり，品質基準強度は，設計基準強度または耐久設計基準強度のいずれか大きい方の値である。また，調合強度は，強度のばらつきなどを考慮して，調合管理強度を割り増した値である。よって，調合強度＞調合管理強度＞品質管理強度≧設計基準強度の関係となる。耐久設計基準強度を表3・5に示す。

(b) 引張強度

コンクリートを引っ張ったときの強度（**引張強度**）は，圧縮強度に比べて小さい（1/10程度）ので，構造計算においては無視することとしている。

ただし，ひび割れの発生の有無が重要となる構造物では，その引張強度を適確に判断して構造計算に用いる場合もある。

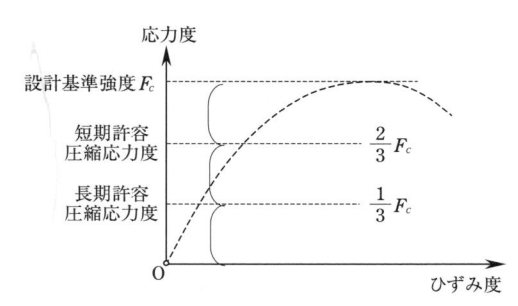

図3・20 コンクリートの許容圧縮応力度

表3・4 F_c の下限値

コクリートの種類		F_c の下限値（N/mm²）
普通コンクリート		18
軽量コンクリート	1種	18
	2種	18

表3・5 コンクリートの耐久設計基準強度

計画共用期間の級	耐久設計基準強度（N/mm²）
短　期	18
標　準	24
長　期	30
超長期	36※

※かぶり厚さを10mm増やした場合は、6N/mm²減じることができる。

表3・6 コンクリートの許容応力度
（日本建築学会　鉄筋コンクリート構造計算規準・同解説　2010年版）

コンクリートの種類	長期			短期		
	圧縮	引張	せん断	圧縮	引張り	せん断
普通コンクリート	$\frac{1}{3}F_c$	—	$\frac{F_c}{30}$ かつ $\left(0.49+\frac{F_c}{100}\right)$ 以下 普通コンクリートに対する0.9倍	長期の2倍	—	長期の1.5倍
軽量コンクリート						

F_c の単位は N/mm²

⑷　コンクリートの許容応力度

　圧縮力に対する許容応力度は，基本的な考え方として，設計基準強度（圧縮強度）の1/3を長期許容応力度とし，短期許容応力度は長期の２倍としている。

　前述したように，コンクリートの引張強度は小さく，硬化や乾燥収縮に伴うひずみ度がひび割れ発生のひずみ度を超えることもあるので，引張力に対する許容応力度は規定されていない。

　また，せん断力によっても引張力と同じようにひび割れが発生することがある。ひび割れは耐久性を大きく低下させるために，建物に常時作用するような荷重に対してひび割れが発生してしまうことは好ましくない。多数の梁・柱部材実験結果を分析して，常時作用する荷重に対してせん断ひび割れが発生しないように長期せん断応力度の値が決められている。コンクリートの許容応力度を表３・６に示す。

３・２・２　鉄筋

⑴　鉄筋の種類

　JIS 規格による鉄筋の種別とその降伏強度，引張強さを表３・７，表３・８に示す。

　鉄筋には円形断面を有する**丸鋼**（直径が19mm であれば19φ と記述）と，周面に規則的にリブ・節をつけた**異形鉄筋**（同じ単位重量を有する丸鋼の径に相当するものを公称値といい，これを mm の単位に丸めた値を呼び名として用いる。呼び名が19mm であれば，D19のように表記する）とがある。異形鉄筋の形状を図３・21に示す。JIS 規格では，丸鋼を SR，異形鉄筋を SD として標記する。

　鉄筋は，鉄骨とほぼ同様な鋼で作られていることから，鉄筋が引張力を受ける場合の挙動は，鉄骨のそれと同様なものとなる。ただし，JIS 規格の標記では，鉄骨と鉄筋では異なる取

＊降伏応力度については p.123参照。

表３・７　鉄筋の種別

規格番号	名　称	区分，種類の記号	
JIS G 3112	鉄筋コンクリート用棒鋼	丸　鋼	SR 235 SR 295
		異形棒鋼	SD 295 SD 345 SD 390 SD 490
JIS G 3551	溶接金網		

表３・８　鉄筋コンクリート用棒鋼の降伏点，引張強さ

種類の記号	降伏点または0.2%耐力（N/mm²）	引張り強さ（N/mm²）
SR 235	235以上	380〜520
SR 295	295以上	440〜600
SD 295	295以上	440〜600
SD 345	345〜440	490以上
SD 390	390〜510	560以上
SD 490	490〜625	620以上

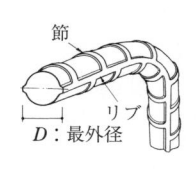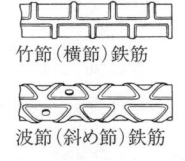

図３・21　異形鉄筋の形状

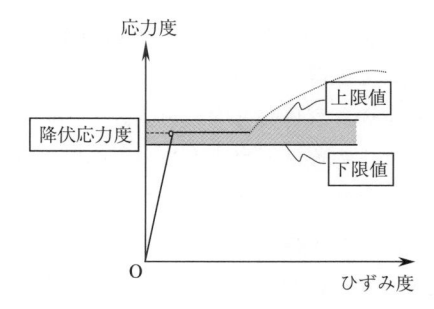

図３・22　SD 295B の B の意味

り扱いがなされているので注意しなければならない。すなわち，鉄骨では，たとえばSN 400の400は引張強度の下限値（N/mm²）を示していたが，鉄筋では，SRやSDの後につづく数字は**降伏応力度**[*]**の下限値**を示しており，両者の数値の意味は全く異なる。SD 295Aを例に記号を説明すると，SDは異形鉄筋を表しており，295はこの鉄筋の降伏点下限値（N/mm²）を表している。最後のAは，降伏点の上限の規定がないことを表しており，降伏点の上限を設けて塑性変形能力を確保したものはBの記号を用いている（図3・22）。

なお，現在では，通常のRC構造においては異形鉄筋が広く用いられ，丸鋼がRC構造に用いられることはあまりない。

(2) 鉄筋の許容応力度

鉄筋の許容応力度を表3・9に示す。基本的に鉄骨の場合と同様な考え方で決められている。

長期荷重に対して，コンクリートのひび割れ幅を過大にしないように，鉄筋の降伏強度の2/3を長期許容応力度としている。鉄筋は，降伏後にも非常に大きな塑性変形能力を有し，引張強度までには十分な余裕があることから，短期許容応力度は降伏強度と同等となっている。

3・2・3 コンクリートと鉄筋の付着

許容応力度設計に用いられている鉄筋とコンクリートの許容付着応力度を表3・10に示す。許容付着応力度は，コンクリートの設計基準強度および鉄筋位置により異なる。

また，表3・11には，付着割裂の基準となる強度を示す。これは，大地振動時の安全性確保を目的に，大地震動に対して付着割裂破壊を生じさせないための検討に用いられる。

表3・9 鉄筋の許容応力度（N/mm²）
（日本建築学会　鉄筋コンクリート構造計算規準・同解説　2010年版）

鉄筋の種類	長期		短期	
	引張および圧縮	せん断補強	引張および圧縮	せん断補強
SR 235	155	155	235	235
SR 295	155	195	295	295
SD 295	195	195	295	295
SD 345	215(*195)	195	345	345
SD 390	215(*195)	195	390	390
SD 490	215(*195)	195	490	490
溶接金網	195	195	**295	295

（注）　* D29以上の太さの鉄筋に対しては（　）内の数値とする。
　　　** スラブ筋として引張鉄筋に用いる場合に限る。

表3・10 許容付着応力度（N/mm²）
（日本建築学会　鉄筋コンクリート構造計算規準・同解説　2010年版）

	長期		短期
	上端筋	その他	
異形鉄筋	$\frac{1}{15}F_c$ かつ $\left(0.9+\frac{2}{75}F_c\right)$ 以下	$\frac{1}{10}F_c$ かつ $\left(1.35+\frac{1}{35}F_c\right)$ 以下	長期に対する値の1.5倍
丸鋼	$\frac{4}{100}F_c$ かつ 0.9以下	$\frac{6}{100}F_c$ かつ 1.35以下	

（注）　1）上端筋とは曲げ材にあってその鉄筋の下に300mm以上のコンクリートが打ち込まれる場合の水平鉄筋をいう。
　　　2）F_cは，コンクリートの設計規準強度（N/mm²）を表す。
　　　3）異形鉄筋で，鉄筋までのコンクリートかぶりの厚さが鉄筋の径の1.5倍未満の場合には，強度付着応力度は，この表の値に「かぶり厚さ／（鉄筋径の1.5倍）」を乗じた値とする。

表3・11 付着割裂の基準となる強度
（日本建築学会　鉄筋コンクリート構造計算規準・同解説　2010年版）

	安全性確保のための検討	
	上端筋	その他
普通コンクリート	$0.8×\left(\frac{F_c}{40}+0.9\right)$	$\frac{F_c}{40}+0.9$
軽量コンクリート	普通コンクリートに対する値の0.8倍	

（注）　1）上端筋とは，曲げ材にあってその鉄筋の下に300mm以上のコンクリートが打ち込まれる場合の水平鉄筋をいう。
　　　2）F_cはコンクリートの設計規準強度（N/mm²）を表す。
　　　3）多段配筋の一段目（断面外側）以外の鉄筋に対しては，上表の値に0.6を乗じる。

3・3　梁・柱部材

3・3・1　梁・柱部材の設計

　RC 構造の梁や柱の設計は，通常，次の 2 段階にて行われる。

　①　梁・柱の断面の大きさを設定

　②　断面内に必要となる鉄筋を決定

　これらの手順の概要についてそれぞれ説明する。

⑴　梁・柱の断面の大きさの設定

　大梁のせいは，長期荷重時に有害なひび割れや過大なたわみを生じさせないためにも，ある程度以上大きくなくてはならない。通常は，最上階の梁せいは，スパンの1/8〜1/12で，1，2 階下がるごとに 5 cm 程度増している。大梁の梁幅は，全せいの1/2〜2/3前後である。

　柱の断面は，通常，配筋の都合上から最上階の柱で45cm 程度とし，1，2 階下がるごとに 1 辺の長さを 5 cm 程度増している。ただし，柱が極端に細長いと座屈を起こすので，柱の幅は階高の1/15以上（軽量コンクリートを用いた場合では1/10以上）としなければならないことが建築基準法に規定されている。

⑵　断面内に必要となる鉄筋を決定

　梁や柱の配筋には，**主筋**，**せん断補強筋**，**補助筋**があり，図 3 ・23のように組み立てられる。

　（a）　主筋

　梁や柱の材軸方向に配置される鉄筋のことを**主筋**とよぶ。この主筋は主に，作用する力が梁を曲げようとするときに断面内に発生する引張力を負担する働きを有している（図 3 ・24）。引張側のみならず圧縮側にも配筋されている梁を**複筋梁**といい，引張鉄筋しかない梁を単筋梁という。ただし，コンクリー

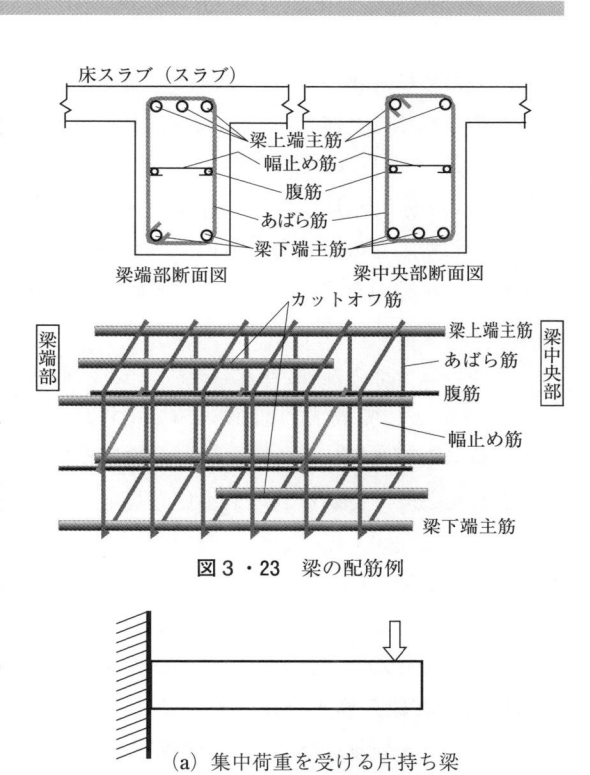

図 3・23　梁の配筋例

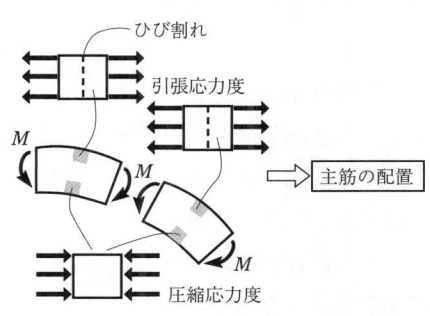

（a）　集中荷重を受ける片持ち梁

（b）　曲げモーメントと曲げ変形

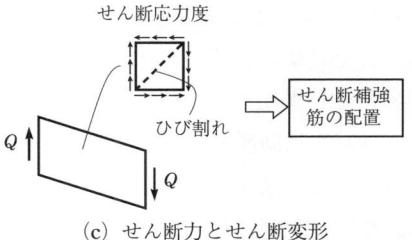

（c）　せん断力とせん断変形

図 3・24　梁の変形と配筋

94

トにはクリープという現象が存在するので，これを抑制するために主要な梁や柱では圧縮側にも鉄筋を配置することが規定されている。

このために，梁の場合には断面の上下に鉄筋が配されることになる。このとき上側のものを上端（うわば）筋，下側のものを下端（したば）筋と区別したり，曲げモーメントが作用したときの引張力を負担するものを**引張鉄筋**，圧縮力を負担するものを**圧縮鉄筋**とよび区別する。

主筋の量をその断面内のコンクリート断面積との比として表す。図3・25に示すように，梁の**引張鉄筋比**ならびに柱の**主筋比**が定義されており，それぞれの最小値も規定されている。

(b) せん断補強筋

せん断力を負担する目的で配してある鉄筋を総称してせん断補強筋という。梁のせん断補強筋を**あばら筋**または**スターラップ**といい，柱のせん断補強筋のことを**帯筋**または**フープ**という。なお，帯筋は，せん断力を負担するのみでなく，帯筋で囲まれたコンクリートに対して拘束効果を発揮し，コンクリートの見かけの圧縮強度を高めたり，主筋の座屈を防止する効果を有する。これらの効果は，柱を粘り強いものとする。図3・26に示すように，せん断補強筋比が定義されており，その最小値も規定されている。

(c) 補助筋

鉄筋を組み立てるときに位置を正しく保ち，また，コンクリート打設に際しても鉄筋が動いてしまうことのないように，補助的に使う鉄筋を補助筋といい，構造計算上は無視されている。図3・23に示したような**腹筋**，**幅止め筋**などがこれにあたる。

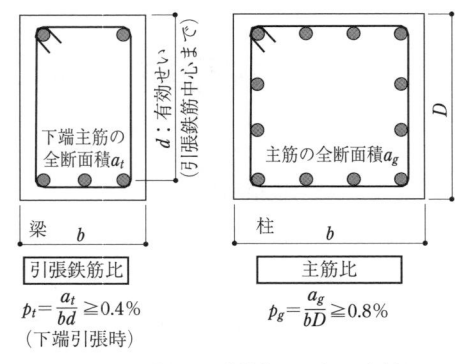

引張鉄筋比

$$p_t = \frac{a_t}{bd} \geqq 0.4\%$$
（下端引張時）

主筋比

$$p_g = \frac{a_g}{bD} \geqq 0.8\%$$

図3・25 梁の引張鉄筋比と柱の主筋比

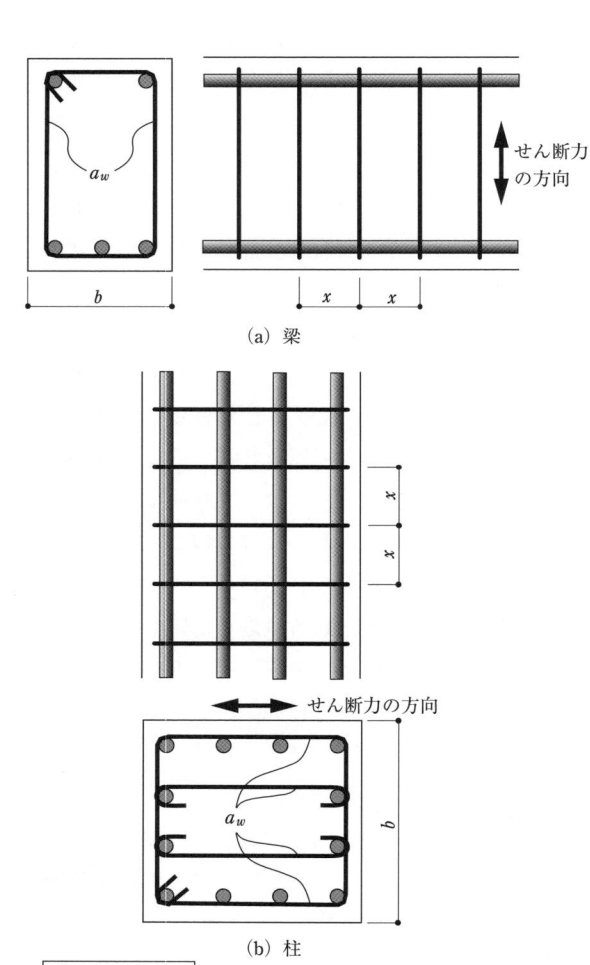

(a) 梁

(b) 柱

せん断補強筋比

$$p_w = \frac{a_w}{bx} \geqq 0.2\%$$

a_w：1組のせん断補強筋断面積
x：せん断補強筋間隔

図3・26 せん断補強筋比（梁・柱共通）

3・3・2　かぶり厚さ

　鉄筋の**かぶり厚さ**は，図3・27に示すように，あばら筋あるいは帯筋の表面からこれを被覆するコンクリートの表面までの距離をいう。鉄筋に対するコンクリートのかぶり厚さは，部材の耐火性・耐久性向上のために必要であり，鉄筋の付着性能，粗骨材の寸法，部材の使用箇所（気中，水中，土中等の区別）等の条件に応じて決められている。

　設計かぶり厚さの規定を表3・12に示す。これは，鉄筋の加工・組立て精度，型枠の加工・組立て精度，部材の納まり，仕上材の割付け，コンクリート打込み時の変形・移動などを考慮し，最小かぶり厚さが確保されるように，部位・部材ごとに，設計図または特記により定める。

3・3・3　重ね継手

　鉄筋の長さには限りがあるため、配筋にあたり、鉄筋の母材強度を伝達できる継手として、これには、重ね継手がよく用いられる。重ね継手に関連する重要事項として主なものを以下に示す。①D35以上の鉄筋は、ガス圧接等で接合

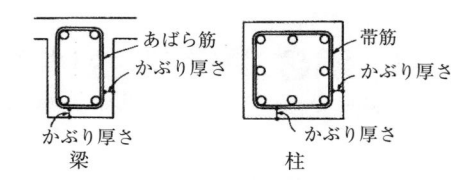

図3・27　配筋とかぶり厚さ

表3・12　設計かぶり厚さの規定
（JASS 5　2015，標準・長期）

部　　　　　位			設計かぶり厚さ（mm）
土に接しない部分	屋根スラブ 床スラブ 非構造部材	屋内	30
		屋外	40
	柱 梁 耐力壁	屋内	40
		屋外	50
土に接する部分	柱・梁・床・壁および布基礎の立上り部分		50
	基礎		70

し、重ね継手は用いない。②鉄筋継手は部材応力ならびに鉄筋存在応力度の小さな箇所に設ける。③隣接する鉄筋の重ね継手は、応力集中を避けるために、同じ位置に設けずに、ずらすことが大切である。

例題5　全主筋比とせん断補強筋比を求める

　右図のように配筋された柱の全主筋比 p_t および，せん断補強筋比（帯筋比）p_w を求めよ。
　ただし，せん断力が作用する方向として(a)と(b)があるので，それぞれの方向に対する p_w を求めよ。また，D10およびD19の1本あたりの断面積は，それぞれ0.71cm²および2.87cm²とする。

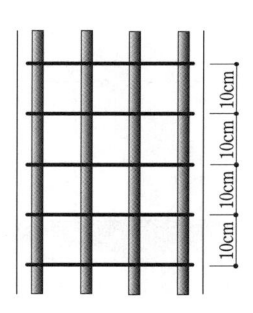

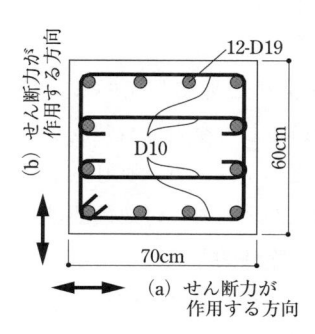

3・4　RC 構造におけるひび割れ

コンクリートは，引張りに対して抵抗できずにひび割れを発生することは今まで述べたとおりである。ここでは，このひび割れの代表的なパターンについて列挙するとともに，その発生理由について説明する。

3・4・1　曲げひび割れ

図3・28にRC 梁の典型的な曲げひび割れの例を示す。この梁は，下端引張りとなるような曲げを受けており，下端で梁の材軸方向に引張応力が生じている。よって，材軸に垂直に曲げひび割れが生じることになる。

3・4・2　せん断ひび割れ

図3・29にRC 梁の典型的なせん断ひび割れの例を示す。材軸に対して傾きを持ったひび割れであり，このひび割れが過大にならないようにせん断補強筋が配されている。

せん断力による破壊は非常に急激に発生・進展し，その結果，脆性的な破壊となる（もろい構造となる）ので，このような破壊を生じさせないように考慮しなければならない。

3・4・3　付着割裂ひび割れ

図3・30にRC 柱の付着割裂ひび割れの例を示す。RC 部材では，主筋とコンクリートが付着して有効な耐震部材を形成している。しかし，主筋に働く力に対してその付着強度が十分でない場合には，この主筋とコンクリートの間で付着割裂ひび割れが生じる。付着破壊は，せん断破壊と同様に，脆性的な破壊であるから，これを避けるように注意しなければならない。

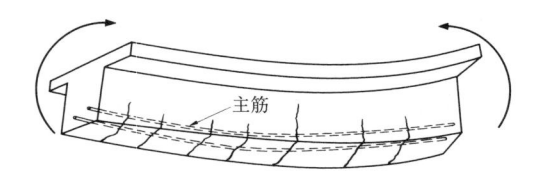

図3・28　梁の曲げひび割れ（あばら筋なし）[1]

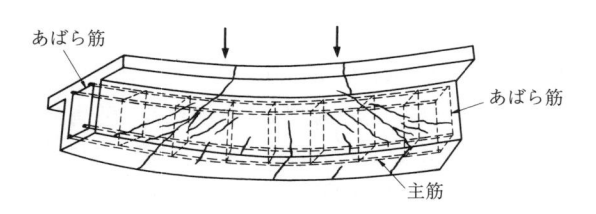

図3・29　梁のせん断ひび割れ（あばら筋あり）[1]

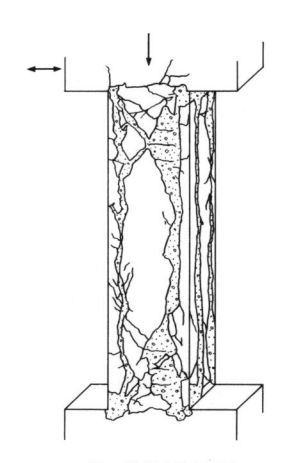

柱の付着割裂破壊

図3・30　柱の付着割裂ひび割れ[1]

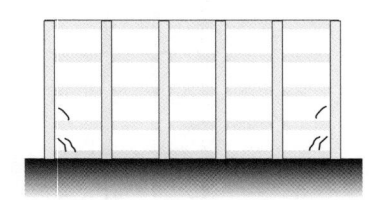

図3・31　乾燥収縮によるひび割れ（地上部分のほうが地中部分より乾燥収縮が大きく，そのために図に示すようなひび割れが生じる）

3・4・4　乾燥収縮・強制変形等による ひび割れ

　図 3・31は，RC 構造物の地上部分と地中部分でのコンクリートの乾燥収縮差により生じるひび割れを示している。

　屋上が直射日光を受けて屋根面が膨張しようとしたときに，それより下部の建物の膨張は相対的に小さい。その結果生じるひび割れを図3・32に示している。

　図 3・33は，建物を支えている地盤が沈下し，建物に強制変形が作用して生じるひび割れを示している。この場合は，擁壁側の支持地盤が沈下して，いわゆる**不同沈下**が生じている。その結果，建物に強制変形が作用して図のようなひび割れが生じる。

　図 3・34には，コンクリートの不適切な打継ぎ処理によりできる**コールドジョイント**部でのひび割れを示している。打継ぎ面でそれぞれのコンクリートの一体性が損なわれ，この面ですべりが生じやすく，面に沿ってひび割れが起こる。

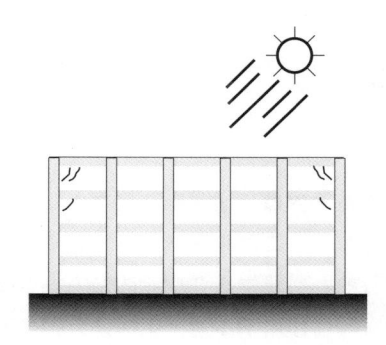

図 3・32　温度膨張によるひび割れ（直射日光により屋根面が膨張し，その下部は相対的に膨張が小さいために，図のようなひび割れが生じる）

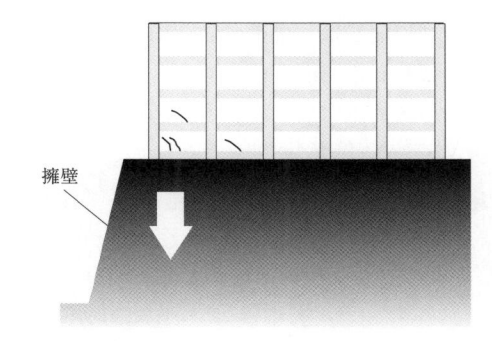

図 3・33　支持地盤の不同沈下によるひび割れ（擁壁側の支持地盤のみが沈下し，支持地盤の沈下が場所により異なるために，図のようなひび割れが生じる）

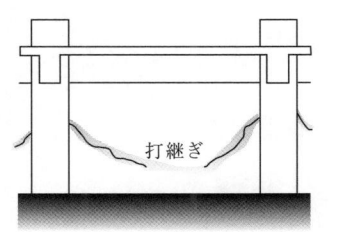

図 3・34　コールドジョイント部のひび割れ（不適切な処理をされたコンクリート打継ぎ部にできたコールドジョイントには，ひび割れが生じやすい）

3・5 スラブ

床の構造部分は，通常床スラブあるいはスラブと呼ばれる。このスラブは，家具や居住者を支える目的と，建物を３次元的に安定させる働きや地震時に作用する力を架構に分担させる働きを有する（１章参照）。

最も一般的なスラブは，周辺を梁で支持されたものであるが，マンションのベランダのように片持ち形式となることもある。

スラブの配筋は，梁の主筋と同様の考え方に従って行われる。配筋例を図３・35に示す。短辺方向の鉄筋を主筋，長辺方向の鉄筋を配力筋という。

床スラブの最小厚さは，建築基準法では 8 cm 以上かつ，短辺方向の有効張間長さの1/40以上と規定されている。また RC 規準では，表３・13のように規定されている。

片持ちスラブでは，周辺固定スラブのような拘束効果を期待できないため，周辺固定スラブに比べて大きな最小値となっている。また，スラブ厚さ t が下式を満たさない場合は，たわみの検討を行わなければならないことが告示で示されている（H12建告1459）。

$$t > \frac{l_x}{30} \quad（片持ち以外）；\quad t > \frac{l_x}{10} \quad（片持ち）$$

l_x：スラブの短辺方向有効長さ（mm）

以上の規定は，過大なたわみや振動障害など

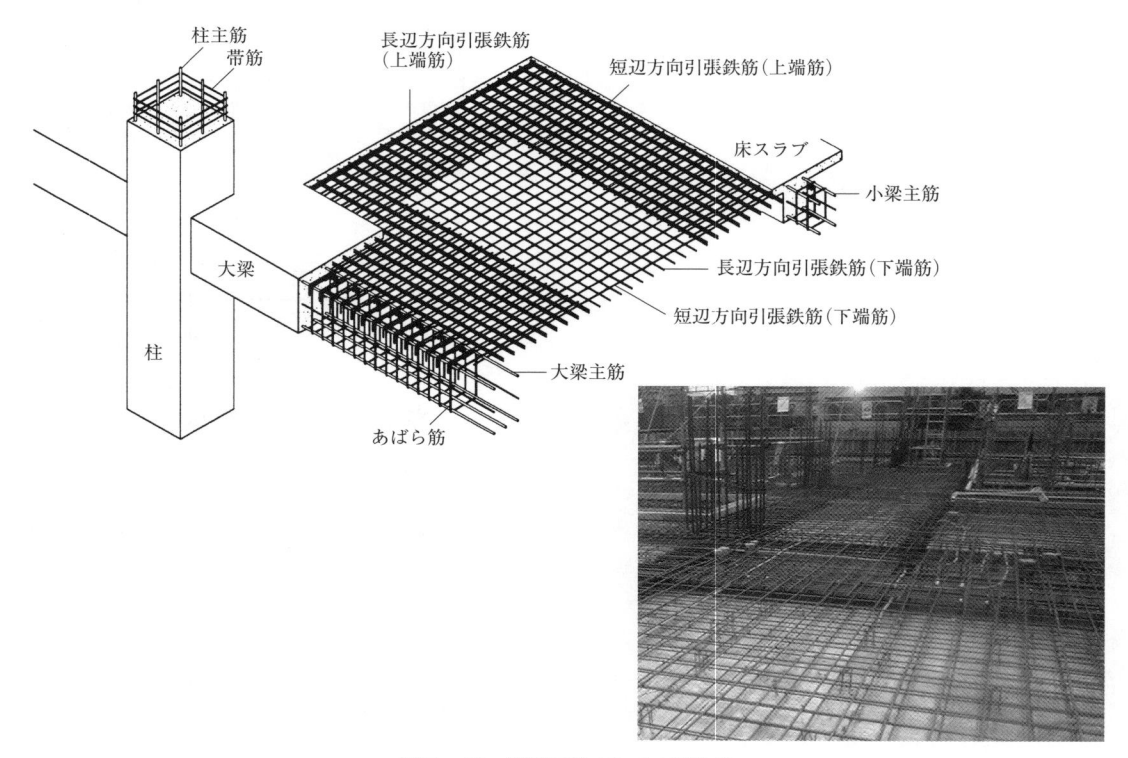

図３・35　周辺固定スラブの配筋例

使用上の不都合が生じないために設けられている。通常は，遮音なども考慮し，20cm 以上とするのが一般的である。

　乾燥収縮によるひび割れの発生やクリープによるたわみを防止するために，RC 規準では，

表3・13のように，スラブの鉄筋の間隔についても，主筋で20cm 以下，配力筋で30cm 以下（かつスラブ厚の３倍以下）にすること，さらに，コンクリート全断面積に対する鉄筋全断面積の比は，0.2%以上必要の規定がある。

表3・13　床スラブ厚さの最小値および床スラブの配筋
（日本建築学会　鉄筋コンクリート構造計算規準・同解説　2010年版）

支持条件	スラブ厚さ t（mm）
周　辺　固　定	$t = 0.02\left(\dfrac{\lambda - 0.7}{\lambda - 0.6}\right)\left(1 + \dfrac{w_p}{10} + \dfrac{l_x}{10000}\right)l_x$
片　持　ち	$t = l_x/10$

注　1)　$\lambda = l_y/l_x$
　　　　l_x：短辺有効スパン長さ（mm）
　　　　l_y：長辺有効スパン長さ（mm）
　　　　ただし，有効スパン長さとは，梁，その他支持部材間の内法寸法をいう。
　　2)　w_p：積載荷重と仕上げ荷重との和（kN/m²）
　　3)　片持ちスラブの厚さは支持端について制限する。その他の部分の厚さは適当に低減してよい。
　　　　（普通コンクリートでは，80mm 以上）
　　　　（軽量コンクリート床スラブでは1.1倍以上かつ，100mm 以上）

	鉄筋普通コンクリート	鉄筋軽量コンクリート
短辺方向	200mm 以下	200mm 以下
	径９mm 未満の溶接金網では150mm 以下	径９mm 未満の溶接金網では150mm 以下
長辺方向	300mm 以下，かつスラブ厚の３倍以下	250mm 以下
	径９mm 未満の溶接金網では200mm 以下	径９mm 未満の溶接金網では200mm 以下

3・6　耐震壁

耐震壁は，地震力負担能力が大きく，その量や配置が建物の耐震性能を左右する重要な耐震要素である。耐震壁の厚さは，12cm 以上かつ壁板内法高さの1/30以上でなければならないが，通常15～18cm である。

図3・36に示すように，窓など開口がある場合，開口補強が適切に行われている場合には，（3・1）式のように無開口壁部材の許容せん断力 Q_A に，（3・2）式による低減率 r を乗じて算定することができる。ただし，原則として(a)耐震壁に対しては1スパンごとに算定される r_2 が0.6以上，(b)そで壁付き柱，(c)壁板および(d)腰壁・垂れ壁付き梁では各部材で算定される r_2 が0.7以上の場合に適用する。これらの規定を満足できない場合には，薄い柱（**壁柱**）と薄い梁（**壁梁**）からなるラーメンと考えるべきである。また矩形以外の開口は等価な矩形に置換して低減率を適用してよい。

$$Q_{AO} = rQ_A \qquad (3・1)$$
$$r = \min(r_1, r_2, r_3) \qquad (3・2)$$

r_1 は開口の幅による低減率で，（3・3）式による。記号の意味は図3・36参照。

$$r_1 = 1 - 1.1 \times \frac{l_{op}}{l} \qquad (3・3)$$

r_2 は開口の見付面積による低減率で，（3・4）式による。記号の意味は図3・36参照。

$$r_2 = 1 - 1.1 \times \sqrt{\frac{h_{op} l_{op}}{hl}} \qquad (3・4)$$

r_3 は開口の高さによる低減率で，ピロティの直上階あるいは中間階の単層壁では（3・5）式とし，それ以外では（3・6）式による。開口上下の破壊が生じる可能性のない階では r_3 を1としてよい。記号の意味は図3・37および図3・38参照。

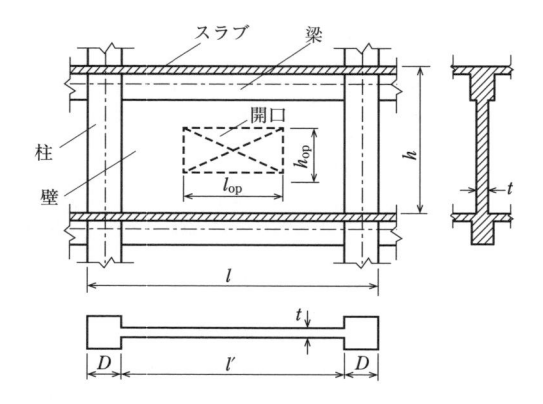

t：壁板の厚さ
l：柱を含む壁部材の全せい
l'：壁板の内法長さ
h：当該階の壁部材の高さ
l_{op}：開口部の水平断面への投影長さの和
h_{op}：開口部の鉛直断面への投影長さの和
D：柱のせい

図3・36　開口を有する耐震壁

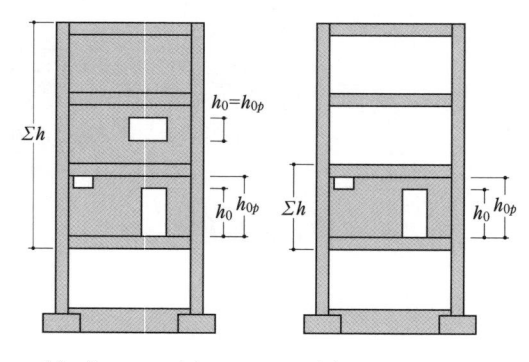

(a) ピロティの直上　　(b) 中間の単層壁

図3・37　（3・5）式に関する記号
（RC 規準2018から転載）

$$r_3 = 1 - \frac{\Sigma h_0}{\Sigma h} \qquad (3・5)$$

$$r_3 = 1 - \lambda \frac{\Sigma h_0}{\Sigma h} \qquad (3・6)$$

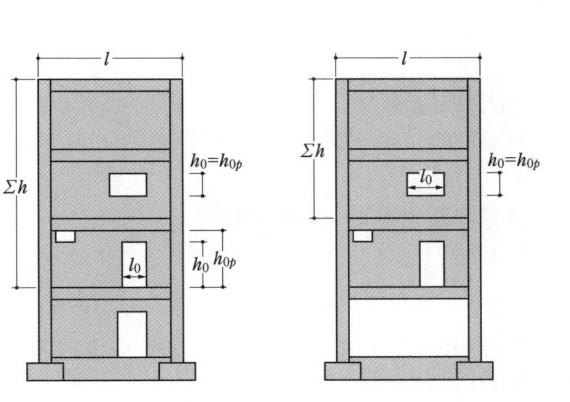

(a) 1階算定用　　　(b) 2階算定用　　　(c) ピロティ中間階

図3・38　（3・6）式に関する記号（RC 規準2018から転載）

λ：当該階から下の壁または基礎梁が変形しないと仮定することに伴う係数で，開口がほぼ縦一列で特に検討しない場合は（3・7）式によることができる。

$$\lambda = \frac{1}{2}\left(1 + \frac{l_0}{l}\right) \qquad (3・7)$$

耐震壁に配筋する場合，壁厚20cm 以上の場合には複配筋としなければならない。壁筋の間隔は，30cm 以下（千鳥配筋の場合は45cm 以下）としなければならず，縦補強筋比，横補強筋比ともに，0.25%以上でなければならない。図3・39に示すように，耐震壁を取り囲む梁の場合，特に検討をしない場合は，その梁内に存在する主筋全断面積を，梁のコンクリート全断面積に対して0.8%以上としなければならない。

壁板に開口があると，開口の隅の部分には応力が集中しひび割れが発生しやすくなるので，必ず13mm 以上の鉄筋で補強しなければならない。開口部周辺の壁配筋を含めて典型的な壁配筋を図3・39に示す。

なお，耐震壁とは別に，単に部屋間の間仕切りに用いられる壁も併用される。これらは間仕切り壁と呼ばれ，地震力や風荷重などの水平力に対して抵抗する要素ではない。

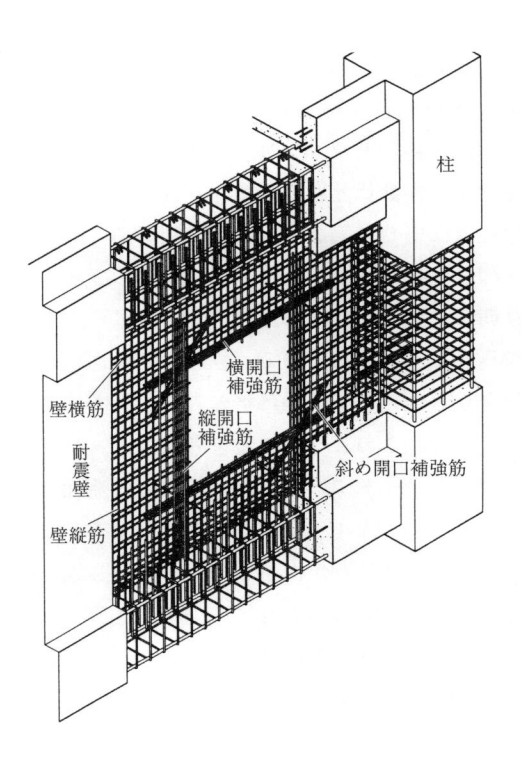

図3・39　ラーメン構造における壁配筋例

3・7　断面算定

3・7・1　梁の断面算定（許容曲げモーメント）

梁に曲げモーメントが作用したときに，梁の各断面は変形したあとも平面を保ち，断面の軸方向ひずみ度は中立軸からの距離に比例すると考える（図3・40）。この仮定を**平面保持**という。

断面に生ずる応力度は，材料を弾性と考えて，断面に生じているひずみ度をヤング係数倍して求める。この場合，鉄筋もコンクリートもヤング係数（→ p.122）は一定と考える。鉄筋のヤング係数とコンクリートのヤング係数の比を**ヤング係数比**といい，コンクリートの設計基準強度に応じて表3・14の値を用いる。

図3・40に示すような平面保持の仮定から，鉄筋のひずみ度は同じ位置のコンクリートのひずみ度と同じであるので，鉄筋は同断面積のコンクリートのヤング係数倍の力を負担することができる。このようなことを考慮して，全断面をコンクリートに置換した断面を**等価断面**という。

梁にモーメントが作用したとき，引張鉄筋の応力度が許容引張応力度に達するときのモーメント（M_t）と圧縮側最外縁のコンクリートの応力度が許容圧縮応力度に達するときのモーメント（M_c）が考えられ，このうちの小さい方のモーメントがこの梁の**許容曲げモーメント**となる。梁の許容曲げモーメントが梁に作用するモーメント以上となるように主筋量や断面の大きさを決定しなければならない。引張鉄筋が少ない場合には許容曲げモーメントは M_t となり，多い場合には M_c となる。

引張鉄筋と圧縮側外縁のコンクリートが同時に許容応力度に達する（つまり $M_t=M_c$）ように引張鉄筋量を定めることができ，このときの引張鉄筋断面積（a_t）の梁断面積（$b \times d$）に対する比 $a_t/(b \times d)$ を**釣合鉄筋比**という。引張鉄筋が釣合鉄筋比以下の量であれば，梁の許容曲げモーメントは M_t となり，式（3・8）で近似できる。図3・40中の引張鉄筋の力 T は，

$T=a_t \times f_t$ であるから，

$$M_t=a_t \times f_t \times j \quad (j=7/8\,d) \qquad (3・8)$$

ここに，b：梁幅

d：梁の有効せい（梁圧縮縁から引張鉄筋中心位置までの距離）

f_t：引張鉄筋の許容応力度

j：応力中心間距離

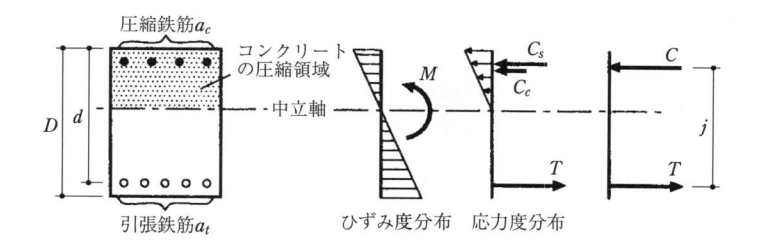

図3・40　曲げを受ける長方形梁断面内のひずみ度と応力度の分布（平面保持）

3・7・2　柱の断面算定（許容曲げモーメント，許容耐力）

柱の場合，許容曲げモーメントは作用している軸力により変化し，逆に作用している曲げモーメントにより，許容軸力も変化する。図3・41に示すように，許容曲げモーメントと許容軸力はある相関を持っている。図3・41において，柱に作用する軸力と曲げモーメントが図の原点側に入るように配筋量や断面寸法を決定すると，軸力および曲げモーメントがそれぞれ許容値よりも小さな値となる。

図に示したように，RC柱の許容曲げモーメントと許容軸力の関係は，以下の3つの状態で決定されるものである。

引張鉄筋が最初に許容引張応力度に達する場合（図中①），

圧縮側最外縁のコンクリートが最初に許容圧縮応力度に達する場合（②），

圧縮鉄筋が最初に許容圧縮応力度に達する場合（③）

である。

表3・14　断面算定に用いるヤング係数比

コンクリートの設計基準強度 F_c（N/mm²）	ヤング係数比
$F_c \leq 27$	15
$27 < F_c \leq 36$	13
$36 < F_c \leq 48$	11
$48 < F_c \leq 60$	9

図3・41　柱の軸力と曲げモーメントの相関

③圧縮鉄筋が最初に許容応力度に達する場合

②コンクリートが最初に許容応力度に達する場合

①引張鉄筋が最初に許容応力度に達する場合

圧縮

柱軸力

②あるいは③

0

引張

①

柱曲げモーメント

例題6　許容曲げモーメントを求める

右図に示すRC造のT形梁は，下端引張のときに，釣合鉄筋比以下となる。下端主筋3-D19（断面積8.61cm²）引張りを受けるときの短期許容曲げモーメントを求めよ。ただし，この主筋の短期許容引張応力度は，300N/mm²である。

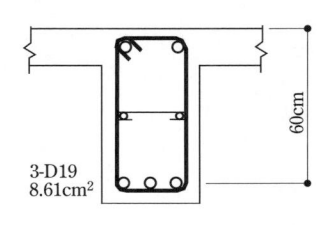

3-D19
8.61cm²

60cm

3・8 その他のコンクリート系構造

3・8・1 壁式鉄筋コンクリート構造
(1) 壁式鉄筋コンクリート構造とは

住宅，とくにアパートなどのような集合住宅では，戸境いや間仕切りなどのために壁が多くなるので，これを柱の代わりに主要構造材として使用すれば，柱形の凹凸がなくなり，空間を有効に利用できる構造となる。このような構造を壁式構造といい，壁式構造において自重や積載荷重などの鉛直荷重と，地震力などの水平力を支える壁を耐力壁という。壁式鉄筋コンクリート構造の典型例を図3・42に示す。

(2) 各種規定

壁式鉄筋コンクリート構造は鉄筋コンクリート構造の一つであるから，これまでに述べてきたことがらを考慮して設計しなければならない。しかし，壁式構造各部の正確な応力は，曲げ変形とせん断変形を考慮し，さらには，剛域も考慮した解析を行わなければ求められず，大変複雑であるので，構造計算を簡略にしても十分耐震的な建物となるように耐力壁の量や配置，配筋などに細則が日本建築学会「壁式構造関係設計規準集・同解説（壁式鉄筋コンクリート造編）」に設けられている。

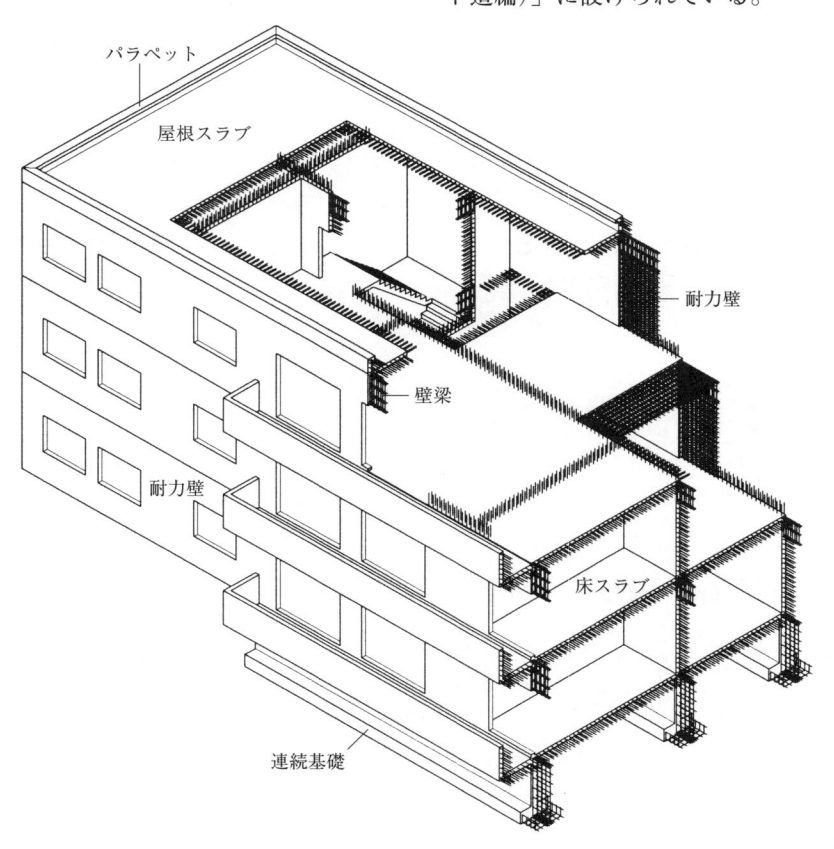

パラペット
屋根スラブ
耐力壁
壁梁
耐力壁
床スラブ
連続基礎

図3・42　壁式構造の典型例

その主なものを以下に示す。

(a)　規模

地上階数は5以下，軒高20m以下，各階の階高は3.5m以下としなければならない。

(b)　耐力壁

①　壁量：床面積に対する壁の量を確保することが規定されている。たとえば，平屋建ての場合の壁量最低値は12cm/m²である。耐力壁の厚さを必要最小厚さより厚くすることにより，その比率に応じて，規定値から5cm/m²を引いた値まで低減できる。またコンクリートのF_cが18N/mm²を超える場合も，$18/F_c$倍に低減できる。

②　実長が45cm以上かつ，同一の実長を有する部分の高さの30%以上であるものを耐力壁とする（図3・43）。

③　耐力壁の厚さにも最低値が決められている。たとえば，平屋建ての場合，壁の厚さは12cmかつ$h/25$と決められている。ただし，hは構造耐力上主要な鉛直支点間の距離（cm）である。

④　耐力壁に縦横に入れるせん断補強筋は，D10以上で，耐力壁見付面での壁筋間隔は，30cm以下とする。耐力壁のせん断補強筋比にも最小値が規定されており，平屋建てなら0.15%以上，3階建ての1階なら0.25%以上である。

⑤　厚さが20cmを超える耐力壁の鉄筋は複配筋とする。

(c)　壁梁

①　各階の耐力壁の頂部には，壁梁を有効に連続して設け，主筋はD13以上とする。

②　壁梁の幅は，これに接する耐力壁の厚さ以上とし，せいは原則として45cm以上とする。

(d)　床および屋根

床および屋根は，RC造とし，かつ，水平

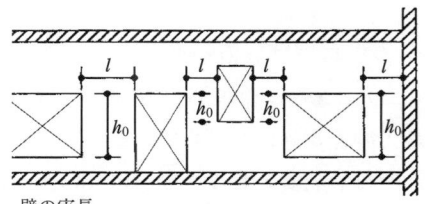

壁の実長
l：壁式RC造……45cm以上かつ$l \geqq 0.3h_0$
h_0：同一の実長を有する部分の高さ

図3・43　壁の実長

力によって生ずる力を有効に耐力壁および壁梁に伝えるようにする。最下階での床では，基礎梁に伝えるようにする。

3・8・2　鉄骨鉄筋コンクリート構造

(1)　鉄骨鉄筋コンクリート構造とは

通常，SRC構造と呼ばれる鉄骨鉄筋コンクリート構造は（図3・45），鉄骨をコンクリートで補強した構造として発生し，我が国で独自に進歩してきたものである。鉄骨の靭性と鉄筋コンクリートの剛性を協力させることにより，耐震性の高い構造とすることができるなど，一般に，鉄骨構造（第4章参照）とRC構造の力学的に優れた性状を受け継いだものとなっている。このために，SRC構造は中高層建築や品質を重んじる建築などに用いられる。

一方，欠点としては，高価である，施工期間が長いなど，経済的な面がまず挙げられる。また，鉄骨のまわりに鉄筋を配しコンクリートを打設するので，鉄骨と鉄筋が互いに干渉しあわないように両者を配置することはもちろんのこと，コンクリートがすみずみまでまわるような充分な空きをもったものとしなければならないという，施工上の難しさが挙げられる。

(2)　梁・柱

SRC構造における，梁・柱について注意すべきことは，

①SRC梁も，RC構造と同様にせん断破壊し

ないようにする。

②鉄骨のウエブは，格子形よりラチス形（図3・44），さらに充腹形の方が最大耐力，変形能力のいずれにも優れている。

③せん断付着破壊を起こさないようにするためには，鉄骨のフランジ幅を小さくし，あまり多くの鉄筋を鉄骨の上下に配さないようにしたほうがよい。

④上記のことからも，また，SRC としての特性を活かして，靭性のある梁とするためにも，

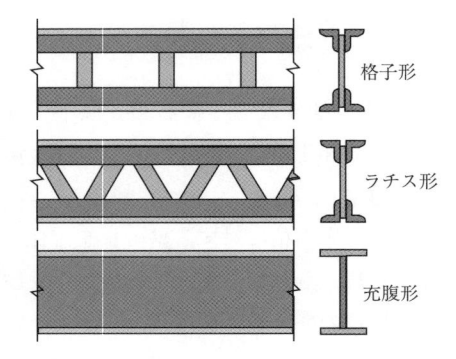

図3・44 ウェブ形式

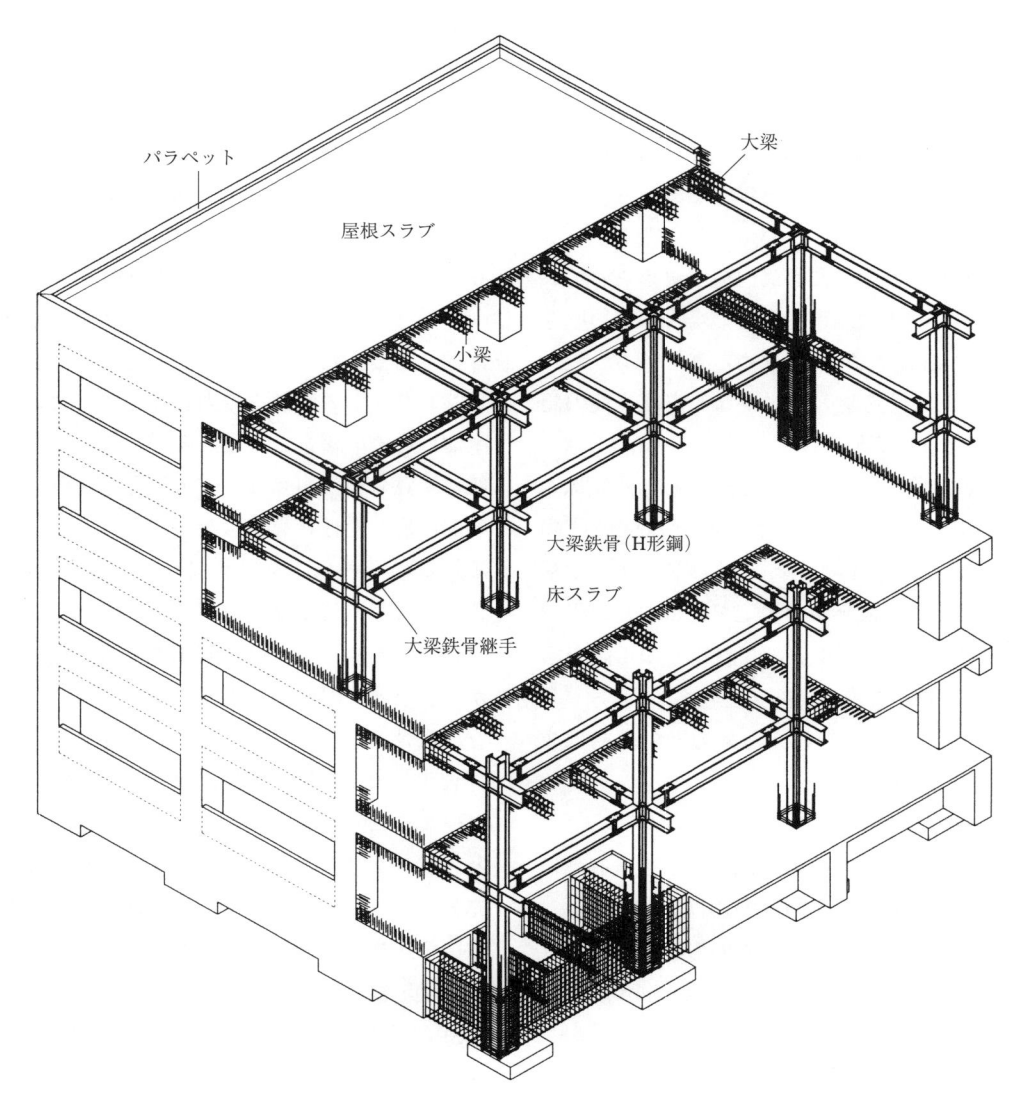

図3・45 鉄骨鉄筋コンクリート構造概念図

RCの負担割合を小さめにするのが良い。

⑤ SRC構造では，コンクリートの充填がよくないので鉄骨や鉄筋の納まりに十分注意しなければならない。また，充填をよくするためにも，鉄筋の相互のあき，鉄筋と鉄骨のあき，鉄骨のかぶりを十分にとらなければならない。建築基準法では鉄骨のかぶりを50mm以上と規定されているが，鉄筋との納まりなどの影響で，実際には200mm程度とらなければならないことが多い。

⑥ RC断面と鉄骨断面の偏心を少なくするとともに，鉄骨梁と鉄骨柱の心もそろえ，力の伝達をスムーズに行うようにする。

(3)　柱・梁接合部

鉄骨部分の柱梁接合の方法は，現在，溶接または高力ボルトによる接合が多く用いられている。柱貫通式は，柱鉄骨を通し，梁を溶接するものであり，梁フランジの応力を水平スチフナで伝達する形式と鉛直スチフナで伝達する方法がある。力の流れでは，水平スチフナが望ましいが，コンクリートの充填が悪くなるので注意

する必要がある。図3・46に柱貫通式水平スチフナ形の接合部形式を示す。

梁貫通式は，張間か桁行き，どちらかの梁を通し，他の梁は柱と溶接するものであり，やはりコンクリートの充填は難しくなる。この場合の接合部形式を図3・47に示す。

図3・46　柱貫通式水平スチフナ形の接合部形式

図3・47　梁貫通式の接合部形式

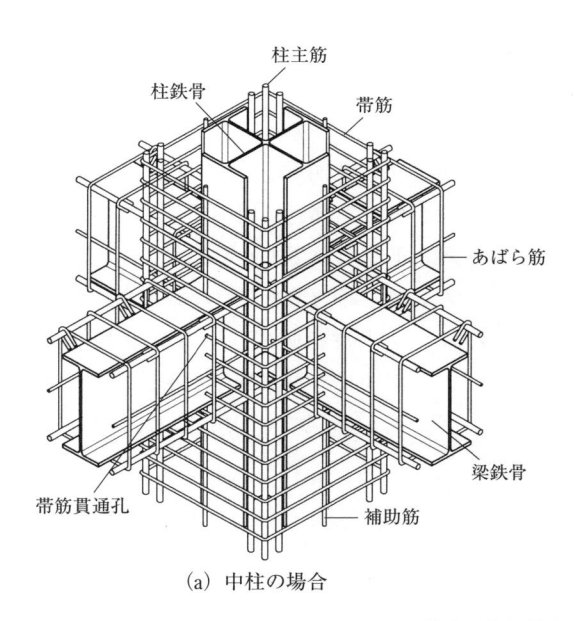

（a）中柱の場合

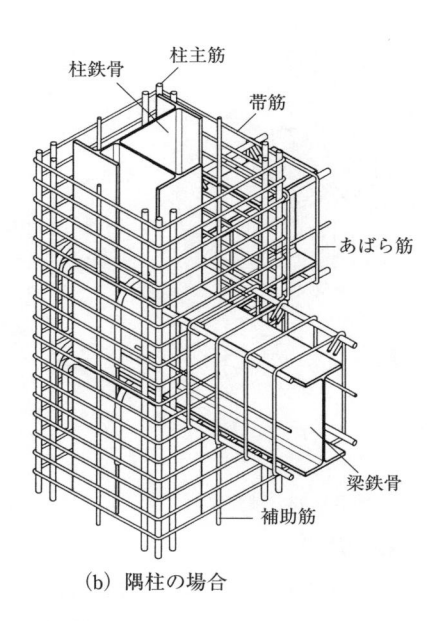

（b）隅柱の場合

図3・48　SRC構造の柱梁接合部における納まり

これらの図には，接合形式を見やすくするために配筋を除いて示しているが，実際はここに鉄筋が配筋される。中柱および隅柱の場合の納まりを図3・48に示す。

3・8・3 補強コンクリートブロック構造

(1) 補強コンクリートブロック構造とは

鉄筋によって補強されたコンクリートブロック壁による壁式構造を，**補強コンクリートブロック構造**という（図3・49）。基礎梁や臥梁から立ち上げられた縦筋の間にブロックが目地モルタルを用いて組積され，所定の間隔で横筋も挿入される。鉄筋が配された縦筋の空洞部と縦目地に沿う空洞部には，コンクリートまたはモルタルが充填されている。臥梁や床スラブは鉄筋コンクリート造で構成されている。

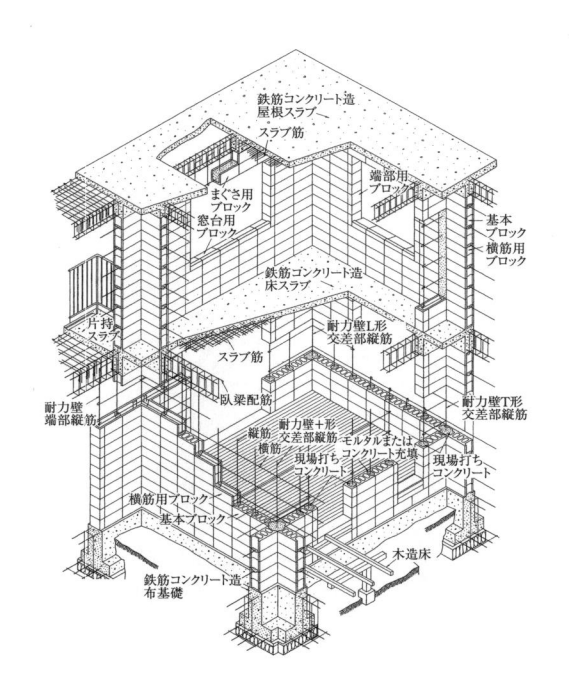

図3・49 補強コンクリートブロック構造

(2) 各種規定

補強コンクリートブロック構造について、構造計算を簡略化しても十分耐震的な建物となる

表3・15 補強コンクリートブロック造の規模

種類	使用するブロック	組積単体の全断面圧縮強度(N/mm²)	階数	軒の高さ(m)※
A種	08(A)	4以上	2以下	7.5以下
B種	12(B)	6以上	3以下	11以下
C種	16(C)	8以上	3以下	11以下

※1階建、2階建の場合は、それぞれ4m、7.5m以下とする

ように、建物規模、耐力壁の厚さ・長さ・量、臥梁に対して建築基準法などに規定されている。その主なものを以下に示す。

(a) 規 模

使用するコンクリートブロックにより、補強コンクリートブロック構造にA種、B種、C種がある。A種ブロック造は圧縮強さ区分08（またはA）、B種ブロック造は12（またはB)、C種ブロック造は16（またはC）以上のコンクリートブロックを使用するものである。それぞれの規模を表3・15に示す。

各階の階高は、3.5m以下（平屋では4m以下）とする。

(b) 耐力壁

上階の耐力壁は、下階の耐力壁の上に配置し、上階のせん断力が下階の耐力壁に伝達できるようにする。やむをえない場合は、臥梁やラーメンによって上階のせん断力を下階の耐力壁に十分に伝達できるようにする。また、外周角部、外周中間部では、耐力壁をL型、T型となるように配置し、直交する壁のない独立耐力壁を設けないようにする。

① 水平投影面積：耐力壁の中心線によって囲まれた部分の水平投影面積(分割面積)は、表3・16のように制限されてい

表3・16 水平投影面積（分割面積）

床及び屋根の構造（最下階の床を除く）	分割面積(m²)
鉄筋コンクリート造または剛なプレキャスト鉄筋コンクリート造のスラブ	60以下
その他の構造の屋根	45以下

る。これは、建物のスラブが面内変形すると、各耐力壁が分担するせん断力に不均一が生じるため、スラブ位置での剛性を確保する必要があるからである。

② 壁長：壁長を55cm以上かつ耐力壁の有効高さ（耐力壁両側の開口部高さの平均値）の30％以上にしなければならない（図3・50）。これは、壁長の小さな壁は、せん断力の分担能力・せん断耐力が小さく、ひび割れ等の損傷を生じやすいからである。また、耐力壁の水平支点間距離 L は、壁厚 t の40倍以下と規定さ

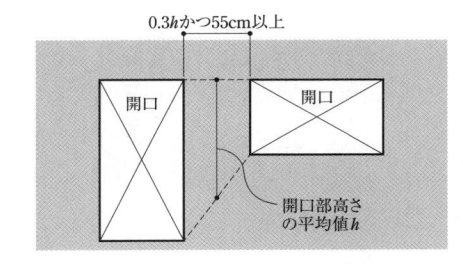

図3・50　耐力壁の実長

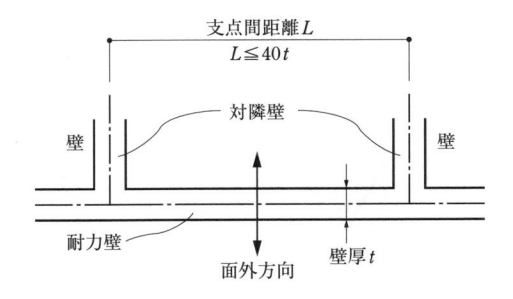

図3・51　耐力壁の水平支点間距離

れている（図3・51）。これは、耐力壁の面外方向への安定性を確保するための

表3・17　耐力壁の最小厚さ

階	壁の厚さ t(mm)
平屋、最上階	150かつ h/20
最上階から数えて2つめの階	190かつ h/16
最上階から数えて3つめの階	190かつ h/16

h：ブロック積み部分の高さ

規定である。

③ 壁厚：耐力壁の厚さは、表3・17に示す数値以上とする。

④ 壁量：壁量は、表3・18に示す数値に地震地域係数 Z を乗じた値以上かつ150mm/m²以上とする。

表3・18　標準壁量

補強ブロック造の種類	壁量(mm/m²)		
	平屋、最上階	最上階から数えて2つめの階	最上階から数えて3つめの階
A種	150	210	—
B種	150	180	250
C種	150	150	200

(c) 臥梁

臥梁は、壁の面外へのはらみ出しを防止するほか、全体の耐力壁を連結して一体として働かせる役割をもっている。臥梁には，いくつかの規定がある。

① 各階の耐力壁の頂部には、鉄筋コンクリート造の臥梁を設けなければならない。ただし、平屋でその壁頂に鉄筋コンクリート造または剛なプレキャスト鉄筋コンクリート造の屋根スラブを接着する場合は、設けないことができる。

② 臥梁のせいは、壁の厚さの1.5倍以上かつ300mm（平屋では250mm）以上とする。

③ 臥梁の幅は、これに接する壁の厚さ以上とする。

④ 鉄筋コンクリート造のスラブと一体化していない臥梁の有効幅は、その構面の水平力に対する支点間距離の1/20以上かつ200mm以上とする。

3・9 各部構造

3・9・1 陸屋根

⑴ 機能と各部の名称

陸屋根は，屋根面がほぼ水平（排水のため1/50〜1/100の勾配）であり，鉄筋コンクリート建物などに適し，屋根面を使用できる利点がある。各部の名称を図3・52に示す。

⑵ 陸屋根防水

陸屋根においては，水を浸透させない連続した面で内と外を区切ることにより防水を行う。屋根防水はコンクリートスラブの上に行われるのが一般的であり，外周部分パラペットでは防水層を立ち上げることが多い。アスファルト防水，モルタル防水，シート防水，塗布防水などがあるが，アスファルト防水が最も広く用いられている。アスファルト防水は，コンクリートスラブの表面を均しモルタルで平滑にした上に，アスファルトを加熱して塗り防水層とする工法である。陸屋根の例としてアスファルト防水露出の例を図3・53に，アスファルト防水押えコンクリート仕上げの例を図3・54に示す。

同図には，外断熱の場合が示してある。スラブの下に断熱層を設ける内断熱の方が施工が容易であるが，床スラブの温度変化を少なくするには外断熱の方が有効である。

図3・55には，屋上出入り口部の納まりを示す。この場合，パラペットのように立ち上がりが十分にとれないために，防水の納まりには工夫が必要となる。

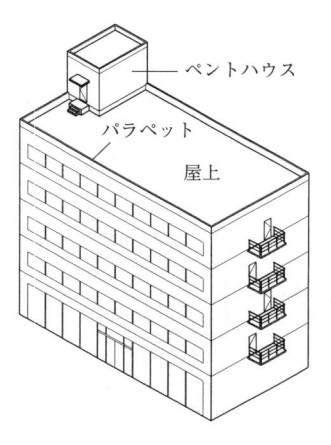

図3・52　陸屋根の各部名称

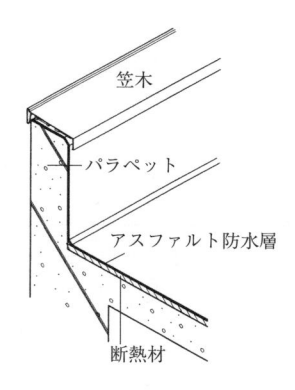

図3・53　アスファルト防水露出（外断熱）

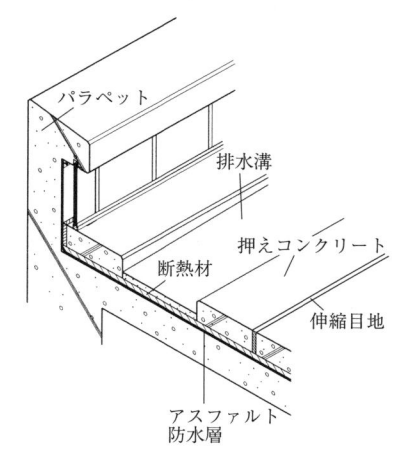

図3・54　アスファルト押えコンクリート仕上げ
（外断熱）

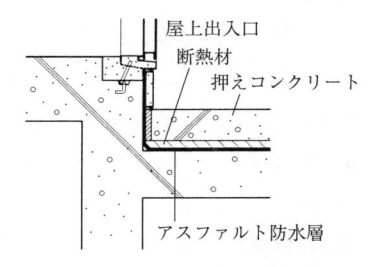

図3・55　アスファルト押えコンクリート仕上げ
（開口部）（外断熱）

3・9・2　床

(1)　構造

　図3・56にRC造として単純なスラブ，一方向に小梁を内包したようなタイプのジョイストスラブ，ボイドスラブ，2方向に小梁を有する様な構造のワッフルスラブを示す。

(2)　仕上げ

　RCスラブに湿式で塗仕上するものの例として，モルタル塗り仕上げ，合成高分子系塗り床仕上げ，豆砂利・玉石洗出し仕上げ，れんが小端立て張りを図3・57に示す。

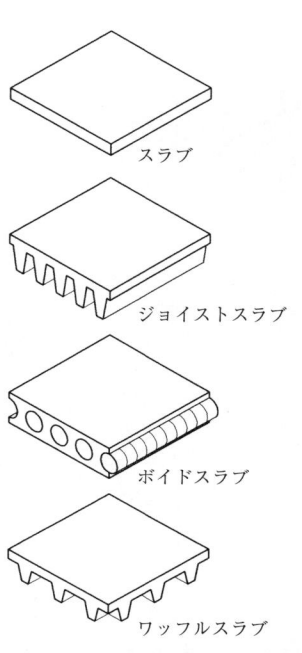

図3・56　床の構造（RC造）

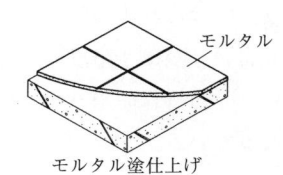

モルタル塗仕上げ

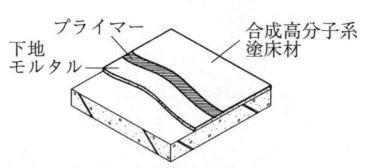

合成高分子系塗床仕上げ

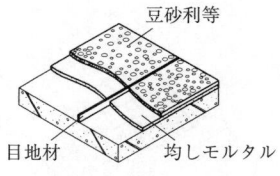

豆砂利・玉石洗出し仕上げ

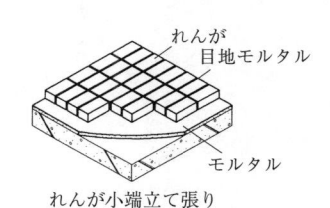

れんが小端立て張り

図3・57　床仕上げ（RC造床）

112

⑶ 置き床

　束などの支持材をスラブなどの上に載せ，その上に床を置くようなものを置き床という。この例として，電子計算機室などでよく使われる床下の点検や変更が容易なようにパネル化されたフリーアクセスフロアを，図 3・58に示す。置き床にすることにより，床の衝撃音が下階に伝達しないようにすることも容易である。床の固さを弾力性の高いものにした柔道場の床などにも用いられている。

　支持部材の位置に免震装置を入れて免震床とする場合にも置き床形式となる。

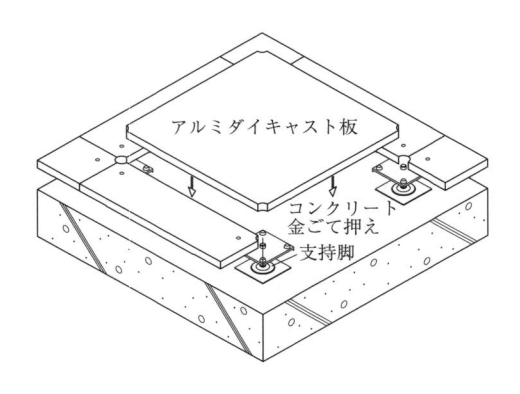

図 3・58　フリーアクセスフロア

3・9・3　階段

　図 3・59に階段の配筋例を示す。左は梁と梁に掛けられた階段であり，右は壁から片持ち形式で取り付けられた階段を示している。曲げに効く主筋のほかに，階段の形を作るいなずま筋があり，その折れ曲がり角には段鼻筋，段押え筋が入っている。

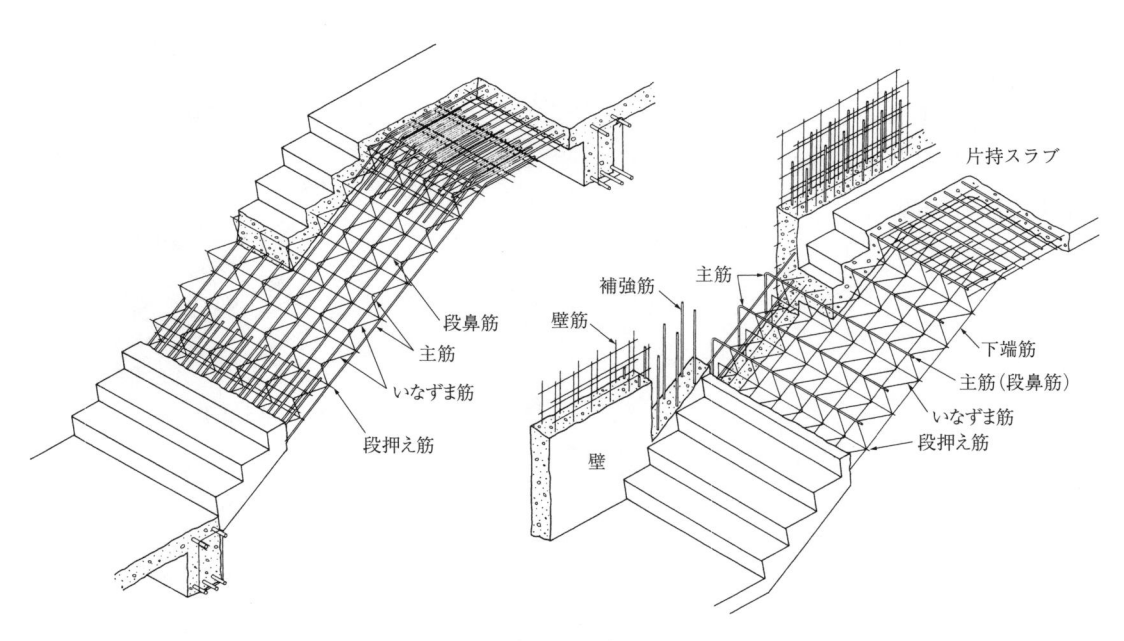

図 3・59　RC 階段の構造

3・9・4　壁体

木造や鉄骨造では，胴縁・間柱などで下地を組んで面を構成するが，鉄筋コンクリート（RC）は剛性が高く面を形作ることができ，そのまま壁体となる。

RC壁体からなる外壁の例を，図3・63に示す。左から，打ち放しコンクリート仕上げ，均しモルタルプラスター塗り仕上げ，タイル張り仕上げである。

合板・ボード張りの例を，図3・60に示す。RC壁体に張る場合は，胴縁を用いる。胴縁とコンクリートを接合するためには，木れんがと呼ばれる木の小片を用いる。剛性の高いボード類であれば，密に胴縁を組む必要はない。ボードの剛性が低い場合は，間柱・胴縁を格子状に組んだものを下地として用いる場合もある。

面を構成するもので下地を必要としない壁の例として，ガラスブロック壁とALC板を用いた壁をそれぞれ図3・61，図3・62に示す。

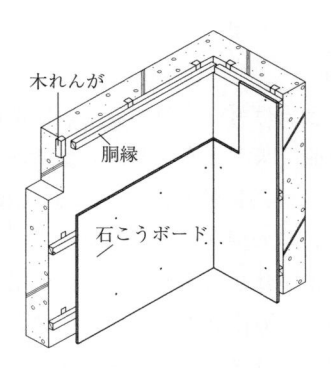

図3・60　合板・ボード張り

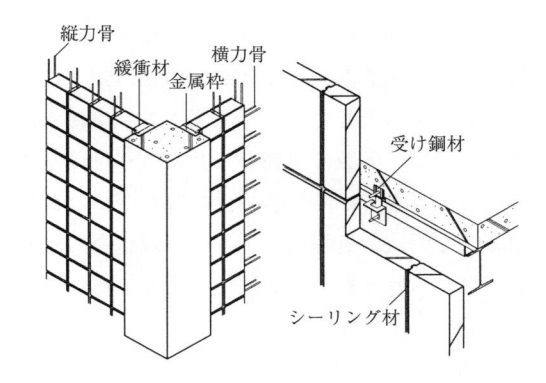

図3・61　ガラスブロック　　**図3・62**　ALC板

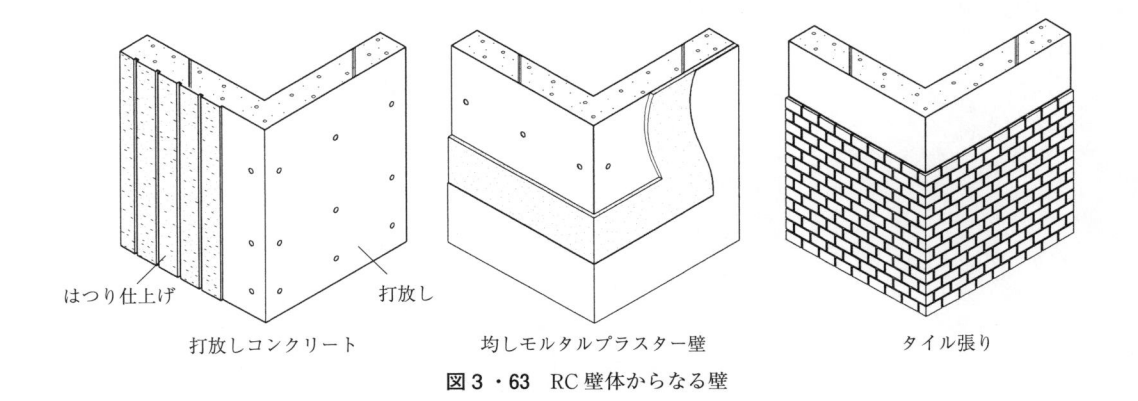

打放しコンクリート　　　均しモルタルプラスター壁　　　タイル張り

図3・63　RC壁体からなる壁

3・9・5 天井

(1) 下地

天井の仕上げ材を支持する下地構造は，吊り天井，直張り天井，直塗り天井がある。吊り天井が最も一般的に使われているが，RC造の場合の吊り天井の例を図3・64に示す。梁や床スラブの構造躯体から木や鉄棒などの吊り材で吊られている。直塗り天井では，鉄筋コンクリートに直接，プラスター・セメント・合成樹脂などを塗る。

(2) 各種天井

さお縁天井，ボード張り天井，板張り天井，格天井，システム天井などが使われるが，ここではシステム天井に関して説明する。事務所建築などでは，多数の設備を天井に取り付けるようになってきている。各設備の取り合いは複雑でこれを明快に処理し，工程の合理化をはかるよう考えられたものがシステム天井である。幾つか用いられているが，ライン方式の例を図3・65に示す。

3・9・6 開口部

図3・66にRC造の外周壁にアルミサッシを用いた場合の例を示す。水切を設けたり，コーキングをしたりすることにより，防水に対応している。

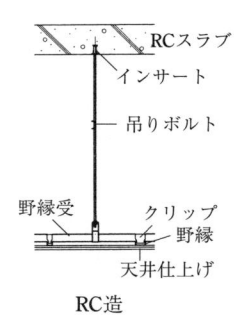

図3・64 吊り天井の吊り方と各部の名称

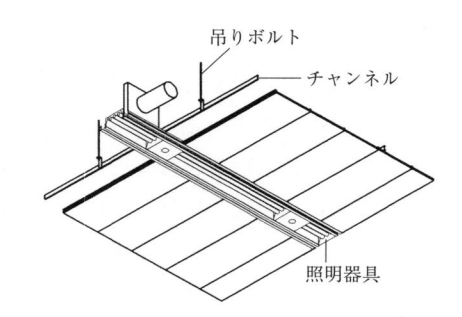

図3・65 システム天井

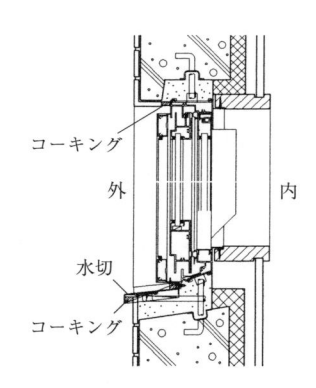

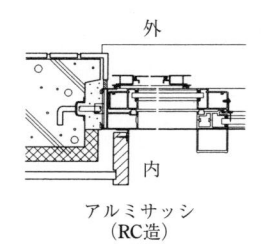

図3・66 外部開口部アルミサッシ

━━━━━━ 第 3 章 章 末 問 題 ━━━━━━

次の各問について、記述が正しい場合は○、誤っている場合は×をつけ、誤っている場合は正しい記述を示しなさい。

〔コンクリート材料〕

【問 1】 コンクリートの調合強度は、調合管理強度よりも大きい。(R1-21)

【問 2】 コンクリートの設計基準強度は、品質基準強度よりも大きい。(R1-21)

【問 3】 コンクリートの耐久設計基準強度は、計画共用期間の級が「標準」の場合よりも「長期」の場合のほうが大きい。(R1-21)

【問 4】 高炉セメント B 種を用いたコンクリートは、圧縮強度が同程度の普通ポルトランドセメントを用いたコンクリートに比べて、湿潤養生期間を短くすることができる。(R3-21)

【問 5】 水セメント比が小さいコンクリートほど、中性化速度は遅くなる。(R4-21)

【問 6】 ポルトランドセメントは、水和反応後、時間が経過して乾燥するに従って強度が増大する気硬性材料である。(R5-22)

〔鉄筋コンクリート構造〕

【問 7】 地震時の柱の靭性を確保するために、帯筋としてスパイラル筋を用いることは有効である。(R2-14)

【問 8】 部材の曲げモーメントに対する断面算定においては、一般に、コンクリートの引張応力度を考慮する必要がある。(R2-14)

【問 9】 壁板の厚さが20cm 以上の場合、壁筋を複筋配筋（ダブル配筋）とする。(R2-14)

【問 10】 部材の曲げ破壊は、脆性的な破壊であり、建築物の崩壊につながるおそれがあるので、せん断破壊よりも先行しないように設計する。(R3-14)

【問 11】 柱は、一般に負担している軸方向圧縮力が大きくなると、変形能力は小さくなる。(R3-14)

【問 12】 柱梁接合部における帯筋比は、一般に、0.2％以上とする。(R3-14)

【問 13】 柱のコンクリート全断面積に対する主筋全断面積の割合は、一般に、0.4％以上とする。(R5-14)

【問 14】 床スラブ各方向の全幅について、コンクリート全断面積に対する鉄筋全断面積の割合は、0.2％以上とする。(R5-14)

【問 15】 梁の引張鉄筋比が、つり合い鉄筋比以下の場合、梁の許容曲げモーメントは、引張鉄筋の断面積にほぼ比例する。(R5-14)

【問 16】 梁端部の主筋に生じる引張力に対し、梁から梁主筋が引き抜けないことの確認を定着の検定、柱から梁主筋が引き抜けないことの確認を付着の検定という。(R1-14)

【問 17】 鉄筋の重ね継手を、部材応力及び鉄筋の応力度の小さい箇所に設けた。(R2-15)

【問 18】 D35の異形鉄筋の継手を、重ね継手とした。(R2-15)

【問 19】 柱梁接合部内の帯筋の間隔は、原則として、200mm 以下、かつ、その接合部に隣接する柱の帯筋の間隔の 2 倍以下とする。(R1-15)

【問 20】 スラブの短辺方向の鉄筋量は、一般に、長辺方向の鉄筋量に比べて多くなる。(R1-15)

【問 21】 鉄筋の径（呼び名の数値）の差が 7 mm を超える場合には、原則として、ガス圧接継手を設けてはならない。(R1-15)

116

【問 22】　柱の帯筋は、「せん断補強」、「内部のコンクリートの拘束」、「主筋の座屈防止」等に有効である。(R3-15)

【問 23】　フック付き重ね継手の長さは、鉄筋相互の折曲げ開始点間の距離とする。(R3-15)

【問 24】　柱の主筋をガス圧接する場合、一般に、各主筋の継手位置は、同じ高さに設ける。(R3-15)

【問 25】　内柱において、梁降伏先行型の柱梁接合部に大梁主筋を通し配筋として定着する場合、大梁主筋の付着応力度の検討は不要である。(R4-15)

〔壁式鉄筋コンクリート構造〕

【問 26】　各階の階高を、3.5m とした。(R1-13)

【問 27】　臥梁の主筋の径を、10mm とした。(R1-13)

〔補強コンクリートブロック構造〕

【問 28】　床及び屋根が鉄筋コンクリート造であったので、耐力壁の中心線によって囲まれた部分の水平投影面積を、60m²とした。(R5-13)

【問 29】　耐力壁の端部において、横筋に用いた異形鉄筋（D13）は、直交する耐力壁の内部に定着させ、その定着長さを300mm とした。(R5-13)

【問 30】　耐力壁の端部において、縦筋に、異形鉄筋（D13）を用いた。(R5-13)

第 **4** 章

鉄骨構造

↑モントリオール万博・アメリカ館 1967 年

←エンパイア・スティトビル 1931年

　鉄骨構造は，材料としての強度や剛性が高いために，超高層建築や大空間建築に多用される。ただし，高い強度を有する鉄骨構造部材は細長くなる傾向にあり，その結果，座屈と呼ばれる不安定現象が発生しやすくなる。
　この座屈は，数学者・物理学者であるオイラーによって 18 世紀に理論的に解明されたものであるが，「細長いものは圧縮しているだけなのに曲がってしまう」というオイラーの理論は，彼の時代には重要視されなかった。その理由は高強度の材料が当時はなかったためである。

4・1　鉄骨構造の概要

4・1・1　鉄骨構造の歴史

　鉄骨構造は，18世紀になり，イギリスから始まった産業革命が進展し，**錬鉄**と呼ばれる鋼の前身が大量に生産されるようになったことが普及の契機となった。それまでの鉄はいわゆる**鋳鉄**と呼ばれる種類であり，炭素の含有量が多くもろいという性質から量産は難しかった。その後，上記の錬鉄とよばれる引っ張るような力にも充分耐えることのできる鉄が出現することにより，大規模な鉄骨構造建設が可能となった。この時代の最も有名なもののひとつにパリのエッフェル塔がある。

　19世紀になると，**鋼**の含有量を調整できる製鋼法や，りんなどの不純物を合理的に除去する製鋼法が考案され，現在の鋼の時代へと変化する。また，この時代はアメリカにおける長大橋時代に相当したこともあり，大規模な橋が架けられた。20世紀初頭には，エンパイヤステートビルに代表される超高層時代がアメリカ合衆国に訪れた。

　わが国でも規模こそアメリカに及ばないものの，鉄橋やビルなどがほぼ同時期に作られている。しかしながら，地震国であるわが国では，耐震設計上の課題のために，超高層建築は現代に到るまでなかなか実現することはなかった。

　その後，20世紀中ごろに東京タワー，さらには霞ヶ関ビルが建設されて以来，急激に耐震設計法が進化・普及し，非常に多くの超高層建築物が作られるようになった。特に，当初の超高層建築は直方体状の形態が主流であったが，近年では，超高層建築にも個性を演出するユニークな形態のものが現れてきている。

　このような進歩は，鉄から鋼という素材の進化と耐震設計法の考え方の進化，およびコンピュータ解析手法の進化により可能となってきたのであり，様々な専門分野の先人達の英知のお蔭である。

4・1・2　構造形式および各部位の呼称

　図4・1は，鉄骨構造のうち事務所ビルなどによく用いられる**ラーメン架構**および工場などによく用いられる**ブレース架構**の一例である。

　鉄骨構造では，構造部材や非構造部材は工場で所定の形や大きさに成形され，建築現場でこれらの部材を組み立てる手順で建てられる。したがって，図中に示すような**現場接合部**（**ジョイント**ともよばれるもので，4・4節で詳しく説明する）が多く存在する。

　また，鉄骨構造で用いられる部材は鋼板を組合せた断面からできている（図4・2）。たとえば，梁（大梁，小梁）には，H形鋼と呼ばれる断面の形がH状のものが用いられ，柱には図にあるような**箱形断面**や上記の**H形鋼**などが一般に用いられる。このような断面を用いる理由は，鋼が他の構造材料に比べ高価であり，できる限り贅肉をなくするためである。これも先人達の創意工夫の結果である。

　鋼板には用いられる箇所によりいろいろな呼び名が付けられている。代表的なものをいくつか列挙しておく（図4・3）。

① **フランジおよびウェブ**

　H形などを形成する鋼板のことで，断面における鋼板の位置を示す呼称

② **スプライス・プレート**

　柱と柱あるいは梁と梁を連結する場合に用いる鋼板の呼称。添え板とも呼ばれる。

③　ガセット・プレート

大梁と小梁を連結する場合や架構にブレースを取り付ける場合に用いる鋼板の呼称。

④　ベース・プレート

柱脚部で基礎部と連結する場合に，柱脚部に設けられる鋼板の呼称。

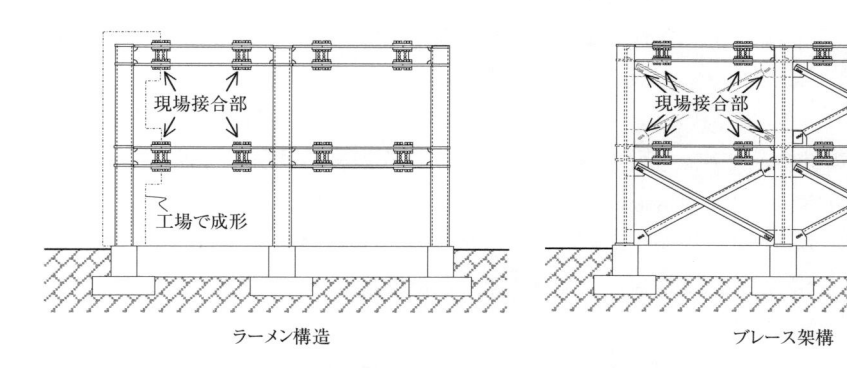

ラーメン構造　　　　　　　　　ブレース架構

図 4・1　鉄骨構造における代表的な架構形式

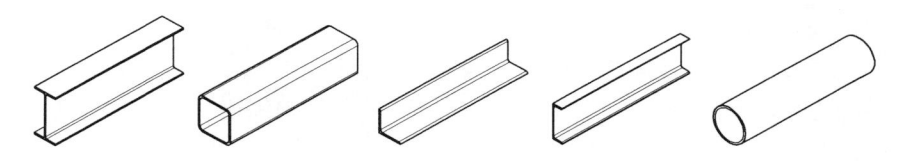

H形鋼　　　　角形鋼管　　　山形鋼（アングル）　溝形鋼（チャンネル）　円形鋼管（パイプ）

図 4・2　形鋼の種類

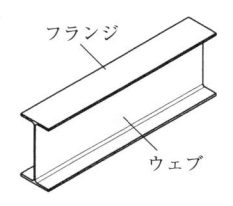

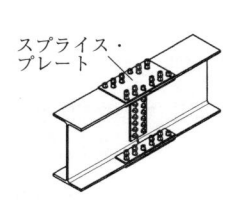

（注）H形鋼を梁に用いる場合，一般に，曲げモーメントをフランジで，せん断力をウェブで負担させるものとする。

H形鋼における鋼板

梁と梁の連結部

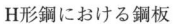

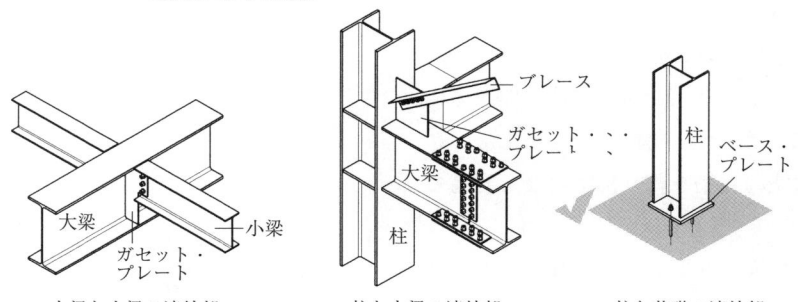

大梁と小梁の連結部　　　柱と大梁の連結部　　　柱と基礎の連結部

図 4・3　代表的な鋼板の呼称

4・1・3　鉄骨構造の特徴

　鉄骨構造の主な特徴はその素材である鋼材の性質に大きく依存していることは言うまでもない。そこで、まず、鋼材の素材としての特徴について列挙すると（詳しくは4・2節で述べる）、

① 他の材料に比し、強度が高い。

② ヤング係数（素材のかたさ）も大きい。

③ 強度上のある許容値を越えても最終的に破断に到るまでに十分な伸びが発生する。

④ 熱に弱く、ある温度以上になると、強度・かたさともに急激に低下する。

⑤ 大気中に放置すると、錆（さび）が発生する（酸化する）。

　上記のうち、①～③は鋼材が構造材料として非常に優れていることを示す性質であり、④，⑤は構造材料としての欠点である。

　特に、強度に関しては、材料の形状が同じであれば、つまり、同じ断面（太さ）で同じ材長の場合には、鋼は、コンクリートの10倍、木材の30倍程度の力に耐えることができ、また、材料の形状が同じで、かつ同じ伸びを発生させるのに必要な力（かたさ）に関しては、鋼はコンクリートの10倍、木材の20倍程度の力が必要となる（かたい）。

　以上が、素材としての特徴の概要であり、次に鉄骨構造としての特徴について述べる。

(1)　鉄骨構造の特徴 A

　上述したように、鋼材は強度が高いために小さい断面で大きな荷重に耐えることが可能で、鉄筋コンクリート構造に比べ、内部空間が広い構造を作ることができ（図4・4）、また、超高層建築や大空間建築を作り出すことも容易である。

　一方、その反面、断面が小さくなることにより、部材は細長くなり、「座屈」という不安定現象を生じやすくなる（図4・5上）。また、

　部材の断面が小さくなりすぎると、部材としての「かたさ」や建物全体としての「かたさ」が小さくなり、床振動障害を招きやすくなったり（図4・5下）、地震や台風時に大きく揺れるようになり居住性を損なう、などの欠点も現れてくる。

　これらの短所は、素材として「強く」「かたい」という鋼材の長所から派生する短所であり、設計者が適切に鋼材の長所を用いない場合に生まれてくる問題である。そのために、通常、設計段階では、座屈を考慮した設計、過度

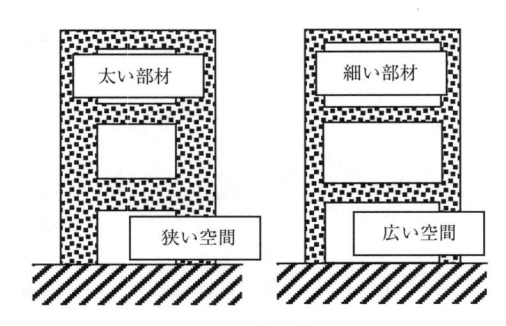

図4・4　強度が高いために

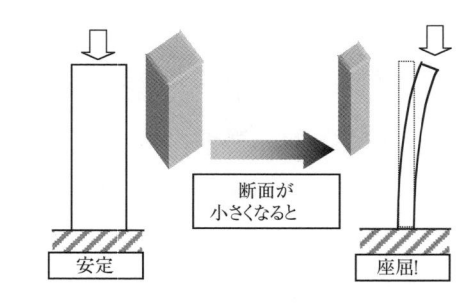

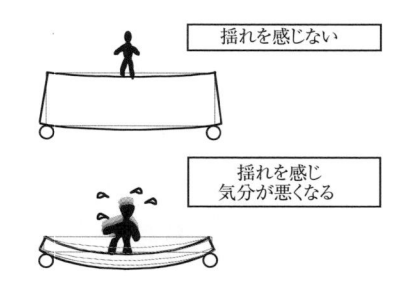

図4・5　強度が高いために陥りがちなマイナス面

の変形が生じないような検討が行われる。

⑵　**鉄骨構造の特徴 B**

　鋼の，熱を加えることにより，強度・かたさともに低下する性質を利用して，部材と部材などを一体化することができる（溶接）。また，この性質を利用し，曲線など自由な形の部材を作製することができる。

　その反面，火災が生じたときなど柱・梁がある温度以上になると，強度・かたさともに低下し，建物全体が倒壊する可能性がある。このために耐火被覆が施される。

　ここでも，長所と短所は，鋼材の素材としての熱に対する特徴が理由となっていることが解る。したがって，設計者はこのような鋼材の特徴およびそれによって引き起こされるメリット・デメリットをよく理解した上で設計しなければならない。

　その他の特徴をいくつか挙げておく。

・プレファブ（工場生産）化が容易であり，施工期間の短縮が図れる。

・鉄骨表面において，錆が発生し始めると，次第に内部まで進展し，構造材料としての機能はなくなり，建物が倒壊する可能性がある。このために防錆処理が施される（p.145）。

4・1・4　**断面の形状と使用個所**

　鉄骨の断面形状には，JIS 規格品としていくつかの既製の種類が用意されている。ここでは，使用箇所に応じて用いられる断面形状について説明する。

①　梁

　梁には通常 H 形鋼が用いられる。H 形鋼は，JIS 規格にて規定された既製品が用意されているが，規格にない断面が必要な場合には，鋼板を溶接して H 形断面とする組立 H 形断面を用いる（表 4・1）。

②　柱

　事務所ビルなどのように，骨組をラーメン架構とする場合には，主として角形鋼管（箱形断面）や円形鋼管が用いられる。一方，ブレース架構とする場合には H 形鋼が用いられる場合が多い（表 4・2）。

③　トラス材

　トラス架構の部材は，軽微なものの場合には山形鋼が，大規模な場合には H 形鋼などが用いられる。またデザイン的な理由により鋼管などが使われる場合もある。

　一般に，角形鋼管や鋼管など断面形状が閉じたものは製作上の困難が伴うために，H 形鋼や山形鋼などに比べて高価なものとなる。

表 4・1　梁に用いられる形鋼の例

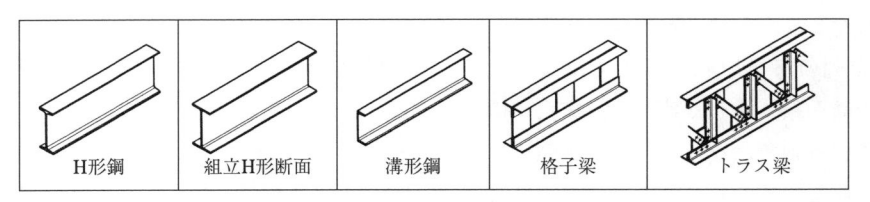

| H形鋼 | 組立H形断面 | 溝形鋼 | 格子梁 | トラス梁 |

表 4・2　柱に用いられる形鋼の例

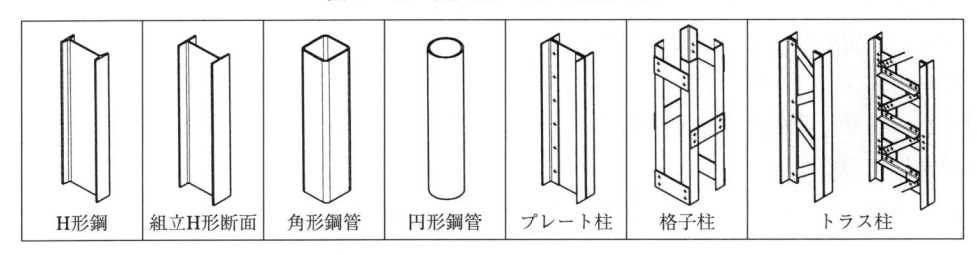

| H形鋼 | 組立H形断面 | 角形鋼管 | 円形鋼管 | プレート柱 | 格子柱 | トラス柱 |

4・2 鋼材の種類と性質

4・2・1 鋼の種類

鋼とは，鉄（Fe）を主成分として炭素（C）・マンガン（Mn）・ケイ素（Si）などを含んだ合金のことを指す（図4・6）。このうち炭素の含有量は鋼の性質に大きく影響を及ぼし，炭素量が少ないものほど軟質で強度は小さいが，粘り強さに富み，加工性がよく，溶接性も一般によくなる。逆に，炭素量が多くなると，硬質で強度が大きくなるが，粘り強さに乏しく，加工性・溶接性が悪くなる。また，鋼の種類としては表4・3に示すようなものがある。通常の鉄骨構造において用いられるものは，軟鋼と呼ばれるものであり，4・3節で述べる高張力ボルトなどは硬鋼に属する。以下，特にことわりがない場合には軟鋼を鋼と呼ぶこととする。

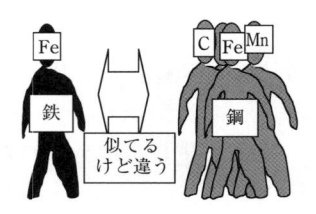

図4・6 鉄と鋼とは違う

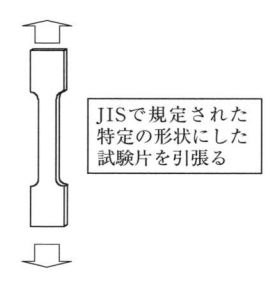

JISで規定された特定の形状にした試験片を引張る

図4・7 強度を確認するための引張試験

4・2・2 機械的性質

鋼の性質のうち構造上重要な機械的（力学的）性質について次に説明する。

図4・8は，鋼材を，JISで決められている特定の形をした試験片（図4・7）として引っ張った場合の「力と伸びの関係」を示したものである。ただし，グラフの縦軸は，実際に引っ張った力をそのまま記載するのではなく，力を試験片の断面積で除した値とし，また，横軸は，伸びそのものではなく，伸びを試験片の規定の長さで除した値としている。この力を断面積で除したもののことを「応力度」と呼び，伸びを試験片の規定の長さで除したもののことを「ひずみ」と呼ぶ。

鋼材を引っ張り，その力を徐々に大きくしていく過程を順においってみる。

引っ張り当初，応力度はひずみに比例して上

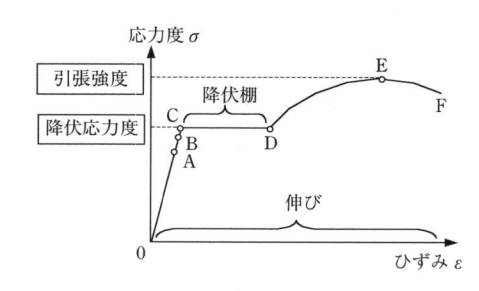

図4・8 引張試験による応力度とひずみの関係

昇する。すなわち，ひずみが2倍になれば応力度が2倍になる。通常，この比例関係を $\sigma = E\varepsilon$ と表し，この傾き E（比例定数）を**ヤング係数**と呼ぶ。ヤング係数は素材としての「かたさ」を示すものであり，鋼材では種類にかかわらず一定とされている。その後，**比例限度**（図4・8中の点A）を越えると，応力度とひずみの関係は比例関係ではなくなる。ただし，**弾**

性限度（図 4・8 中の点 B）までは作用する力がゼロに戻ると，ひずみはゼロに戻る（試験片の形が元に戻る）。

さらに，応力度が**降伏点**（図 4・8 中の点 C：このときの応力度を**降伏応力度**と呼ぶ）まで達すると，それ以降は応力度は上昇せず，ひずみのみが進行する状態になる（これを降伏棚と呼ぶ）。その後も引っ張り続け，図 4・8 中の点 D（ひずみ硬化点と呼ぶ）まで達すると，再び応力度は上昇しはじめる。この応力度が再上昇する現象をひずみ硬化という。

最終的に，**引張強さ**（図 4・8 中の点 E）で最大値となり，これ以降は試験片の局部的な断面が細くなり，応力度は低下し始め，図 4・8 中の点 F にて試験片は破断する（このときのひずみのことを**伸び**と呼ぶ）。

以上が一般的な鋼を引張った時の様子である。上記のうち，特に降伏点と呼ばれる点 C と引張強さと呼ばれる点 E は構造設計上重要な意味を持つ。また，その比（降伏点／引張強さ）のことを**降伏比**といい，この値が小さいほど粘り強い鋼材であることを示す。

4・2・3 JIS 規格による鋼材の種別と強度

建築構造に用いられる構造用鋼材は，基本的には「建築構造用圧延鋼材（JIS では 'SN' と表記）」が用いられるが，この他にも「一般構造用圧延鋼材（同 'SS'）」，「溶接構造用圧延鋼材（同 'SM'）」，「一般構造用軽量形鋼（同 'SSC'）」，「一般構造用炭素鋼鋼管（同 'STK'）」，「一般構造用角形鋼管（同 'STKR'）」などが用いられる。これらの鋼材の規格は，JIS により表 4・3 のように定められている。

一般に，JIS の表記は SN400 のように，鋼材の種類を表す記号（SN など）と鋼材の引張強さと呼ばれる数値（単位は N/mm^2）にて表されており，設計業務上の呼称もこれに従っている。また，この引張強さや表中の降伏点，伸

表 4・3 JIS 規格による鋼材の種類
(a) 建築構造用圧延鋼材（抜粋）

記号	降伏点または耐力 N/mm^2			引張強さ N/mm^2	降伏比 %			伸び %	
	鋼材の厚さ（mm）				鋼材の厚さ（mm）			鋼材の厚さ（mm）	
	6 以上 12 未満	12 以上 16 未満	16 以上 40 以下		6 以上 12 未満	12 以上 16 未満	16 以上 40 以下	6 以上 16 以下	6 以上 50 以下
SN400A	235以上	235以上	235以上	400以上 510以下	-	-	-	17以上	21以上
SN400B	235以上	235以上 355以下	235以上 355以下		-	80以下	80以下	18以上	22以上
SN400C	該当なし	該当なし			該当なし	該当なし	80以下		
SN490B	325以上	325以上 445以下	325以上 445以下	490以上 610以下	-	80以下	80以下	17以上	21以上
SN490C	該当なし	該当なし	325以上 445以下		該当なし	該当なし	80以下		

(注)「建築構造用圧延鋼材 SN400」は，溶接接合を用いる建築物の場合，一般に，B 種あるいは C 種を用いる。

(b) その他の JIS 規格（抜粋）

鋼材の種類	記号	降伏点（N/mm^2）			引張強さ（N/mm^2）
		$t \leqq 16$	$16 < t \leqq 40$	$40 < t$	
一般構造用圧延鋼材	SS400	245以上	235以上	215以上	400-530
溶接構造用圧延鋼材	SM490A, B	325以上	315以上	295以上	490-610

びなどは構造設計において極めて重要な値である。

4・2・4 建築基準法による鋼材の許容応力度

以上が JIS により規定される素材としての規格であるが，建築物を設計する上での規格として，それぞれの鋼材の種別に対して建築基準法により**基準強度**および**許容応力度**と呼ばれる値が決められている。

(1) 基準強度

設計を行う上で最も基準となる数値であり，鋼材の種別に対して表4・4のように定められている。基準強度の値は概ね降伏応力度に相当するように定められているが，単純に鋼材の強度により決まるものではなく，板厚によっても異なる値をとるように定められている。たとえば，SN490の欄を見ると，板厚が40mm 以下の場合には基準強度は325N/mm^{2}であるが，40mm よりも厚く100mm 以下の場合には1割低減され，295N/mm^{2}という値となる。このように，板厚により基準強度が変化する理由は，板厚が厚くなると，材質に不均質さが生じやすくなるため，あるいは，鋼材に発生する応力度が不均質になりやすいためとされている。ただし，現在では**TMCP 鋼**と呼ばれる生産過程で特別な温度管理されたものも流通しており，この場合には，100mm 以下であれば基準強度の低減はない。

(2) 許容応力度

許容応力度の値は，表4・5のように，長期・短期それぞれについて基準強度から算定される。引張り，圧縮，曲げに対する長期許容応力度は基準強度の1/1.5（2/3）となっており，短期許容応力度は基準強度（≒降伏応力度）そのものとなっている。ここで重要な点は「短期許容応力度：長期許容応力度＝1.5：1」ということであり，これは他の構造材料（コンクリ

ートや木材あるいは地盤）などと比較すると，小さい値となっている（コンクリートや木材あるいは地盤ともに「短期許容応力度：長期許容応力度＝2：1」）。この1.5や2という数値は長期的に発生する応力度に対する安全率と考えられる。この値が小さいということは，「鋼材は，十分な品質管理の元生産されており，材料としての品質のバラツキが少ないために，長期に対する安全率を小さくすることができる。」という考えから生まれている。逆に他の材料では，バラツキなどを考えて，日常的に発生する長期応力度については短期の1／2以下になるようにしなさいということになっている（図4・9）。

表4・4　基準強度（N/mm^2）

鋼材の厚さ t（mm）　＼　鋼材種別	SN400 SS400 STK400 STKR400	SS490	SN490 SM490 STK490 STKR490
基準強度（F）　$t \leq 40$	235	275	325
基準強度（F）　$40 < t \leq 100$	215	255	295

表4・5　許容応力度

	圧縮（f_c）	引張り（f_t）	曲げ（f_b）	せん断（f_s）
長期許容応力度	$\dfrac{F}{1.5}$	$\dfrac{F}{1.5}$	$\dfrac{F}{1.5}$	$\dfrac{F}{1.5\sqrt{3}}$
短期許容応力度	F	F	F	$\dfrac{F}{\sqrt{3}}$

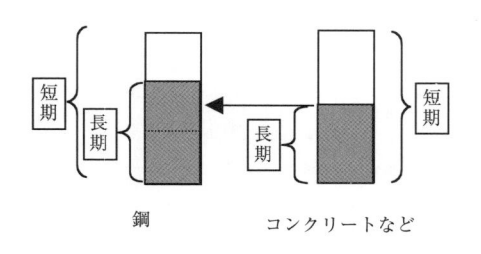

図4・9　長期と短期の比率

4・2・5　温度による影響

　鋼は，元々，高炉で溶かされた金属を混ぜ合わせて作り出したものであることからも明らかであるが，温度の影響を強く受ける。図4・10は，20℃〜500℃の範囲で温度が変化した場合に，降伏点，ヤング係数および引張り強さがどのように変化するかを表したものである。

　引張り強さは若干複雑な変化をするが，大局的に見れば，温度が上昇するにつれ，いずれの値も小さくなることが解る（図4・11）。

　また，通常の用いられる鋼の場合，常温から−80℃程度の低温までは引張り強さは大きくなる傾向があるが，鋭い切り欠きが存在すると，ある温度以下で急激に引張り強さが低下する性質がある。近年，建築構造用耐火鋼（FR鋼）と呼ばれる高温時の強度を向上させたものも開発されている。

　逆に，寒冷地などの低温状態において，鋼材は脆性的に破壊しやすくなる性質を有する。

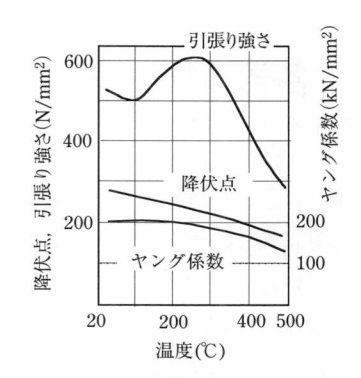

図4・10　温度変化による特性の変化

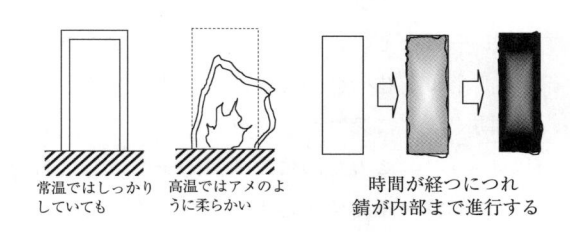

図4・11　火災時の鉄骨構造　図4・12　錆の発生状況

4・2・6　錆（酸化）

　鋼は，大気中で酸化する。この酸化して作られる酸化鉄（厳密には Fe_2O_3）が「錆」である。この赤い錆は，当初は大気に触れる鋼の表面上にできるが，徐々に鋼内部へと進行し，最終的には構造材料として機能しないようになるまで変質する（図4・12）。元々，鉄は自然界ではこの酸化鉄の状態で存在しており，それを人為的に酸素を除去した（還元と呼ぶ）ものが鋼であることを考えると，むしろ，このさびは自然な現象であると考えられる。ただし，特殊な場合を除き，建物は恒久的に使われるものであることを考えると，この錆を防止する工夫が要求されることはいうまでもない。そのために通常，何らかの防錆処理を施す。防錆処理の例としては，塗装，亜鉛めっき，あるいはコンクリート系がアルカリ性であることを利用しコンクリートを被覆する方法などが挙げられる。一方，赤い錆とは異なる錆もある。黒錆（黒皮）と呼ばれるものである。黒錆は，鋼の表面を赤錆から守る効果があるものの，その効果の持続性は乏しい。

　なお，鋼は本来は銀色をした合金である。しかし，建築現場で見る鉄骨の柱や梁などは，朱色あるいは黒色いずれかである場合が多い。前者の朱色は錆を防ぐための塗料を塗布したためである。後者の黒色が黒さびであり，これは，鉄骨構造ではなく，後述する鉄骨鉄筋コンクリート構造に用いられる鉄骨の場合であり，コンクリートが錆発生を抑制するため，塗装は施さず黒色のまま用いている。

4・3 各部材の設計

建物に様々な外力が作用すると，これに応じた力が各部材に働く。どのような力が働くかを計算するのが構造力学であり，これが求められたならば，部材の安全性を確認する作業になる。ここでは，この確認方法の概略について説明する。

4・3・1 引張部材

ブレースなどのように引張力が主に働く部材では，ボルト孔の部分で破断しやすいので，これを防ぐように設計がなされなければならない（図4・13）。このために，引張力を受ける部材では，部材の断面積からボルト孔による欠損部を差し引いた有効断面を用いて応力度を算定し，これを許容引張応力度と比較する方法が採られる。

また，アングル材などをガセットプレートの片側だけに接合する場合には，図4・15に示すように突出部の1/2の部分は機能しないので，有効断面積からさらに控除する。

4・3・2 圧縮部材

柱など圧縮力が作用する部材には，**座屈**という現象が見られるので，これを考慮して部材の安全性の確認を行う。座屈とは，部材が細長い場合に起きる現象で，押しているだけなのに，ある力以上になると，急に曲がり出す現象のことをいう（図4・16）。太く短い部材にはこのようなことはなく，押せば縮むだけである。この座屈を評価する指標として，**細長比**と呼ばれるものがある。これは文字通り，その部材がどの程度細長いかを示すものである。つまり，細長比が大きいというのは，細長いということを

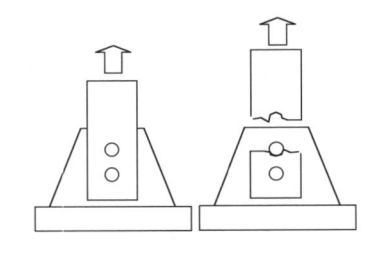

図4・13 引張時のボルト孔での破断

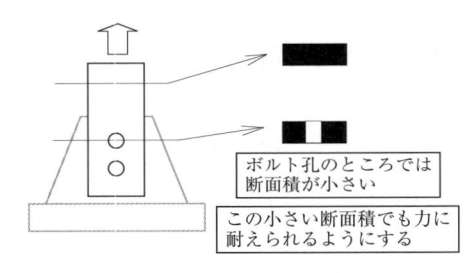

ボルト孔のところでは断面積が小さい

この小さい断面積でも力に耐えられるようにする

図4・14 有効断面

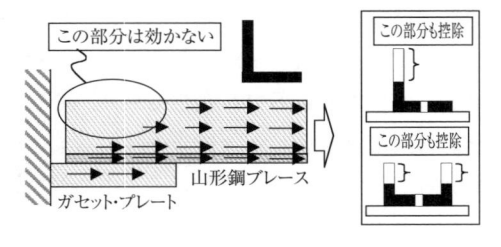

この部分は効かない

ガセット・プレート

山形鋼ブレース

この部分も控除

この部分も控除

図4・15 偏心のある場合

意味する。**座屈を考慮した許容圧縮応力度**は，この細長比によって低減され，細長比が大きいほど許容圧縮応力度は小さくなる。なお、細長比は200以下としなければならない。

4・3・3　曲げ部材

　梁に代表される曲げが作用する部材の注意事項について述べる。圧縮力を受ける細長い部材には座屈現象があると説明したが，H形断面の部材に曲げが作用する場合にも同様な現象があり，これを**横座屈**と呼ぶ。これは厚紙の短冊を曲げるときにも観察される。すなわち，厚紙を横にして曲げると厚紙は単純に曲げた方向に曲がるだけであるが，厚紙を縦にして曲げると曲げた方向とは別の方向にも曲がり出す（図4・17）。これが横座屈である。この場合も，細長比に相当する指標に応じて許容曲げ応力度を低減するか，あるいは横座屈が生じないように**横補剛材**というものを設けなければならない。大梁に架けられる小梁は，横補剛材としても機能し，大梁の横座屈を規制する働きをもっている（図4・18）。なお，箱形断面やパイプ断面では横座屈は発生しないので許容応力度を低減する必要はない。

4・3・4　断面構成板要素に関する規定

　鉄骨部材の断面は薄板にて構成されている。このために第3の座屈である**局部座屈**と呼ばれる現象が存在する（図4・19）。局部座屈が発生するか否かは**幅厚比**（円形鋼管の場合は径厚比）と呼ばれるもので評価される。鋼板が薄ければ薄いほど幅厚比は大きく局部座屈しやすい断面であるということになる。フランジ，ウェブにおける幅厚比の計算方法を図中に示す。断面が降伏するまで，この局部座屈が生じないための幅厚比が求められており，これを幅厚比規定という。これよりも薄い場合には制限を越

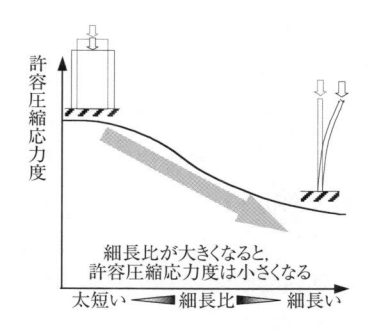

図4・16　細長い場合には座屈がある

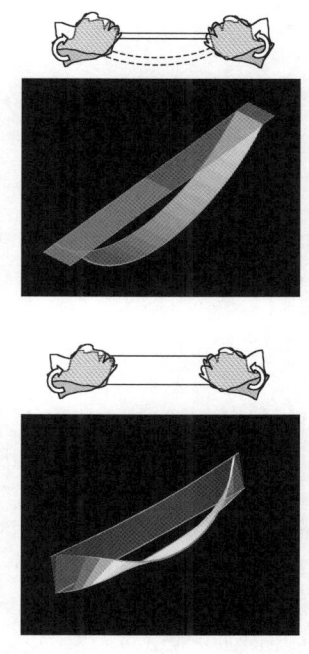

図4・17　厚紙の曲げ方による曲がり方の違い

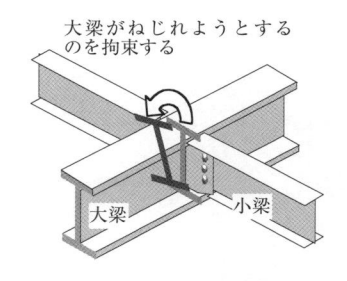

図4・18　横補剛材

128

えた部分の断面を無視して設計しなければならない。また，断面が降伏するまで局部座屈は生じないという条件から幅厚比制限は規定されているので，この幅厚比制限値は当該鋼板の基準強度によって変化することに注意しなければならない。つまり，基準強度が高い鋼種を使う場合には，基準強度が低い場合に比べて「より厚く」しなければならない。

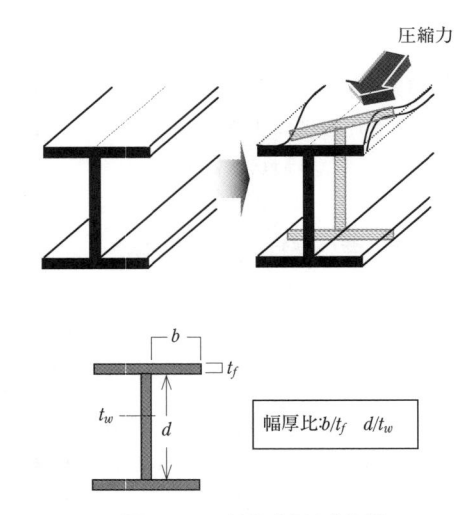

図4・19 局部座屈と幅厚比

次の記述のうち，正しいものには○，誤っているものには×をつけよ。

(1) 鉄骨部材は，平板要素の幅厚比や鋼管の径厚比が大きいものほど，局部座屈を起こしやすい。

(2) H形鋼を梁に用いる場合，一般に，曲げモーメントをウェブで，せん断力をフランジで負担させるものとする。

(3) 圧縮材においては，細長比が大きい部材ほど，座屈の許容応力度は小さい。

(4) H形鋼の梁の横座屈を拘束するために，圧縮側フランジに補剛材を配置する。

(5) 形鋼の許容応力度設計において，板要素の幅厚比が制限値を超える場合は，制限値を超える部分を無効とした断面で検討する。

(6) 荷重面内に対称軸を有し，かつ，弱軸まわりに曲げモーメントを受ける溝形鋼については，横座屈を考慮する必要はない。

(7) 梁の横座屈を防止するために，板要素の幅厚比が制限されている。

(8) 細長比の大きい部材ほど，座屈の影響により，許容圧縮応力度が小さくなる。

4・4　接合

4・4・1　接合部位による接合例

　鉄骨構造を建設する場合には，まず，構造の一部を 1 つのまとまりとして工場で製作し，これらを建設現場にて接合することにより，全体を構築することは，この章の始めに述べたとおりである。つまり，接合は鉄骨構造では必要不可欠なものなのである。鉄骨構造では**剛接合・ピン接合**両方がよく用いられる。ピン接合は本来の意味どおり回転について自由な接合であるという観点から図 4・20 に示すような接合方法も用いられることがある。しかしながら，この接合方法はコストがかかり，また，当該部分に錆が発生して回転が拘束されることがないようにするなど，メンテナンスも大変なものとなる。そこで，建築では主として，フランジ・ウェブ両方を接合するものを剛接合，ウェブのみ接合するものをピン接合として取り扱うこととしている。図 4・21 に鉄骨構造における代表的な接合部の事例を示す。

　次頁のラーメン構造の例（図 4・22）では，一般に剛接合が用いられ，ピン接合となるのは，大梁と小梁の接合部のみである。

　接合方法には次の 4 つがある。

　①　**溶接接合**　　②　**高力ボルト接合**

　③　**リベット接合**　④　**ボルト接合**

　このうち主要構造体の接合に用いることができるものは，①〜③であり，④は仕上げや軽微なものにしか用いることはできない。これは④のボルト接合は，振動などにより比較的容易にボルトが緩んだり，その信頼性に乏しいことによる。また，③のリベット接合はその施工時において騒音が発生するために近年においてはほとんど用いられなくなった。

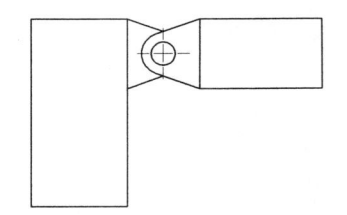

図 4・20　ピン接合（理想に近い形態）

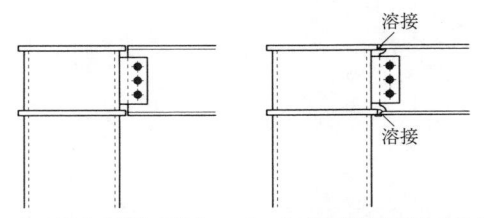

ウェブのみの接合の場合　　ウェブ・フランジともに接合の場合

図 4・21　建築におけるピン接合と剛接合

　そこで，本書では①と②について詳細に述べることとする。

　また，溶接接合と高力ボルト接合などを組合せた混合接合も実際に存在する。この場合には，施工順番によって各接合方法の強度の考え方が異なる。基本的には，

・高力ボルト接合の後に溶接接合の場合には，両者ともに有効となり，両者の強度の和が必要な強度を満たすようにすればよい。

・溶接接合の後に高力ボルト接合の場合には，高力ボルトは無効となり，溶接接合のみで必要な強度を満たすようにする。

　また，溶接は主として先に述べた工場で鋼板や梁・柱部材から 1 つのまとまりを組上げるときに用いられ，高力ボルト接合は主として建設現場にて工場で製作されたものから全体を組上げるときに用いられる。この理由は，溶接は天候の影響を大きく受けるためであり，屋外での溶接接合は管理上の問題があるためである。

130

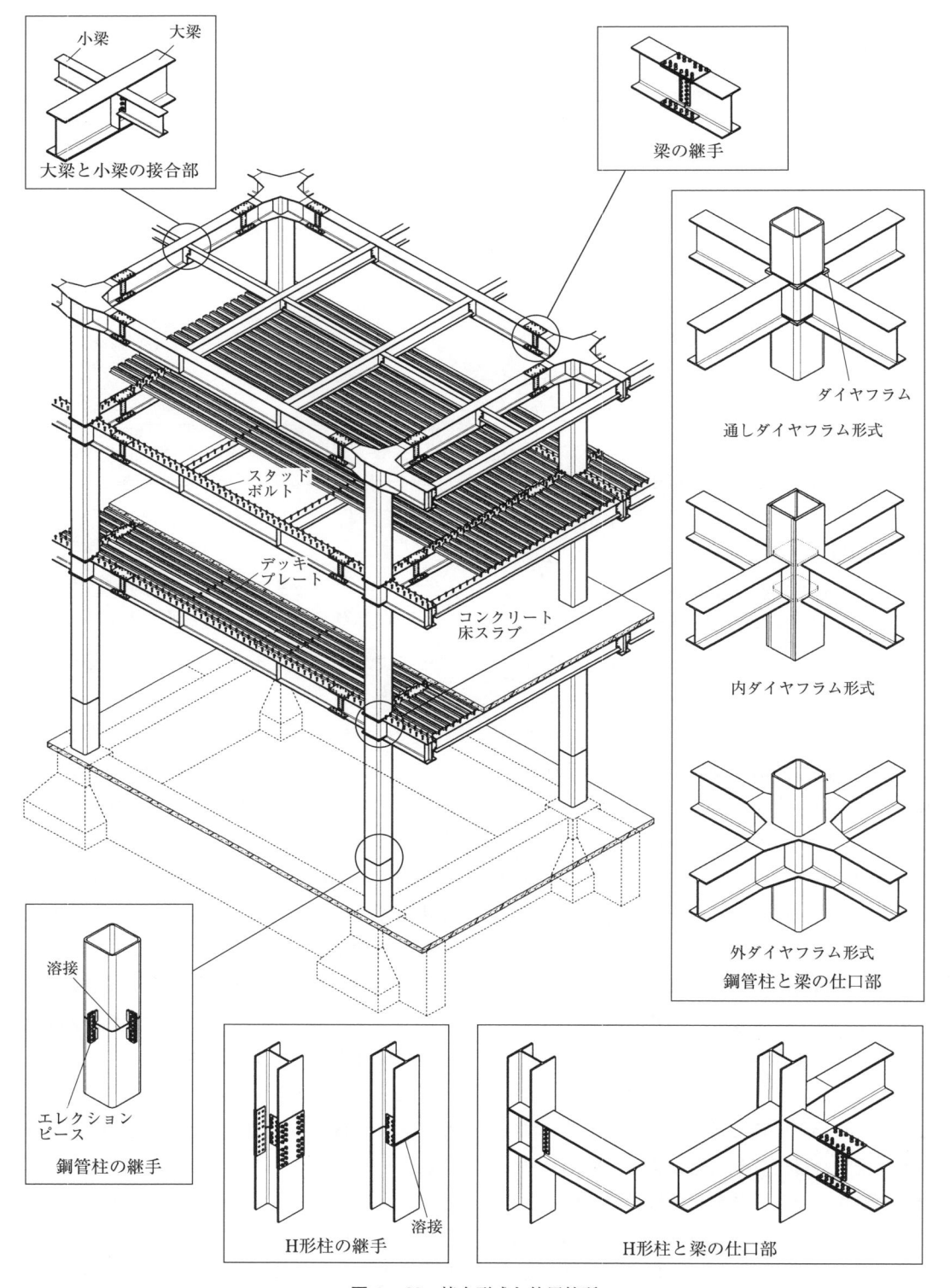

小梁　大梁
大梁と小梁の接合部

梁の継手

スタッドボルト

デッキプレート

コンクリート床スラブ

ダイヤフラム
通しダイヤフラム形式

内ダイヤフラム形式

外ダイヤフラム形式
鋼管柱と梁の仕口部

溶接

エレクションピース
鋼管柱の継手

溶接
H形柱の継手

H形柱と梁の仕口部

図 4・22　接合形式と施用箇所

4・4・2　高力ボルト接合

　高力ボルトとは，本章の最初で述べたように通常，柱や梁などの部材に用いられる鋼よりも強度が高い鋼からなるボルトである（図4・23，表4・6）。高力ボルトを用いた接合には**高力ボルト摩擦接合**と**高力ボルト引張接合**がある。

⑴　高力ボルト摩擦接合

　高力ボルト摩擦接合の概念を解りやすく説明するために，図4・24のように1枚の紙を2枚で挟み3枚の紙を接合する実験を考える。単なるボルト接合では，紙に孔をあけそこに指を差し込むことで3枚を一体化しようとするものである。これに対して，高力ボルト摩擦接合では，2枚の紙の上から指で抑えつける。このようにすると，間にある紙に直接触れている訳ではないが，この紙は簡単には抜けない。これは指で押え付けることにより紙と紙の間に摩擦力が生じ，その結果簡単には抜けないこととなるためである。これが高力ボルト摩擦接合の原理である。このとき重要なことは，指で抑える力と紙の表面のザラザラ感である。つまり，指の力が小さくても，紙の表面がツルツルしていて

も，間に挿入された紙は簡単に抜けてしまう。実際の接合では，指が高力ボルトに，紙が接合するべき鋼板に対応するから，ボルトの締め付け力や鋼板の表面処理の管理が重要となる。表面処理としては，黒皮・浮き錆等を取り除き，赤錆を発生させるのが一般的である。締め付け力の管理を容易にするために開発されたものにトルシア形高力ボルトがある（図4・23右）。

　なお，図4・24に示したものは1本のボルトに対して二箇所（二面）の摩擦面があるために

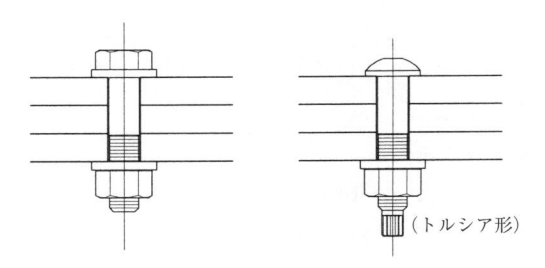

図4・23　高力ボルト

表4・6　高力ボルトの機械的性質（JISより抜粋）

等級	耐力 N/mm^2	引張強さ N/mm^2	伸び %
F8T	640以上	800～1000	16以上
F10T	900以上	1000～1200	14以上

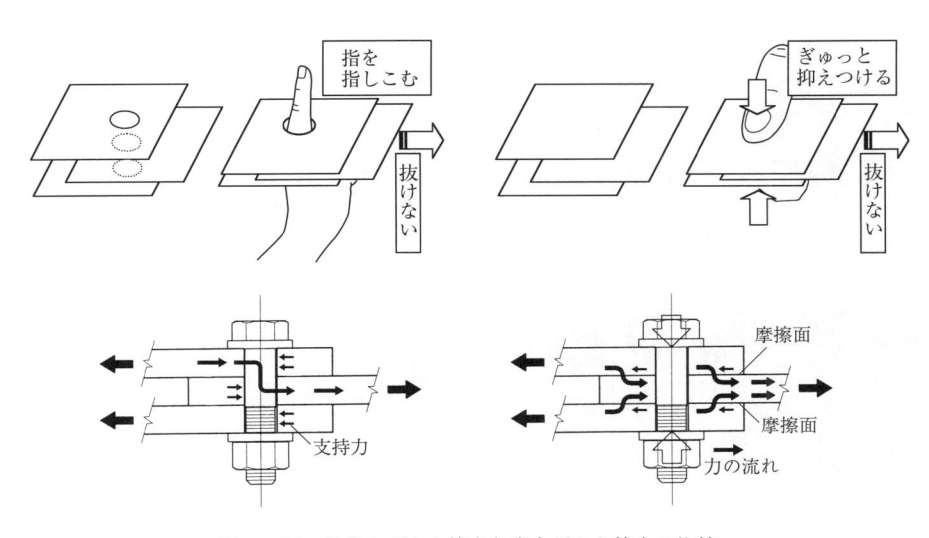

図4・24　通常のボルト接合と高力ボルト接合の比較

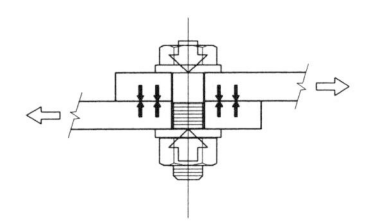

図4・25 摩擦接合（一面せん断）

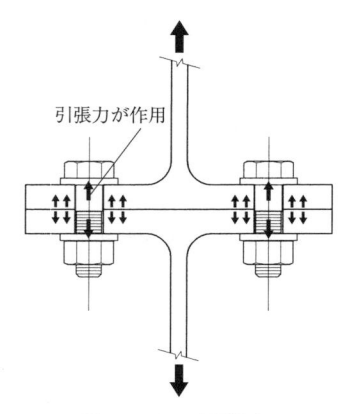

引張力が作用

図4・26 引張接合

２面せん断と呼ばれ，図4・25のように１本の
ボルトに対して一箇所（一面）の摩擦面しかな
い場合には一面せん断と呼ばれる。二面せん断
は一面せん断の２倍の力を伝達することができ
る。

　高力ボルト摩擦接合のすべり耐力は次式で計
算される。

$$q_s = \mu \cdot n \cdot N$$

　　q_s：すべり耐力

　　μ：摩擦係数（通常0.45）

　　n：摩擦面の数

　　N：ボルトの導入張力

　なお，このすべり耐力は短期許容せん断力と
等しく，この値の2/3が長期許容せん断力とな
る。

(2)　高力ボルト引張接合

　高力ボルト引張接合（図4・26）は，建築で
はそれほど広く用いられることはなく，鉄塔な

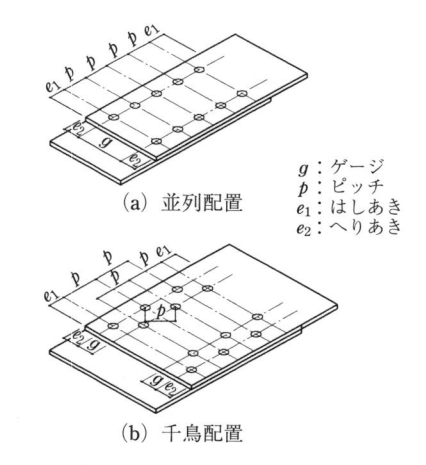

（a）並列配置

g：ゲージ
p：ピッチ
e_1：はしあき
e_2：へりあき

（b）千鳥配置

図4・27 ボルトの配置

表4・7 ピッチとゲージ（JIS 規格）

| 形鋼のゲージ | | | | | | | | | | | 高力ボルト・ボルトのピッチの標準値と最小値 | | | | | | |

山形鋼　　　　H形鋼　　　　溝形鋼

AまたはB	g_1	g_2	最大軸径	B	g_1	g_2	最大軸径	B	g	最大軸径
65	35		20	150	90		22	65	35	20
75	40		22	200	120		24	75	40	22
90	50		24	300*	150	40	24	90	50	24
125	50	35	24	400	140	90	24	100	55	24
150	55	55	24							
200	60	90	24							

＊印のB＝300は，千鳥打ちとする。

軸　径 d		10	12	16	20	22	24	28
ピッチ p	標準	40	50	60	70	80	90	100
	最小	25	30	40	50	55	60	70

（単位：mm）

（注）　高力ボルトの接合において，ボルト孔の中心間に
　　　距離は，公称軸経の2.5倍以上とする。

ど特殊なものに用いられる。

(3) ボルトの配置

ボルトを配置する場合には，一般に図4・27に示すようにゲージラインと呼ばれる格子の交点に規則正しく配置する。応力方向（図中の矢印方向）のボルトの間隔を**ピッチ**，これと直交する方向の間隔を**ゲージ**と呼び，断面の種類により表4・7のように設定されている。

また，**はしあき**と**へりあき**と呼ばれる寸法（**縁端距離**）も重要であり，これらが小さい場合には，ボルトが充分な性能を発揮する前にその部分で破断が生じることとなるので注意しなければならない。

4・4・3　溶接接合

溶接は，ハンダ付けとは全く異なるので注意しなければならない（図4・28）。ハンダ付けで接合する場合には，溶けているのはハンダのみで，溶けたハンダの糊のような働きにより金具と導線は接合される。このとき，金具自体は何ら溶けていない。これに対して，溶接とは，ハンダのような溶接棒を用いて行われるが，この溶接棒は基本的には鋼板と同等のものであり，この溶接棒を溶かすと同時に接合しようと

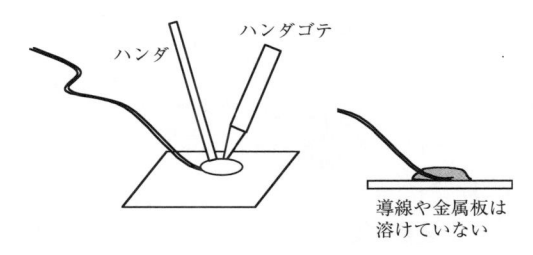

(a) ハンダ付けの場合

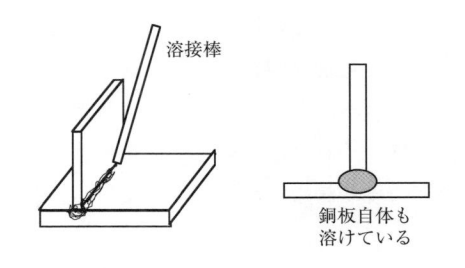

(b) 溶接場合

図4・28　ハンダ付けと溶接

する鋼板自体も溶けだし，これにより一体化を図るものである。

溶接による接合方法は継手の形状，溶接による一体化の度合いあるいは施工場所により次のように分類される。

(1) 継手の分類

鋼板と鋼板の関係から図4・29のように分類

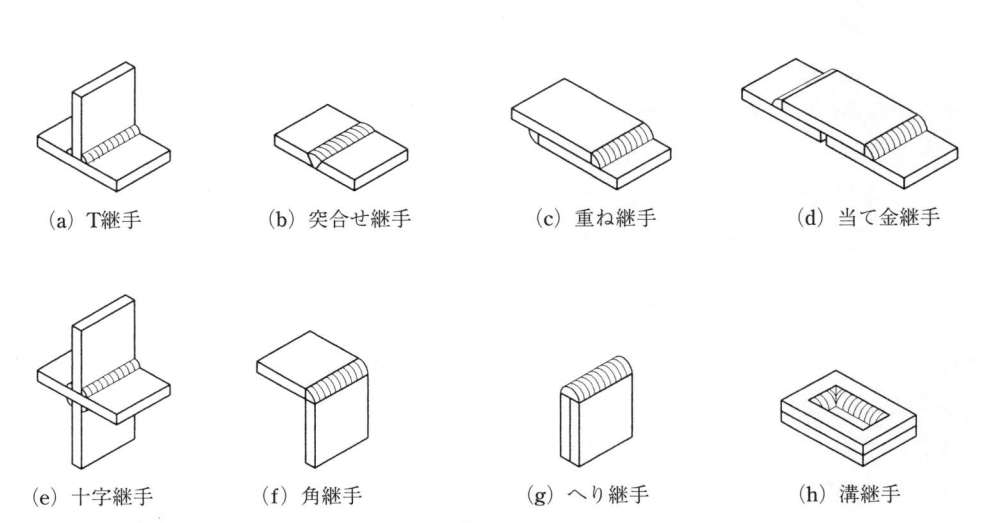

(a) T継手　(b) 突合せ継手　(c) 重ね継手　(d) 当て金継手

(e) 十字継手　(f) 角継手　(g) へり継手　(h) 溝継手

図4・29　継手の種類

134

される。このうち建築でよく用いられるもの
は，

  (a)T継手   (b)突合せ継手   (c)重ね継手

  (e)十字継手   (f)角継手

である。

(2)　溶接継目の分類

溶接による一体化の度合いにより，

①　**完全溶込み溶接**　　②　**すみ肉溶接**

③　**部分溶込み溶接**　　④　**プラグ溶接**

に分類される。この分類は極めて重要であり，
鋼材同様，それぞれに対して溶接継目としての
許容応力度が決められている。また，溶接継目
部において用いられる呼称を図4・30に示す。
のど厚やサイズおよび溶接長は溶接継目の強さ
に関係する重要な値である。上記のうち①〜③
について具体的に説明する。

①　完全溶込み溶接（突合せ溶接）

これは，接合するべき2枚の鋼板を完全に
一体とするものであり，信頼性および加工費
ともに最も高いものとなる。完全に一体とな
っていることから理解されるように，許容応
力度は鋼板と同等のものすることができる。

②　すみ肉溶接

完全溶込み溶接に比べ，一体化の度合いは
低い。図4・30(b)に示すように溶接部の一部
に隙間が一般に存在する。この溶接方法は2
枚の鋼板間の力の伝達を独特の方法により達
成するものであり，そのために，許容応力度
が完全溶込み溶接よりも小さなものとなる
（表4・8参照）。すみ肉溶接部の強度の計算
に用いる溶接部の有効面積は，（溶接の有効
長さ）×（有効のど厚）で求める。ここで，
有効長さはすみ肉溶接のサイズの10倍以上か
つ40mm 以上とするが，一方，同サイズの30
倍を超える場合には許容応力度を低減する。
上記のサイズは溶接される鋼板の薄い方の厚
さ以下とするなど細かな規定が設けられてい

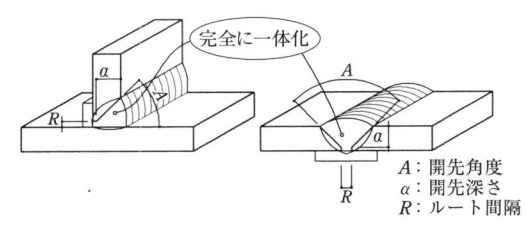

A：開先角度
α：開先深さ
R：ルート間隔

（a）突合せ溶接（完全溶け込み溶接）

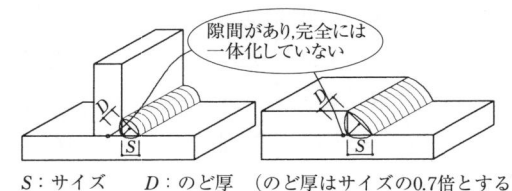

S：サイズ　　D：のど厚　（のど厚はサイズの0.7倍とする）

（b）隅肉溶接

図4・30　溶接部の呼称

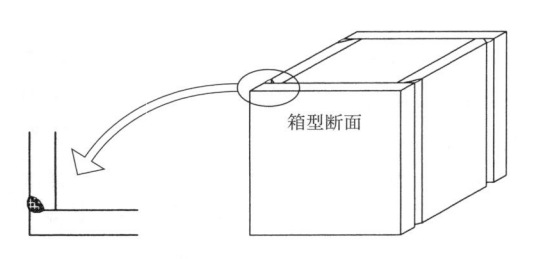

箱型断面

図4・31　部分溶け込み溶接

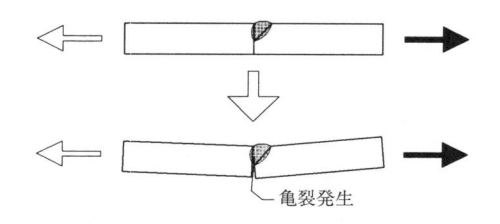

亀裂発生

図4・32　部分溶け込み個所の亀裂

る。

③　部分溶込み溶接

さらに一体化の度合いは低くなり，たとえ
ば鋼板から箱形断面を作製する場合の角の部
分などの限られた箇所のみに用いられる溶接

表 4・8 溶接継目の許容応力度

	長期応力に対する許容応力度				短期応力に対する許容応力度			
	圧縮	引張り	曲げ	せん断	圧縮	引張り	曲げ	せん断
突合せ溶接	$\dfrac{F}{1.5}$			$\dfrac{F}{1.5\sqrt{3}}$	長期に対するそれぞれの数値の1.5倍とする。			
すみ肉溶接	$\dfrac{F}{1.5\sqrt{3}}$			$\dfrac{F}{1.5\sqrt{3}}$				

ただし，F は，母材の基準強度を表す。

方法である（図 4・31）。注意すべき点は，引張や曲げが作用する箇所に本方法を用いると簡単に亀裂が入ることから，その使用を禁止されている点である（図 4・32）。

⑶　実施場所からみた分類

接合を実際に行う場所によって，工場接合・現場接合の 2 つに分けられる。工場で行う場合に比べて，現場で行う場合には，天候や作業足場などの制約が大きく，設計あるいは設計管理においては十分な注意が必要となる。特に，溶接接合においては気温・風・湿度など天候に大きく影響される。そこで，従来は，工場接合に対して現場接合の許容応力度を低減することが行われていた。表 4・8 に，溶接継目に関する許容応力度について示しておく。なお，溶接後の急激な冷却は，焼入れ状態となり脆性的破断の原因となることから，避けなければならない。

⑷　溶接欠陥

実際の建物の倒壊などの被害例をみると，その多くは溶接部の破断が原因となっている。これは，溶接部に僅かな欠陥があるとその部分に力が集中してしまうことが原因である。このために溶接欠陥がある場合には溶接の再実行などが義務付けられている。溶接欠陥のうち代表的なものを図 4・33 に示す。

①　アンダーカット

溶接の止端部において母材自体が削られて，かつその部分に溶接金属が満たされない

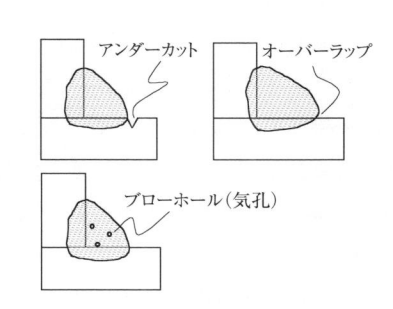

図 4・33 溶接欠陥の事例

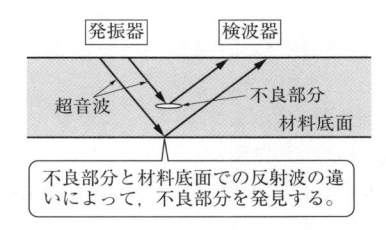

図 4・34 超音波探傷試験

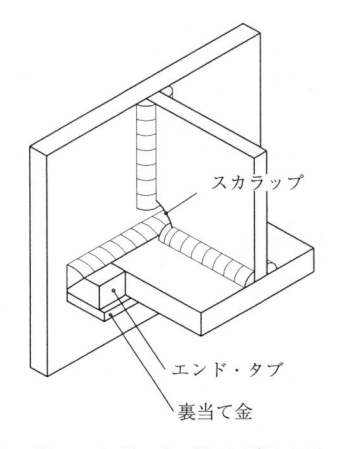

図 4・35 エンド・タブおよびスカラップ

で溝として残っている部分をいう。

② **オーバーラップ**

溶接金属の止端部が母材に融着しないで，母材と重なっている部分をいう。

③ **ブローホール**

溶接部の内部にできる気孔（ブローホール，ピット）の総称である。

また，アンダーカットやオーバーラップなどは溶接部の表面上にできる欠陥であるので目視によりチェックする（**外観検査**）が，ブローホールなどは溶接部の内部に発生しているために目視では確認できない。そのために通常**超音波探傷試験**と呼ばれる検査を実施する（図4・34）。

上記の欠陥は特に溶接開始部や終了部にでき

やすい。そこで，この欠陥のできやすい場所を構造上重要な場所とは異なる場所となるように**エンド・タブ**と呼ばれるものが一般に採用されている。これを設けることにより，構造上重要な母材に欠陥ができにくくなる。また，溶接線が交差するような場合にも欠陥が生じやすいことから**スカラップ**と呼ばれる開口を設け，溶接線が交わらないようにしている（図4・35）。ただし近年，早期破断を回避することを目的としたノンスカラップ（スカラップを設けない）工法も用いられている。地震時において早期に接合部が破断して建物が倒壊することを避けるために、母材が十分に塑性化するまで接合部で破断が生じないように行う検討を保有耐力接合の検討という。

例題 8

鉄骨構造の接合に関する次の記述のうち，正しいものには○，誤っているものには×をつけよ。

（1）柱梁接合部において，スカラップは，応力集中により部材の破断の原因となることもあるので，スカラップを設けない方法もある。

（2）構造計算に用いるすみ肉溶接の溶接部の有効面積は，（溶接の有効長さ）×（有効のど厚）により算出する。

（3）部分溶込み溶接は，繰返し荷重の作用する部分に用いることはできない。

（4）高力ボルトの相互間の中心距離は，高力ボルトの径の2.5倍以上とする。

（5）高力ボルトの摩擦接合において，二面摩擦の許容せん断力は，一面摩擦の許容せん断力の2倍とすることができる。

（6）一つの継手に高力ボルトと普通ボルトを併用させる場合には，一般に，全応力を高力ボルトに負担させる。

（7）一つの継手に高力ボルトと溶接を併用する場合で，溶接が高力ボルト接合より先に施工されるときには，一般に，全応力を高力ボルトと溶接で分担させることができる。

例題 9

　図のような2枚の鋼板を4本の高力ボルトを用いて摩擦接合した場合，接合部の短期許容せん断力と等しくなるような引張力 P（N）の値として，**正しいもの**は次のうちどれか。ただし，ボルト1本あたりの一面摩擦の長期許容せん断力は47kN とする。

(1) 141kN
(2) 188kN
(3) 282kN
(4) 376kN
(5) 564kN

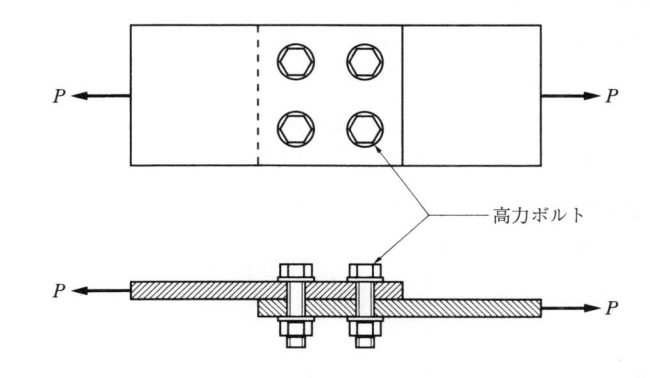

高力ボルト

例題 10

　図のような側面すみ肉溶接（両側面に施し，片面の有効長さは100 mm とする）において，溶接部継目に生ずる応力度が，その継目の長期応力度 f_w と等しくなるような引張力 P（N）の値として，**正しいもの**は次のうちどれか。ただし，f_w の値は90 N/mm² とする。

(1) 63 kN
(2) 81 kN
(3) 96 kN
(4) 110 kN
(5) 126 kN

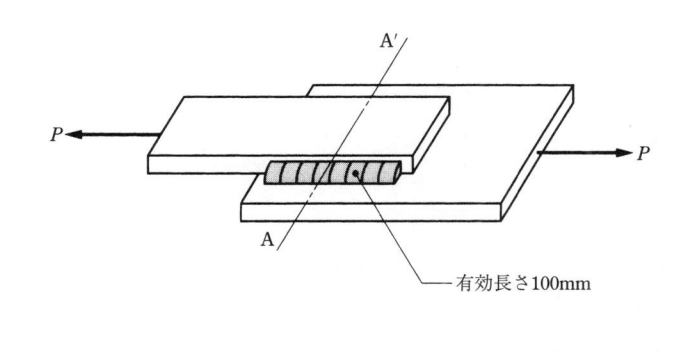

A′

A

有効長さ100mm

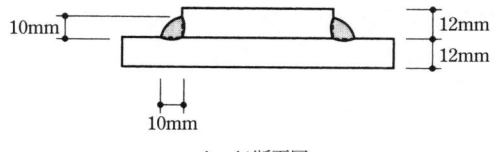

10mm　　　　　　　　　　　12mm
　　　　　　　　　　　　　12mm

10mm

A−A′断面図

4・5　柱脚

　鉄骨構造の柱脚は，外観上の分類として，「露出形」，「埋込形」，「根巻形」の3種類があり，基本的には，前者が鉄骨柱を基礎部の上に載せる形式であり，残りの2つは鉄骨柱を基礎部と一体化しようとするものである。これらは一般には，力学上の分類である**ピン支持**および**固定支持**にそれぞれ対応するものとして取り扱われる（図4・36）。

(1)　露出形

　露出形柱脚とは，アンカーボルトと呼ばれるもののみを予め基礎ならびに地中梁に埋め込んでおき，基礎部のコンクリートが固まった後に，ベースプレートを介して柱を定着させる方法である（図4・37）。次に述べる埋め込み形柱脚よりも施工が容易なために広く使われている。

　上述はピン支持を表現するための造作であるが，比較的厳密に表現するために，実際にピンを図4・38のように用いる方法もある。この方法は建築においては一般的ではない。その理由は，接合のところでも述べたように，この方法はコストが高くつくこと，さらにメンテナンスも大変なものとなることの理由から，建築ではあまり用いられることはない。

　これに対して，ピン支持として実際に用いられるものは，図4・39のように**アンカーボルト**により基礎部と結合する方法である。もちろん，この方法では，理想的なピン支持とは異なり，柱脚部の回転は若干拘束される（つまり完全なピンではない）。それにも関わらずこの方法をピン支持と考える理由は，アンカーボルトのみでは基礎部と完全に一体化することは困難であるという判断による。

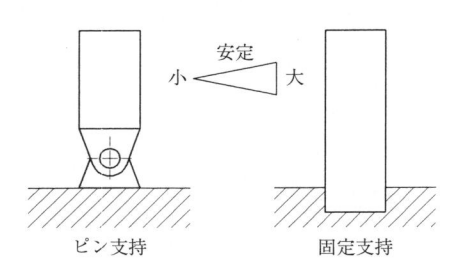

図4・36

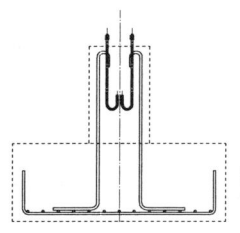

基礎部の鉄筋およびアンカーボルトの設置

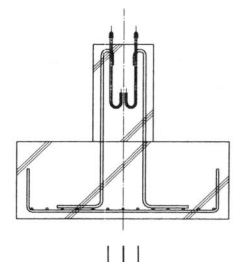

コンクリートの打設および養生（コンクリートの硬化）

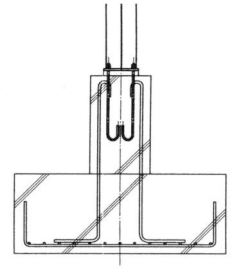

鉄骨柱の設置

図4・37　露出形の施工手順

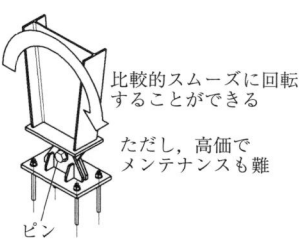

比較的スムーズに回転することができる

ただし，高価でメンテナンスも難

ピン

図4・38　露出形の例1

　ただし，近年では，露出形でありながら，固定支持と取り扱えるものも考案されてきている。

(2)　埋込形

　埋込形柱脚（図4・42）は次のような手順にて形成される（図4・40）。まず，基礎部の鉄筋ならびにアンカーボルトを配置して基礎ならびに地中梁のあるレベル（高さ）まで一旦コンクリートを打設し，鉄骨柱を設置する。その後，再びコンクリートを所定のレベルまで打設することにより，鉄骨柱と基礎部がコンクリートにより一体となるようにしたものである。露出形と比べると，コンクリート打設・養生が2回に分けて行われるために，施工上煩雑なものとなる。

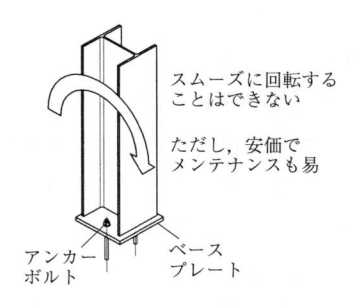

スムーズに回転することはできない

ただし，安価でメンテナンスも易

アンカーボルト　　ベースプレート

図4・39　露出形の例2

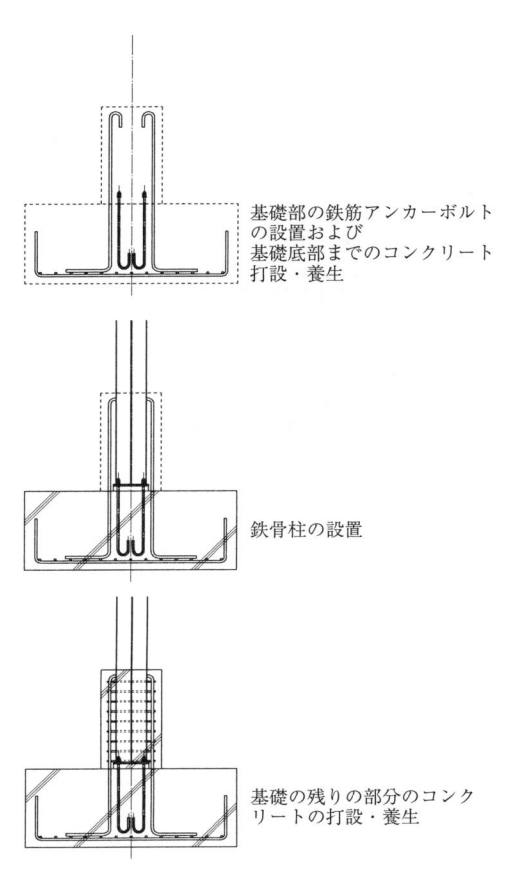

基礎部の鉄筋アンカーボルトの設置および基礎底部までのコンクリート打設・養生

鉄骨柱の設置

基礎の残りの部分のコンクリートの打設・養生

図4・40　埋込形の施工手順

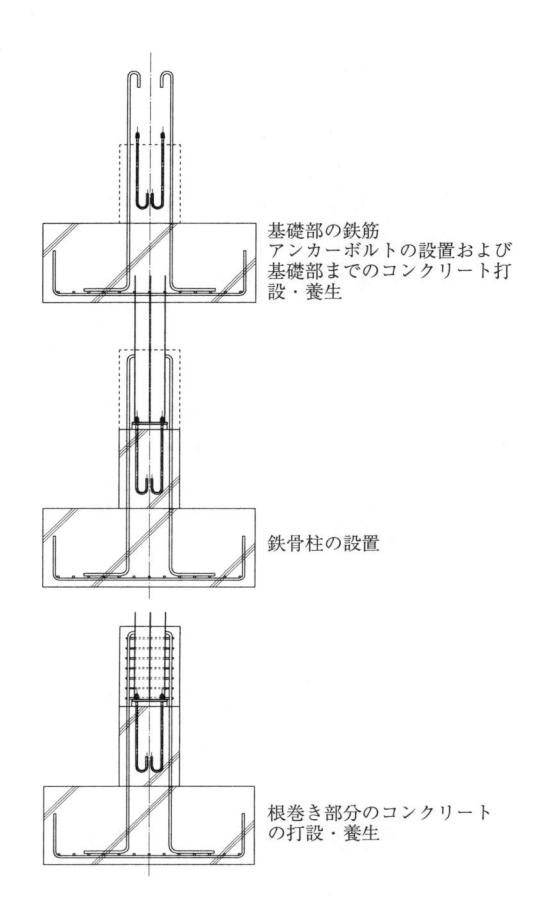

基礎部の鉄筋アンカーボルトの設置および基礎部までのコンクリート打設・養生

鉄骨柱の設置

根巻き部分のコンクリートの打設・養生

図4・41　根巻き形の施工手順

140

この埋込形は，構造計算上の支点としては固定支持として計算される。主としてラーメン構造によく用いられる。

(3) 根巻形

これも固定支持を想定したものである。簡単に言えば，露出形において鉄骨の露出部分を鉄筋コンクリートで覆うことにより基礎部と一体化しようとする方法である（図4・43）。基礎部を完成させてから行われるので，埋込形と比べると施工的に優位な方法である（図4・41）。

固定支持を実現するためには，鉄筋コンクリート部分が鉄骨柱に比べてかなり大きな断面となる。このために，外観は埋込形のようなすっきりしたものとはならないが，埋込形よりも簡易な方法で固定支持が実現できるために，倉庫や工場などで用いられる。

(4) アンカーボルト

アンカーとは，船が停留するときに用いるいかりのことを指す。つまり，アンカーボルトとは，建物を基礎部に停留させるためのボルトという意味である。

アンカーボルトには，直径16〜32mm の普通ボルトが用いられ，アンカーボルトの埋込長さはボルト径の30倍以上（引き抜きが生じる場合には40倍以上）とし，かつアンカーボルトの末端は曲げ加工が一般には施される（図4・44）。

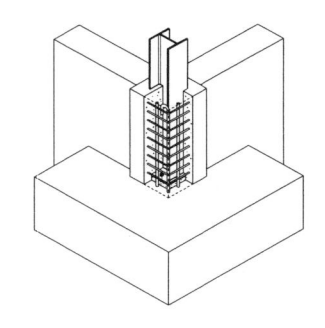

図4・42 埋込形の例

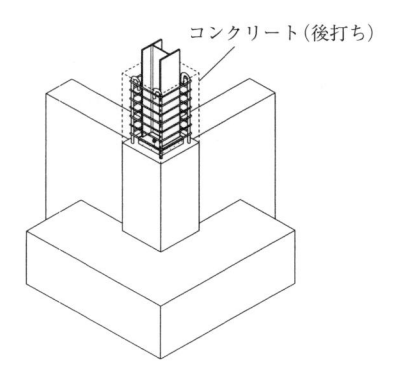

図4・43 根巻形の例

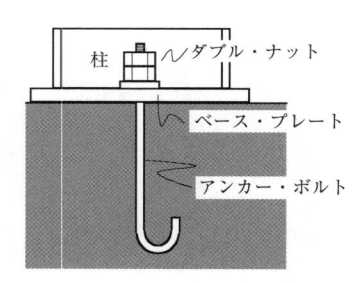

図4・44 アンカーボルト

4・6　トラス構造

　三角形が安定していることは 1 章で述べたとおりである。**トラス構造**とは，この三角形を組合せて架構あるいは部位を形成するものである。三角形を組み合わせる方法は様々なものが存在し得る。事実歴史的には非常に多くのものが考案された。現在用いられているものはそれらのうち淘汰されずに残ったものであり，その意味でも合理的なものとなっている。また，トラス構造が最も一般的に用いられる箇所は建物の屋根を支える小屋組および大きな空間を必要とするときの梁としてである。

　図 4・45 に代表的なトラスのパターンを示す。一般にトラスを形成する部材の細長比は大きい（細長い）ために座屈しやすい。図中，一般的な外力のもとで圧縮となる部材を太線で，引張となる部材を破線で記載している。特に，**ハウトラス**と**プラットトラス**を比べるとハウトラスでは斜めの部材（斜材と呼ぶ）が圧縮となっているのに対してプラットトラスでは鉛直の部材（束材と呼ぶ）が圧縮となっている。当然ながら束材は斜材よりも短いので，その分座屈に有利となる。

　また，ワーレントラスは，上記の 2 つに比べ部材の数が少なくてすむという利点を有しているために，広く用いられている。

　トラス構造における各部材には**山形鋼**などがよく用いられ，その接合方法は，通常図 4・47 に示すような形式でなされる。

　特殊なものとして，**立体トラス**と呼ばれるものがある（図 4・46）。これは，力学的に優れた性能を有し，大規模な構造を軽快な構造にて作り出すことができ，構造自体のデザインを重視する建物の場合に用いられる。ただし，その

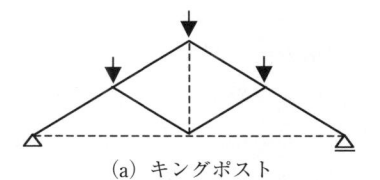

（a）キングポスト

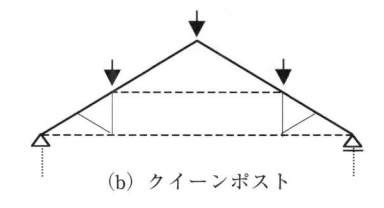

（b）クイーンポスト

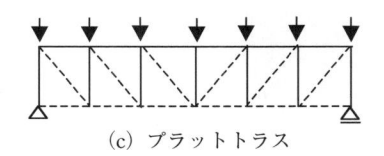

（c）プラットトラス

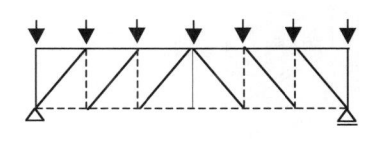

（d）ハウトラス

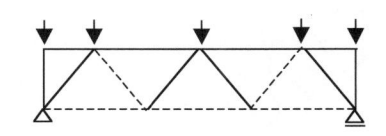

（e）ワーレントラス

―― 圧縮　--- 引張　―― 小さい

図 4・45　代表的なトラス架構

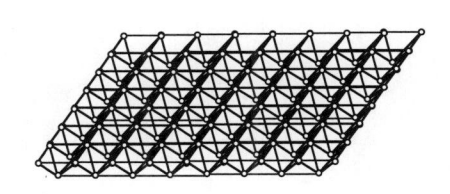

図 4・46　立体トラス

142

一方で，平面架構の組合せで構成される通常の建物の構造とは異なり，立体的に組まれて始めて安定するものであることなどの理由で，設計はもちろん施工も複雑なものとなる。

ここでは，トラス架構の典型的な事例として，**山形架構**の例を図4・47に示す。この種の架構形式は，体育館や工場・倉庫などによく用いられるものである。この構造では，張間方向にトラス梁およびトラス柱を剛接合としたラーメン架構で安定させ，これを平行に並べた上で，これらをつなぎ梁やブレースにより連結さ

せ，桁行方向を安定化させている。ブレースは壁面だけでなく屋根面にも配置されている。これは床のところで述べた水平ブレースと同じ働きを期待するためである。

この例では，壁面のつなぎ梁は壁面に作用する風荷重を受けるものとしても機能している。このように，風荷重を負担するトラス梁のことを**耐風梁**と呼ぶこともある。

なお，トラス弦材のトラス構面内の座屈に関する細長比（p.127圧縮材参照）を計算する際の座屈長さは節点間距離とすることができる。

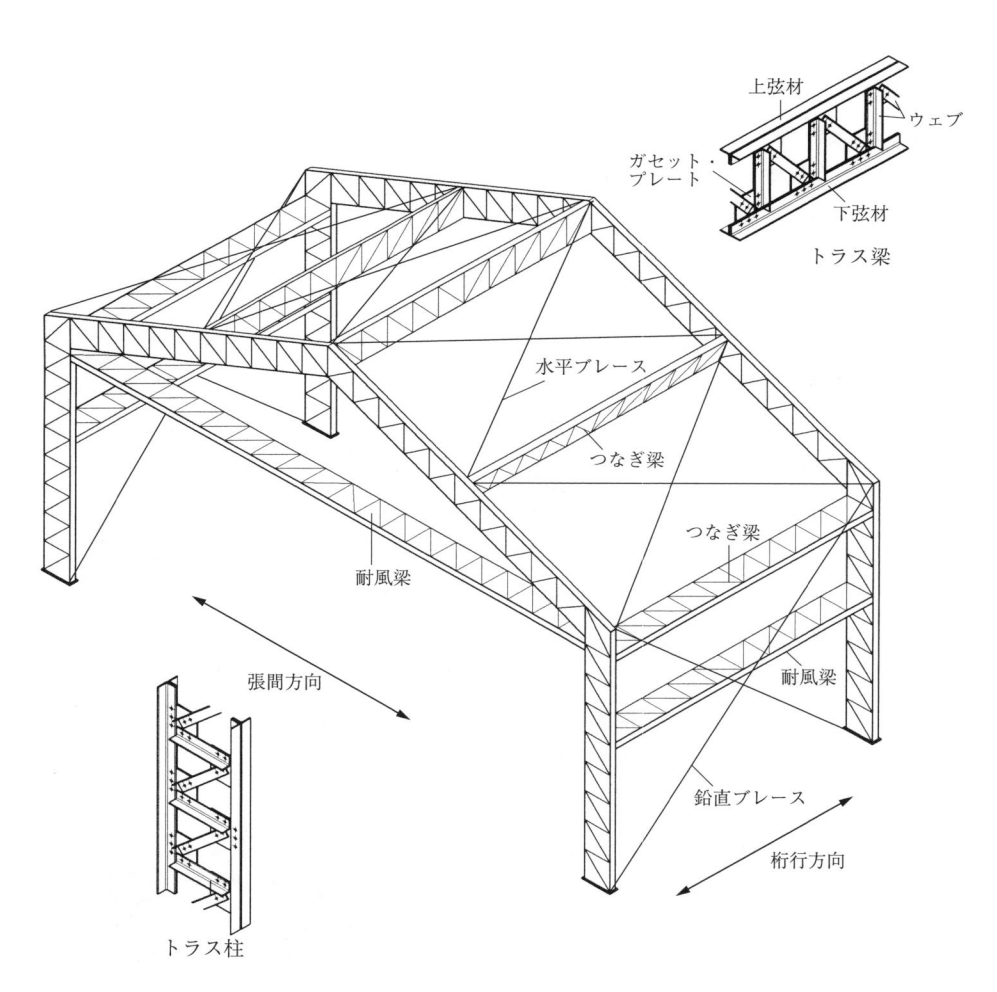

図4・47　トラス架構

4・7　そのほかの鉄骨構造

4・7・1　軽量鉄骨構造

　軽量鉄骨構造は，通常の鉄骨造では母屋や胴縁などの2次部材に用いられる**軽量形鋼**を主要な構造部分に用いる構造である（図4・49）。元々使用目的があまり大きな力が作用しない部位に用いることから，大きな断面サイズの軽量形鋼は作られていない。軽量形鋼の種類を表4・9に示す。いずれの形鋼も板厚は薄く，1.6mm〜6.5mm しかない。このうち，柱や梁に用いられるものは，2.3mm〜4.5mm 程度である。これから解るように，軽量鉄骨構造は小規模な建物に限定され，大規模なものには適さない。鉄骨系プレファブ住宅は軽量鉄骨構造のよい例であり，住宅程度の規模の構造に対しては十分な強度および剛性を確保することができる。

　ただし，板厚が通常の形鋼よりも薄いので局部的な変形が生じやすい（図4・48）。また，薄いために錆が発生すると簡単に穴があいてし

表4・9　軽量形鋼

名称	軽溝形鋼	軽Z形鋼	軽山形鋼
形状			
名称	リップ溝形鋼	リップZ形鋼	ハット形鋼
形状			

（板厚：t）

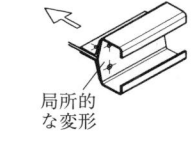
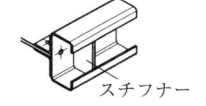
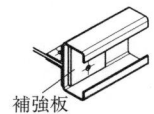

局所的な変形

スチフナー　　補強板

図4・48　局部的な変形と防止策

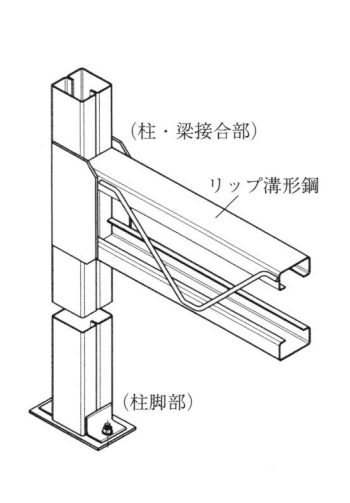

（柱・梁接合部）

リップ溝形鋼

（柱脚部）

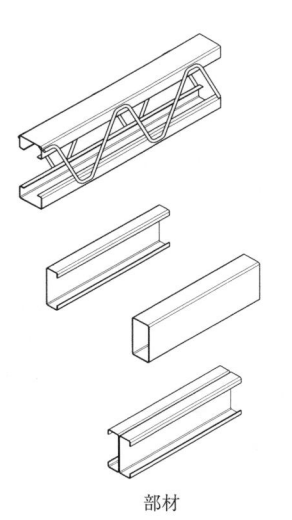
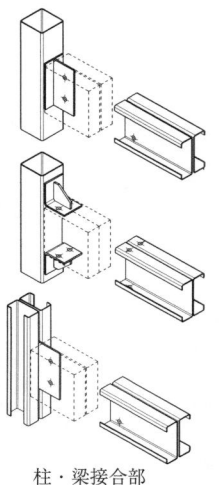
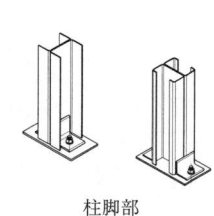

部材　　　　　柱・梁接合部　　　　柱脚部

図4・49　軽量鉄骨造の製作要領

まうために，防錆処理はもちろん結露なども防ぎ，錆が生じにくくする工夫が必要である。

4・7・2　鋼管構造

　柱，梁など主要構造体に鋼管を用いた構造を**鋼管構造**と呼ぶ場合がある（図4・50）。特に円形鋼管（パイプ）は，H形鋼や角形鋼管の断面とは異なり，断面に縦・横などの方向性がないのが構造上の利点である。このために，同じ断面積を持つH形鋼に比べると，円形鋼管は座屈が生じにくい。すなわち，圧縮力に対して有利な断面である。この利点を踏まえてトラス構造の**弦材**などに用いられる。

　また，デザイン上も美しく仕上がるために，ロビーやアトリウムなど人々に構造をアピールしたいなどの箇所や場合に用いられたり，あるいは，断面が単純な形であり，H形などと比べると表面積が極めて小さいので，プールの屋根など錆が発生しやすい箇所にも用いられる。H形鋼など複雑な断面は表面積が大きくなりそのため錆が発生する可能性が高く，またメンテナンスも難しいためである。ちなみに，プールの屋根はプールの水に含まれる塩素が原因で錆が発生しやすい。

　ただし，鋼管は加工するのが難しく，特別な技術を必要とするために，高価なものとなるのが欠点である。

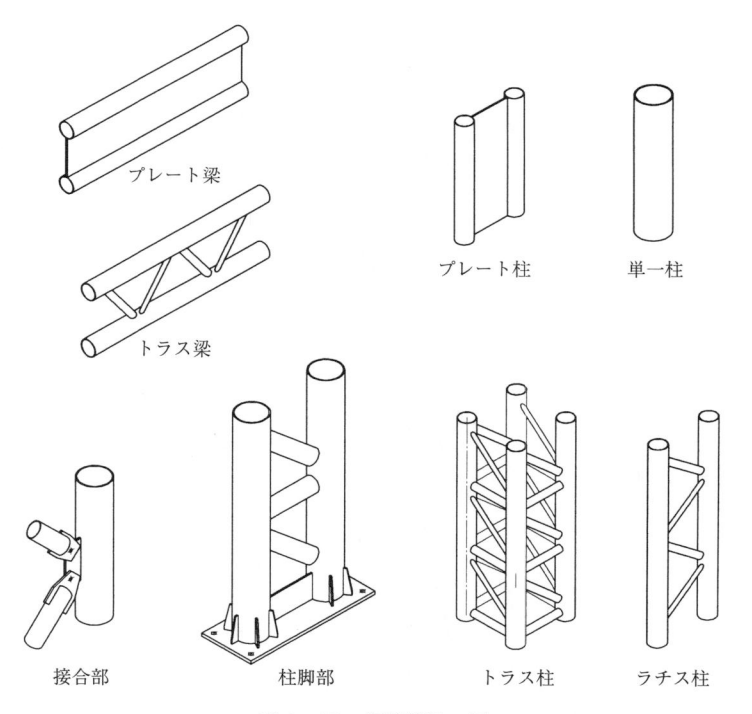

図4・50　鋼管構造の例

4・8 耐火被覆および錆止め

4・8・1 耐火被覆

鉄骨造の建物を耐火建築物（火災が発生しても人が避難するのに要する時間の間，健全な構造を保つもの）とするためには，構造上主要な部分を規定に基づく耐火構造にする必要がある。鋼は熱に弱いことは既に述べたが，そのために火災による温度上昇がすぐには起きないように熱を遮断するための被覆を施す必要がある。よく用いられる耐火被覆の要領を表4・10に示す。

(a) 吹付け工法

吹付けはロック・ウールと呼ばれる岩綿をスプレーガンで吹付けるもので，施工が容易であることからよく用いられる。

(b) 湿式工法

鉄骨のまわりにモルタルなどの付きがよくなるようにメタルラスと呼ばれる金網を巻き，これにモルタルなどを塗りつけるものである。

(c) 乾式工法

軽量コンクリートなどからなるパネルを鉄骨のまわりに設置するものである。作業が簡単でひろく用いられている方法である。

4・8・2 錆止め

鋼は，大気中において錆が発生し，放置しておけば構造要素としての機能を失う。したがって，次のような錆止め処理を行わなければならない。

① 錆止め塗装

一般的に朱色やレンガ色をした錆止め用の塗装を指す。この塗装を下地として希望する色の塗装（仕上げ塗装）を行う。

② メッキ

建築で用いられるのは亜鉛メッキであり，メッキにより亜鉛の腐食が先行して発生し，鋼は守られることになる。

③ モルタルやコンクリートの被覆

耐火被覆でモルタルやコンクリートによる被覆を行う場合には，これが錆の発生も抑える効果があるので錆止め塗装は不要となる。

表4・10 耐火被覆

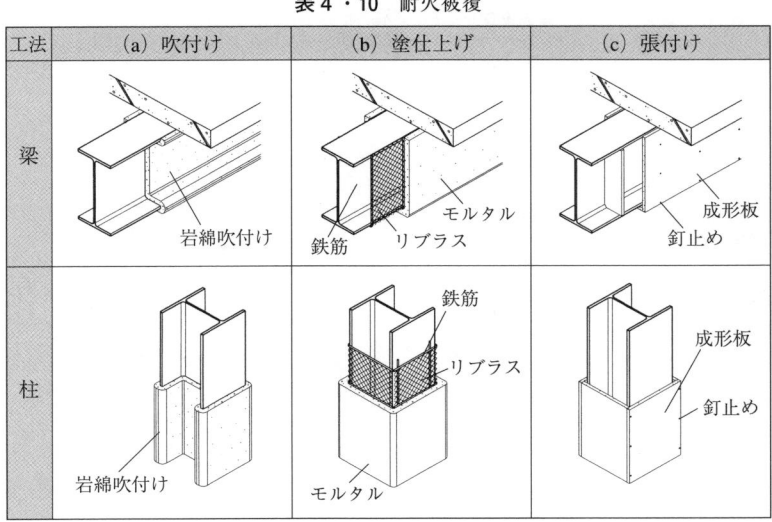

4・9　各部構造

4・9・1　屋根

鉄骨構造の勾配屋根は，次の2種類が代表的である。

(a)　金属板葺

長尺金属板瓦棒葺きの例を図4・51に示す。野地板の上にルーフィングを張り，その上から垂木の上の位置に40mm×50mm程度の木製真木（心木）を釘打ちして下地を作る。隣合う平葺板は，心木の側面で立ち上げて両端を包み板に掛ける。

(b)　波形スレート葺・折板葺

波形スレート葺および折板葺を図4・52に示す。この場合は，葺材そのものが高い剛性を有しているので図のように野地板を用いずに直接母屋に葺くことが多い。

この他，陸屋根もRC造に準じた造りで多用される。

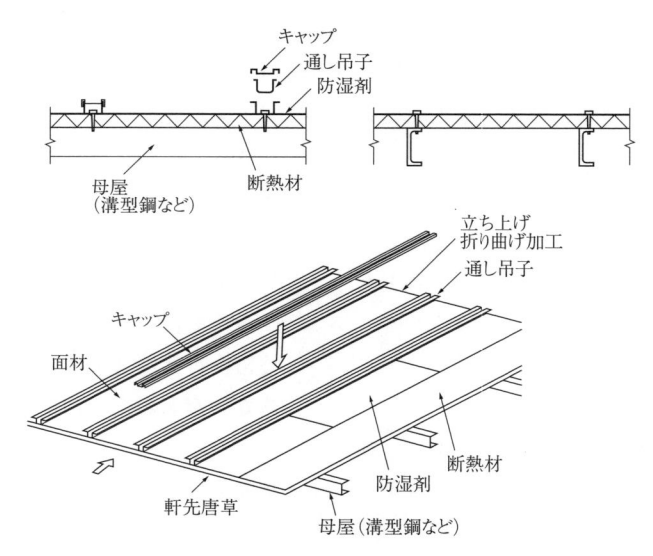

図4・51　金属板瓦棒葺

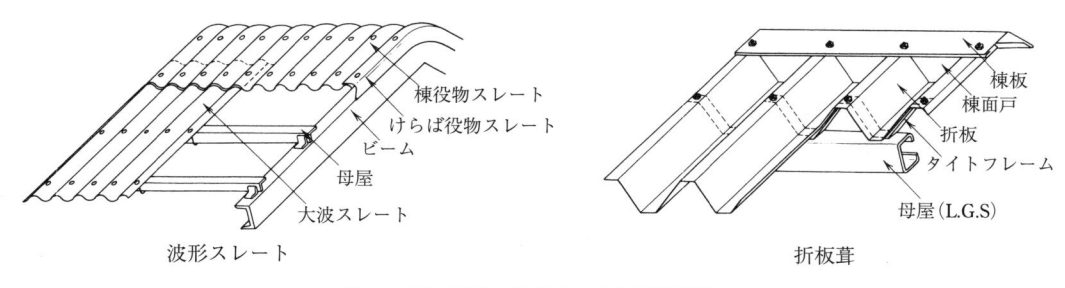

図4・52　剛性・強度を有する屋根葺材

4・9・2　床

鉄骨構造の場合の床は，概ね図に示す 4 つの種類に分類される（図 4・53）。

(a)　鋼板床

ひし形の突起がついたチェッカープレートと呼ばれる鋼板で床を形成する。階段の踊場など軽微な床に用いられる。

(b)　ALC パネル床

ALC パネルと呼ばれる既製の軽量コンクリート板で床を形成する。施工上便利な方法であるが，(c)，(d)に比べると遮音性に乏しい。

(c)　デッキプレート床

デッキプレートと呼ばれる凸凹の加工を施した鋼板の上にコンクリートを打設するものである。デッキプレートが床荷重を支え，コンクリートの強度は期待しない。コンクリートの多大なひび割れを防ぐ目的でコンクリート内部に鉄筋や金網が配される。

(d)　鉄筋コンクリート床

床荷重を鉄筋コンクリート造の板（スラブと呼ぶ）にて支えるものであり，スタッドボルトを介して鉄骨梁と一体化を図ることができる。デッキプレートを型枠として用いる場合も構造上はこれに属する。

なお，(d)のような剛性・強度ともに十分なスラブがある場合は問題ないが，(a)〜(c)のような場合には，床の面内剛性が期待できないので**水平ブレース**を配置することで床面を安定させる必要がある（1・3 節参照）。また，近年省力化のために(d)を用いる場合，既製のコンクリートスラブを設置し型枠とし，その上に配筋・コンクリート打設することがある。このようにして作られる床を**合成床**と呼ぶ。現場で打設されたコンクリートが硬化した後は既製の部分と一体化し，(d)と同様の強度を発揮する。

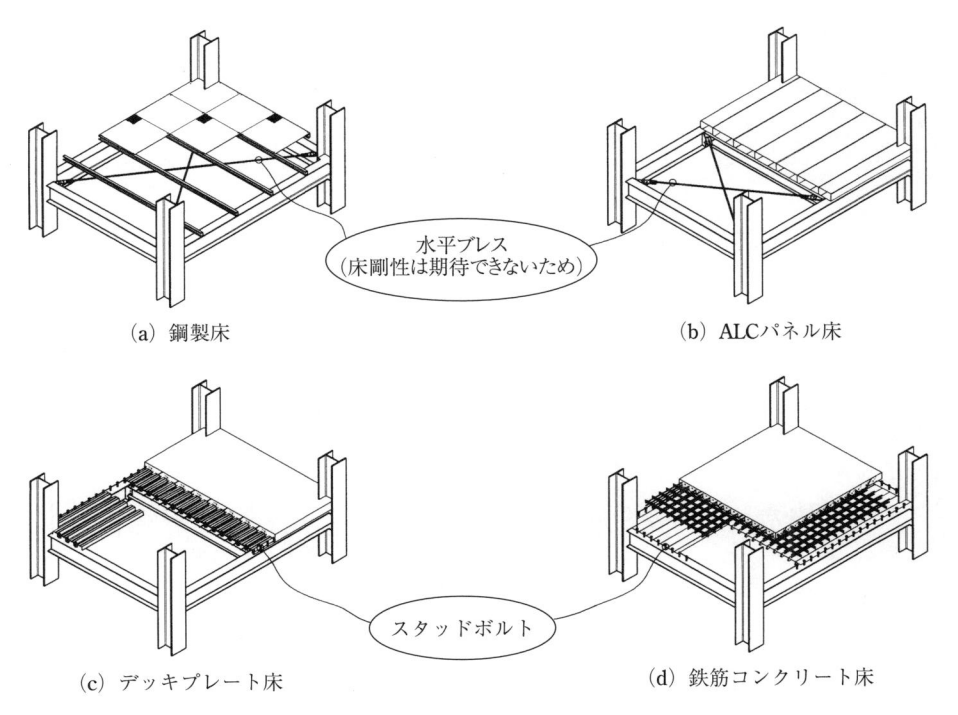

（a）鋼製床　　（b）ALC パネル床

水平ブレス
（床剛性は期待できないため）

（c）デッキプレート床　　（d）鉄筋コンクリート床

スタッドボルト

図 4・53　鉄骨構造における床

148

4・9・3　壁（カーテンウォール）

　外壁と建具枠を一体に構成したカーテンウォールは，図4・54に示すように，ファスナーを介して取り付ける。カーテンウォールは，建物の主体構造から切り離しており，地震時の層間変位の吸収に工夫がされている。図4・55に示すように水平移動によるスウェーあるいはスライド方式とパネルの回転によるロッキング方式がある。スウェー方式では，パネルの下部を固定し，上部を水平移動可能にする場合とその逆に，上部を固定し，下部を水平移動可能にする場合がある。ロッキング方式では，パネルの上下端中央でピン支持する場合と，下部は支持部より上方向のみに可動とし上部は上下方向に可動とする場合がある。

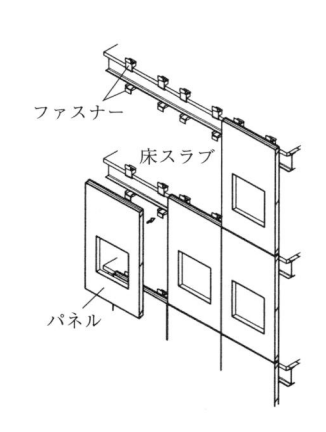

図4・54　パネル式カーテンウォール

4・9・4　天井

　吊り天井が最も一般的に使われている。鉄骨造の場合の吊り天井の例を図4・56に示す。梁や床スラブの構造躯体から鋼材などの吊り材で吊られている。

　野縁受けおよび野縁により吊り材と天井面を接続する。野縁は平行もしくは格子状に流した線状部材であり，木材あるいは金属材からなり，300〜450mm の間隔で設けられる。

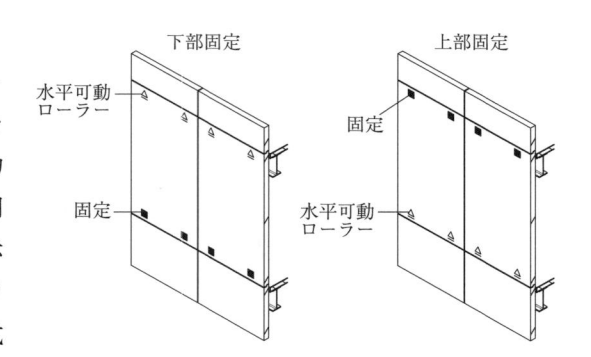

スライド方式

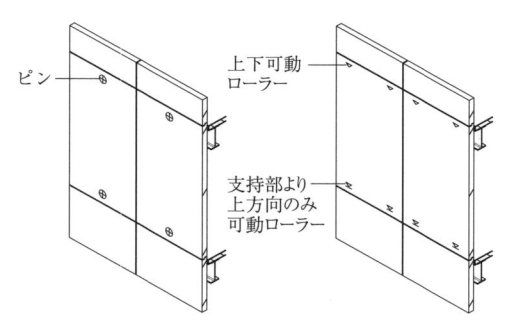

ロッキング方式

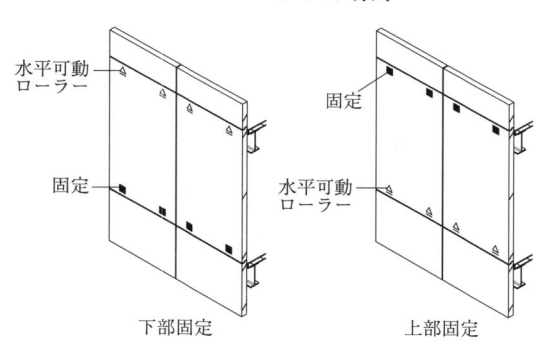

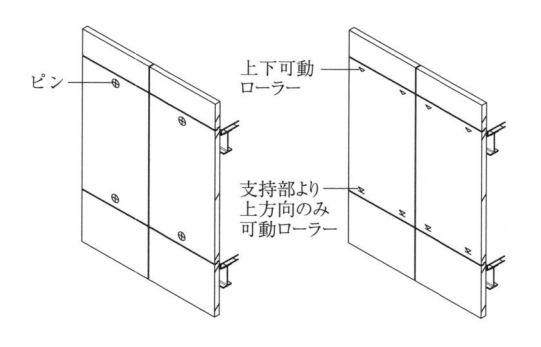

図4・55　カーテンウォールの変位

　事務所建築などでは，多数の設備を天井に取り付けるようになってきている。各設備の取り合いは複雑でこれを明快に処理し，工程の合理化をはかるよう考えられたものが，システム天井である。種類はいくつかあるが，ライン方式の例を図4・57に示す。

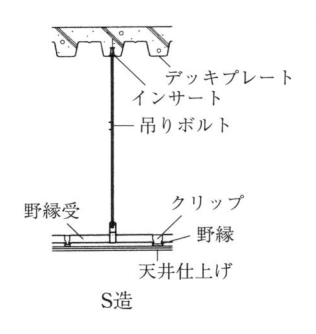

図4・56　吊り天井の吊り方と各部の名称

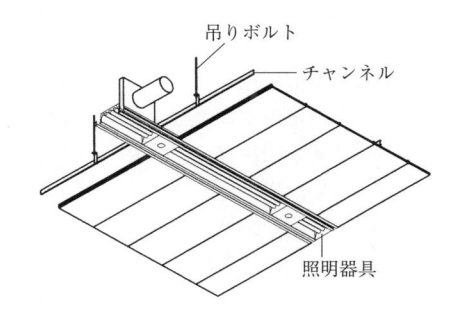

図4・57　システム天井

第4章　章末問題

　次の各問について、記述が正しい場合は○、誤っている場合は×をつけ、誤っている場合は正しい記述を示しなさい。

〔鋼材の性質〕

【問 1】 建築構造用圧延鋼材は、SN材と呼ばれ、建築物固有の要求性能を考慮して規格化された鋼材である。(R2-23)

【問 2】 常温において、SN400材とSN490材のヤング係数の値は，強度が高いほど高くなる。(R1-23，(R5-23)

【問 3】 溶接構造用圧延鋼材 SM490A の降伏点の下限値は、490 N/mm²である。(R2-23)

【問 4】 鋼材の引張強さは、一般に、温度が200～300℃程度で最大となり、それ以上の温度になると急激に低下する。(R2-23)

【問 5】 鋼材の降伏点は、温度が300～400℃程度で最大となり、それ以上の温度になると急激に低下する。(R3-23)

【問 6】 鋼材の降伏比（＝降伏応力／引張強さ）は、大きいほうが降伏後の余力が大きい。(R3-23)

【問 7】 「建築構造用圧延鋼材 SN400」は、溶接接合を用いる建築物の場合、一般に、A種を用いる。(R3-16)

〔部材の設計〕

【問 8】 H形鋼を梁に用いる場合、一般に、曲げモーメントをウェブで、せん断力をフランジで負担させるものとする。(R2-16)

【問 9】 引張材の有効断面積は、ボルト孔などの断面欠損を考慮して算出する。(R2-16)

【問 10】 山形鋼や溝形鋼をガセットプレートの片側にのみ接合する場合は、偏心の影響を考慮して設計する。(R2-17)

【問 11】 圧縮力を負担する柱の有効細長比は、300以下とする。(R1-16)

【問 12】 横移動が拘束されているラーメンの柱材の座屈長さは、精算を行わない場合は節点間距離にすることができる。(R4-16)

【問 13】 トラスの弦材においては、一般に、構面内の座屈に関する座屈長さを、精算を行わない場合は節点間距離とすることができる。(R2-16、R4-16)

【問 14】 断面の弱軸まわりに曲げモーメントを受けるH形鋼の梁については、横座屈を考慮する必要はない。(R2-16)

【問 15】 H形断面を有する梁が強軸まわりに曲げを受ける場合、梁の細長比が大きいほど許容曲げ応力度は大きくなる。(R4-16)

【問 16】 鉄骨部材は、平板要素の幅厚比や鋼管の径厚比が大きいものほど、局部座屈が生じにくい。(R1-16)

【問 17】 柱及び梁材の断面において、構造耐力上支障のある局部座屈を生じさせないための幅厚比は、炭素鋼の基準強度(F値)により異なる。(R3-16)

〔接　合〕

【問 18】 高力ボルト摩擦接合部の許容応力度は、締め付けられる鋼材間の摩擦力と高力ボルトのせん断力との和として応力が伝達されるものとして計算する。(R5-17)

【問 19】 構造用鋼材の高力ボルト摩擦接合部の表面処理方法として、浮き錆を取り除いた赤錆面とした場合、接合面のすべり係数の値は 0.7とする。(R1-17、R5-17)

【問 20】 高力ボルト摩擦接合において、2面摩擦とする場合の許容耐力は、長期、短期ともに1面摩擦とする場合の2倍の数値とすることができる。(R3-17)

【問 21】 柱の継手の接合用ボルト、高力ボルトおよび溶接は、原則として、継手部の存在応力を十分に伝え、かつ、部材の各応力に対する許容耐力の1/3を超える耐力とする。(R1-17、R4-17)

【問 22】 高力ボルトの接合において、ボルト孔の中心間の距離は、公称軸径の2倍以上とする。(R2-17、R4-17)

【問 23】 構造計算に用いる隅肉溶接の溶接部の有効のど厚は、一般に、隅肉サイズの 1/2とする。(R1-17)

【問 24】 溶接接合において、隅肉溶接のサイズは、一般に、薄いほうの母材の厚さ以下とする。(R3-17、R4-17)

【問 25】 応力を伝達する隅肉溶接の有効長さは、一般に、隅肉サイズの10倍以上で、かつ、40mm 以上とする。(R3-17)

【問 26】 片面溶接による部分溶込み溶接は、荷重の偏心によって生じる付加曲げによる引張応力がルート部に作用する箇所には使用しない。(R2-17、R5-17)

【問 27】 一つの継手に高力ボルト摩擦接合と溶接接合とを併用する場合において、溶接接合が高力ボルト摩擦接合よりも先に施工されるときは、溶接接合と高力ボルト摩擦接合の両方の耐力を加算することができる。(R1-17)

【問 28】 鉄骨造の建築物の筋かいについて、軸部の全断面が降伏するまで、接合部が破断しないことを計算によって確認した。(R1-18)

【問 29】 鉄骨造の建築物において、保有耐力接合の検討は、柱および梁部材の局部座屈を防止するために行う。(R3-19)

第5章

基礎構造

↑場所打ちコンクリート杭の施工
（鉄筋かごの挿入）

←場所打ちコンクリート杭の施工（掘削）

　基礎構造は，建物と地盤の接点にあって建物を支える極めて重要な部位である。上部構造と比べると地下にあるために，建築を目指す学生にとってあまりイメージできない部位でもある。

　通常のビルなどの建物総重量は数十トンあるいは数百トン以上にもなることから，それを支える地盤や杭の働きは極めて大きなものである。

　本章では，地盤の特性や杭に関する力学的メカニズムを，イラストで分かりやすく解説する。

5・1 基礎の種類

基礎は建物を支持する部分であることは既に述べた。ここでは「広義の基礎」の構成ついて説明する。一般に，建物の支持部（支点）に作用する力（これを構造力学では反力と呼ぶ）は，建物の固定荷重や積載荷重あるいは積雪荷重・風圧力・地震力などによって決定される。この力を地盤がしっかりと支えることができない場合には，沈下，あるいは最悪の場合建物の倒壊に到る（図5・1）。このような観点から，基礎は，大きく**直接基礎**と**杭基礎**に分けられる（図5・2）。直接基礎は地盤自体が建物を支えるのに十分な強度と剛性を持っている場合に用いられ，杭基礎は地盤が建物を支えるのに不適当な場合に用いられる。

また，実際の工事内容から区別する場合もあり，**地業**と**基礎**に分けられる。ここでいう基礎は，「狭義の意味」で用いられ，建物の一部であり，建物と地盤の正に接触する部分を指す。この基礎を地盤が支えることを可能にするために，地盤に手を加えることの総称として地業が用いられる。前述の杭工事もまた地業に属する（図5・3）。

なお，基礎を設定するための掘削や地下室がある場合の掘削を**根切り**という。

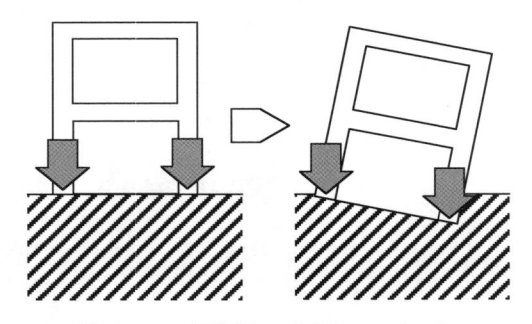

図5・1　基礎がしっかりしていないと

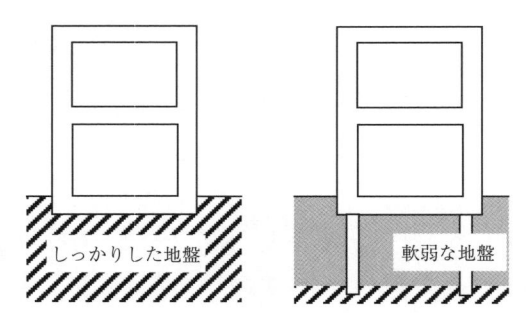

図5・2　直接基礎と杭基礎

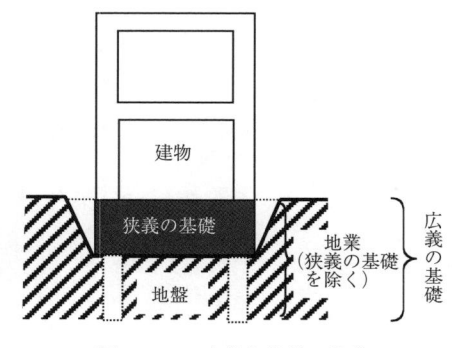

図5・3　広義と狭義の基礎

5・2　地層と地盤

5・2・1　地層

　現代は，地質学的言うと新生代第四紀に属する。新生代第四紀はさらに「沖積世」「洪積世」に分けられ，現在は「沖積世」に属する。また，第四紀の前は第三紀と言われる。つまり，新しいものから順に整理すると，表5・1のようになる。一般に，地層（地盤）は古いものほど締め固められているから，古いものほど強度・剛性ともに高い。逆に，最も新しい沖積世の地層は，比較的新しい地層であるので軟弱な地盤の代名詞となっている。

5・2・2　地盤調査

　地盤調査とは，計画している敷地の地盤がどのような状態であるか設計に必要な情報を得るために行うものである。目的に応じて，**標準貫入試験**，**土質試験**，**平板載荷試験**，杭の載荷試験，杭打ち試験が行われる。

⑴　標準貫入試験

　最も標準的なもので，地盤の強さを大まかに把握すること，および地盤を構成する土の試験採取を目的として行われる。この試験では，地盤を構成する土の種類および「N 値」と呼ばれる地盤の強さを大まかに表す値が得られる（図5・4）。この N 値とは，**貫入試験用サンプラー**（図5・5）と呼ばれる筒状のものを所定の力で打ち込み，30cm 貫入させるのに必要な打ち込み回数として得られる。また，このように建設敷地内において穴をあける行為のことを**ボーリング**と呼ぶ。

表5・1　時代と地層

時代		地層名		
第四紀	沖積世	沖積層	新	軟弱
	洪積世	洪積層	△	△
第三紀		第三紀層	古	堅固

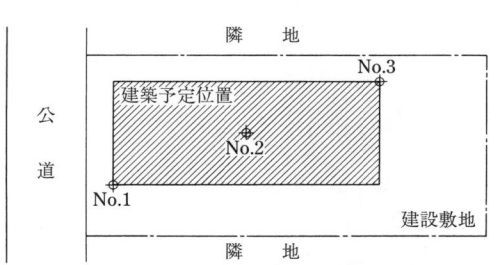

⊕ ボーリング位置　ボーリングする位置はできるだけ多いほうがよいが，費用の関係で最小限とする場合でも，上図のように対角線方向に 3 か所は必要である。

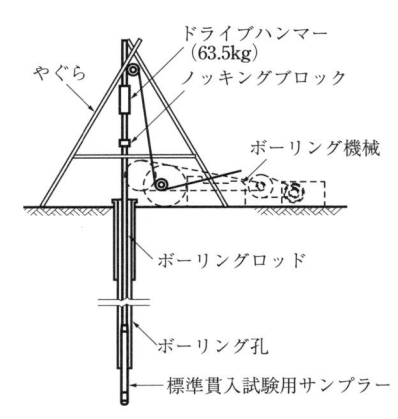

図5・5　標準貫入試験

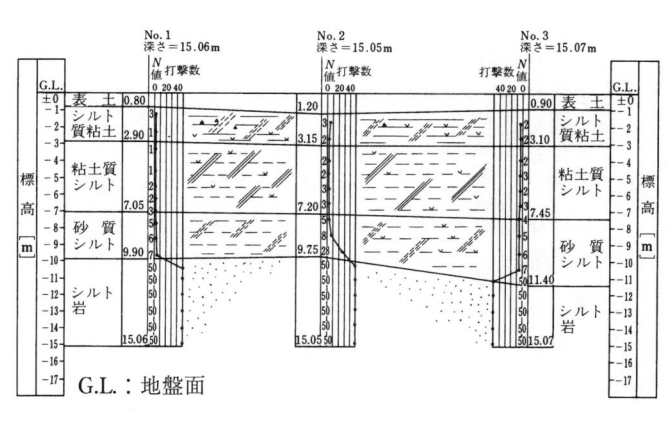

図5・4　柱状図

(2) 土質試験

上記の打ち込み時に同時に採取した土のサンプルを用いて採取した土がどのような力学的特徴を有するかを実験室にて試験することを，土質試験と呼ぶ。

(3) 平板載荷試験

これは，5・4節で述べる直接基礎の場合に行われる試験であり，実際に基礎（建物の底面）が接触する部分まで掘削し，その接触面に所定の大きさの載荷版に力を作用させ，土の強さを直に計測しようとするものである。

5・3　土の性質

5・3・1　土の構成

ここでいう土とは，日常生活で使う砂，土，粘土などを総称した言葉である。この土は，一般に，土粒子・水・空気から構成されている。

建築では，土の粒径の大きさから，**れき**（粒径2mm以上），**砂**（粒計0.074～2mm），**シルト**（粒径0.005～0.074mm），**粘土**（粒径0.005mm以下）に分類している。もちろん，一般的な土は，これらが混合されて構成されている。

5・3・2　土のせん断強さ

土の強度は，**せん断強さ**というものを尺度にしている。このせん断強さとは，土と土間のすべりにくさということができる。すなわち，すべりにくい土は強く，すべりやすい土は弱いということである。このすべりにくさとは，土のようなものの場合には，次の2つの要因から表すことができる。

(1) 要因①　粘着力

粘土を考えてみると容易に想像できるように，土には**粘着力**が存在する。これが土の強さに大きな影響を及ぼす。解りやすくするために，図5・6に示すような表面がスベスベした箱同士を重ねただけの状態と箱の間にとりもちのような粘り気のあるものを注入した状態を考えると，重ねただけのものは僅かな力で上の箱

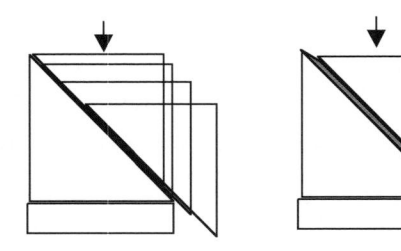

図5・6　粘着力の有無（概念図）

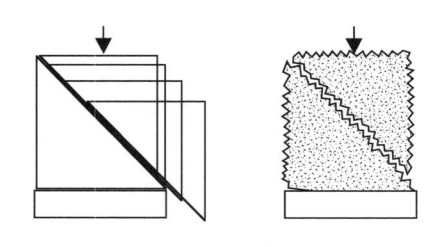

図5・7　内部摩擦角（概念図）

がすべり動いてしまうが，とりもちを注入したものはとりもちの粘り気に応じて抵抗することができる。

(2) 要因②　摩擦力

次に，砂に代表されるザラザラした土の場合について考えてみる。この場合には，すべりにくさは摩擦にて説明することができる（図5・7）。この摩擦力は，（摩擦係数）×（摩擦面に作用する押え付ける力）として表されるので，摩擦によるすべりにくさは，どれだけザラザラしているか，およびどれだけの力で押え付けているか，により決定される。なお，ザラザラ感

を表す摩擦係数を**土の内部摩擦角**と呼ぶ。

　一般には，土はこの両者の特性を有しており，それぞれの和としてせん断強さが決定される。

5・3・3　その他の土の特徴

⑴　透水性と圧密沈下

　土が，土粒子・水・空気で構成されていることは先に述べた。水は常に一定な状態にあるのではなく，いろいろな条件下で絶えず変化し，土の中を移動している。移動しやすさの度合いを示す言葉が**透水性**である。図5・8にあるような水を入れたビニール袋を考えてみる。袋には僅かな穴があいているものとする。これに錘を載せると，内部の水は穴から徐々に外部に漏れてくる。穴が大きければ水は素早く漏れ出し，穴が小さければジワジワしみ出るようになる。実際の土でも同じようなことが生じており，このモデルの錘が建物，ビニール袋が土粒子，穴の大きさが透水性である。図からも解るように，水が移動した分だけ建物は沈下する。

　また，透水性（穴）が小さい場合には，建物が作られても直ちには水は移動することができず，非常に長い年月を経て移動することになる。これが**圧密沈下**である。圧密沈下は，建物に悪影響を及ぼす不同沈下の原因となる場合がある。

⑵　液状化現象

　水で飽和しており，粒径が比較的均一で，ゆるい（締め固められていない）地盤では，地震により振動を受けると，液体のような振る舞いを示すことがある（図5・9）。これが液状化である。大きな地震が起きた後に，道路などが砂で覆われていることがある。これは，液状化により，流動化した砂が地表に溢れ出すために生じる。特に，液状化が問題となった事例は，新潟地震であり，地盤の液状化のために建物が

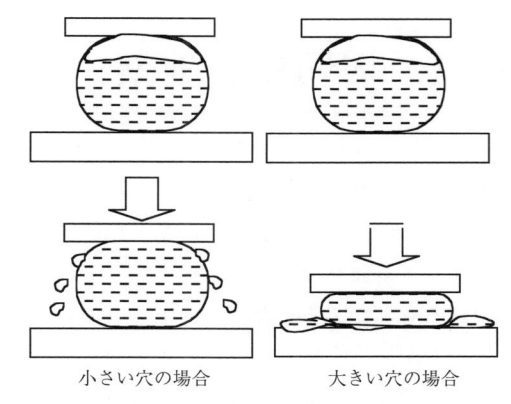

図5・8　圧密沈下とは

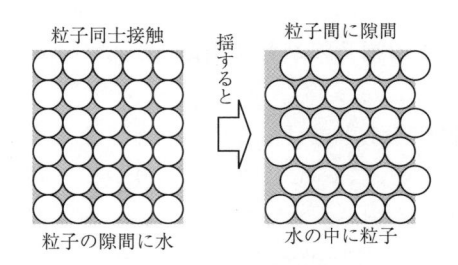

図5・9　液状化の原理

表5・2　土の性質（砂質土と粘性土との比較）

	砂質土	粘性土
粒径	大	小
内部摩擦角	大	小
粘着力	小	大
透水性	大	小
圧密沈下量	小	大
液状化	大	小

転倒する被害が発生した。

　以上の土の性質を砂質土と粘性土の比較したものを，表5・2に記しておく。

5・4 根切り・地業

5・4・1 根切り

　根切りとは，地盤を基礎に応じて掘削することであり，基礎を施工する準備として先行して行われるものである（ただし，杭基礎の場合には杭打ちが先行する場合もある）。

　根切りの種類には，**つぼ掘り**，**布掘り**，**総掘り（べた掘り）**がある（図5・10）。これらは次節で述べる基礎の形態に応じて使い分けられる。対象建物に地下室がある場合には総掘りとなるのが一般的であり，根切り深さもかなりのものとなる。このような場合には，施工時に根切りの側面が崩壊しないように補強がなされる。この補強のことを**山留め**と呼ぶ（図5・11）。

　根切り工事を行っているときに発生する現象として、ヒービングとボイリングと呼ばれるものがある。ヒービングとは、地下掘削において、山留め壁の背面の土が掘削面にまわり込み、根切り底面を押し上げる現象のことであり、ボイリングとは、砂中を上向きに流れる水流圧力によって、砂粒がかきまわされ湧き上がる現象のことである。いずれも大事故に至る可能性があるので注意する必要がある。

5・4・2 地業

　地盤と基礎を馴染ませるために，あるいは地盤を基礎を支えるのに十分な強度とするために行う工事のことを，地業と呼ぶ（図5・3）。地業のうち，歴史的にも古く，今でもよく用いられる地業に**割ぐり地業**がある（図5・12）。ただし，根切り底が非常に良好な場合には，割ぐり地業を行うと逆に地盤を弱くする場合もあるので注意する。

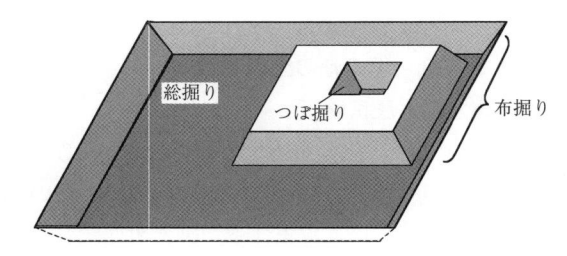

図5・10　根切りの種類

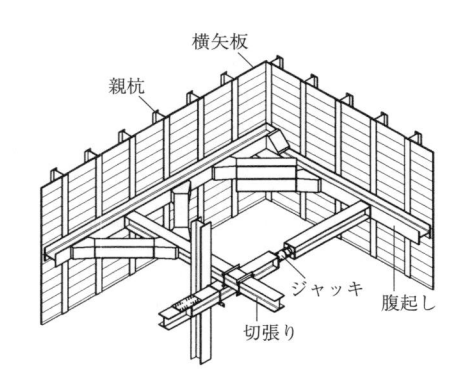

図5・11　山留めの例

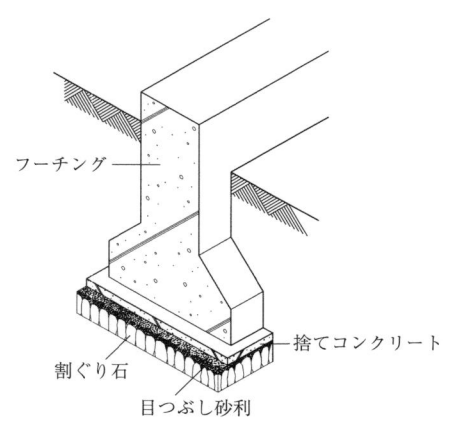

図5・12　割ぐり地業

5・5　直接基礎

5・5・1　直接基礎の種類と設計

　直接基礎は，地盤が建物を支えるのに十分な強度を有している場合に用いられるものであり，基礎スラブの形態により，表5・3のように分類される。

⑴　基礎スラブの形態による分類

　フーチング基礎は，footing という英語からも理解されるように，人の足のように地盤と接する部分を局部的に広げることにより，地盤との接地圧を小さくする効果を持たせたものである（図5・13）。

　フーチング基礎は，さらに独立基礎，複合基礎，連続基礎（布基礎とも言う）に分類される。**べた基礎**は，フーチング基礎よりもさらに接地圧を小さくしたい場合に用いられ，建物の底面に RC のスラブを設け底面全体が地盤に接するようにしたものである（図5・14(d)）。以上のことから解るように，力学的に言えば，接地圧の低減する方法により分類されている。一般に，フーチング基礎は，木造家屋や鉄骨建屋（工場や倉庫）など重量が比較的小さい建物に用いられることになる。

　フーチング基礎のうち，**独立基礎**は，個々のフーチングが孤立しているもの（図5・14(a)）をいい，基本的には柱の直下に独立基礎は設置される。これに対して，**複合基礎**は複数の柱を1つのフーチングで支えようとするもの（図5・14(b)）であり，**連続基礎**は建物外周を含む主だった柱・壁を線上に支持しようとするもの（図5・14(c)）である。

　図からも解るように基礎の底面の面積は，

　独立基礎＜複合基礎＜連続基礎＜べた基礎

となっている。基本的な設計の考え方は，建築

表5・3　直接基礎の分類

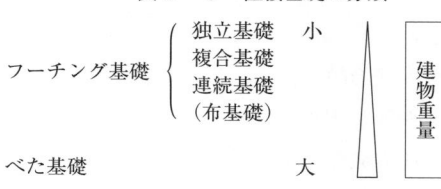

図5・13　フーチングとは

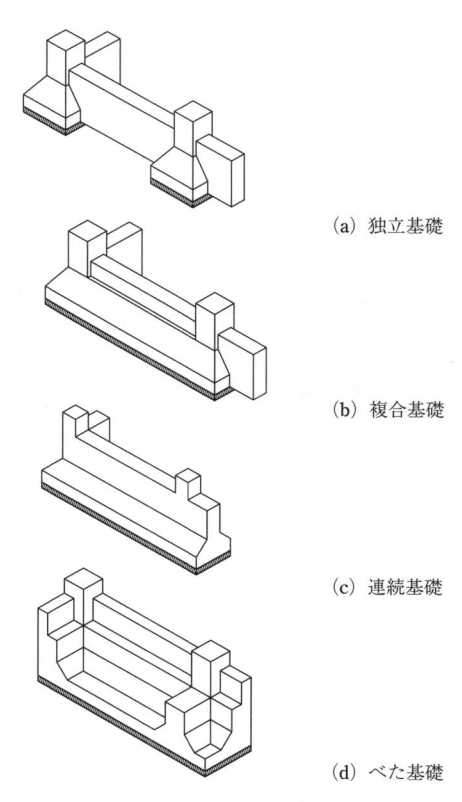

(a) 独立基礎

(b) 複合基礎

(c) 連続基礎

(d) べた基礎

図5・14　基礎の種類

158

の場合，立地する場所は決められていることから，地盤の強さというものを調整することは一般に難しい。したがって，建物の計画が決定した段階で重量（基礎の固定荷重については基礎構造各部の自重＋基礎スラブ上部の土かぶりの重量とする）を次に述べる地盤の許容地耐力で除して必要底面積を求め，これを確保できるような基礎形態を選択する。

直接基礎の底盤の位置は、原則として、支持地盤以下とし、かつ、表土層以下で土の含水変化や凍結のおそれの少ない深さとする。また、基礎梁の剛性を大きくすることは、一般に、不同沈下の影響を減少させるために有効である。

5・5・2　地盤の許容地耐力

地盤の許容地耐力とは，設計上許容される地盤の強さである。許容地耐力は，許容支持力と許容沈下量から決定する。**許容支持力**は，先の土の性質のところで述べた粘着力や内部摩擦角，土の密度，基礎の形状により計算され，**許容沈下量**は地盤の条件，基礎の形状および周辺の状況にて決定する。なお，許容支持力には，図5・15のような傾向がある。

ただし，粘着力や内部摩擦角を正確に知るためには土質試験などが必要となり，設計ごとに毎回土質試験を行うのは合理的ではない。そこで，表5・4のように地盤の種類によりその許容応力度が決められており，この値を用いて設計することが許されている。

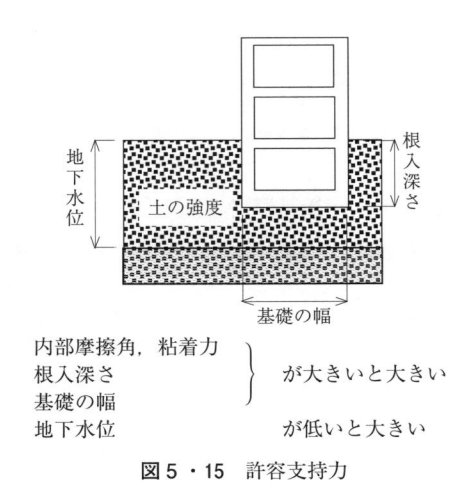

内部摩擦角，粘着力
根入深さ ｝ が大きいと大きい
基礎の幅
地下水位　　　　　が低いと大きい

図5・15　許容支持力

表5・4　許容応力度（許容地耐力）〔kN/m²〕

地　　盤	長　　期	短　　期	N 値
岩盤	1000		100以上
固結した砂	500		50以上
土丹盤	300	長期の2倍	30以上
砂質地盤	50		5〜10
粘土質地盤	20		2〜4
ローム層	50		3以下

5・6　杭基礎

5・6・1　杭の種類

　建物の重量を支えることができない地盤では，杭を用いることは先に述べた。杭の分類方法には，杭の材料によるもの，施工方法によるもの，杭の力の伝達方法によるもの，の3種類あるので混同しないようにしなければならない。たとえば，コンクリート杭といっても1種類ではなく，その施工方法や力の伝達方法を決めることにより，一義的に決定されることになるのである。

5・6・2　材料による分類

　木杭は，小規模な建物に使用され，腐りにくい松が主として用いられた。施工方法は打撃工法による。ただし，現在では一般的ではなく，あまり用いられない。

　コンクリート杭は，現在最も用いられる杭である。正確に言えば，鉄筋も内部に配されているので鉄筋コンクリート杭と言うべきものである。コンクリート杭には**既製杭**と呼ばれるものと**場所打杭**と呼ばれるものがある。既製杭は工場で製作され，現場ではこの既製の杭を地盤に設置する方法が採られる。場所打杭は，建設現場の杭設置位置に穴を設け，その中に杭を製作するものである。場所打杭を作製するための工法として種々のものが考案されており，表5・5に示す施工方法による分類のうち場所打杭はすべてこのコンクリート杭を作製するために考えられたものである。

　鋼杭は，建物を支持する目的としては，円形鋼管が用いられる。鋼は周知のとおり湿潤環境下では錆（さび）が発生する。通常は図5・17に示すように，この錆が発生することを考慮

図5・16　杭の分類方法

（1つの杭をみると，
材料は？
工法は？
支持方法は？）

表5・5　杭の種類

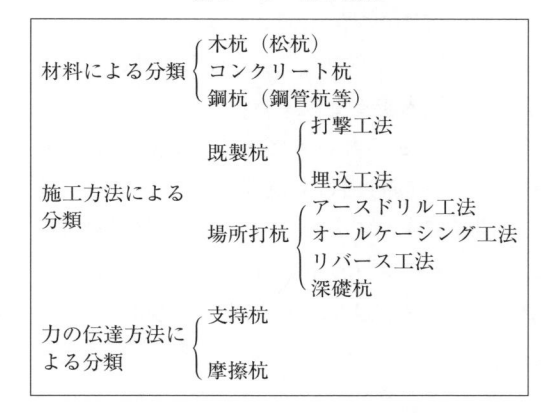

材料による分類		木杭（松杭） コンクリート杭 鋼杭（鋼管杭等）
施工方法による分類	既製杭	打撃工法 埋込工法
	場所打杭	アースドリル工法 オールケーシング工法 リバース工法 深礎杭
力の伝達方法による分類		支持杭 摩擦杭

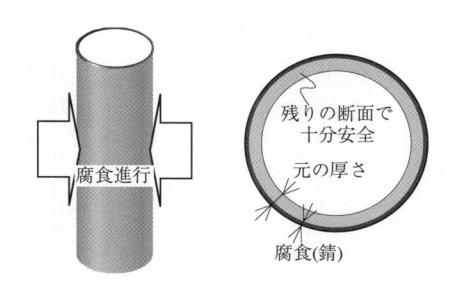

図5・17　腐食しろ（鋼管杭）

腐食進行

残りの断面で十分安全
元の厚さ
腐食(錆)

し，腐食しろと呼ばれる耐用年数間で腐食する部分を除いた残りの断面だけでも十分な強度を発揮するように設計する。

5・6・3　施工方法による分類

　既製杭を地盤内に設置する方法として，**打撃工法**と**埋込工法**がある。打撃工法は，釘をハンマーで木に打ち付けるように，杭を地盤に打ち込む方法である。近年では打ち込むときの騒音のために都市近郊ではあまり用いられなくなっている。

　埋込工法は，上記の大きな騒音を防止するために考案されたものであり，図5・18に示すように，杭を設置する箇所にあらかじめ掘削により穴を作り，その中に杭を入れこむ方法などがある。この工法では杭と地盤の間の一体化を図るために，セメントミルクが注入される。

　場所打杭は，埋込工法と同様，まず穴を設置場所に設け，この中に鉄筋を配した後，コンクリートを注入するものである。場所打杭は，杭径（杭の太さで太いほど大きな力に耐えられる）を比較的自由に設定することができ，また，現場ですべてを製作するので運搬上の問題もないなどのメリットを有する。代表的な事例である**アースドリル工法**を図5・19に示しておく。

　このような工法で，問題になるのが孔壁の崩壊とゆう水（孔壁からしみ出る水）である。これを図5・19では水を孔に溜めておくことにより防いでいる。後者のように水を用いるのは，地盤が比較的粘着性がある場合であり，地盤が粘着力のない砂質系の場合には，**ベントナイト溶液**（比重・粘性ともに高い液体）が水の代わりに用いられる。

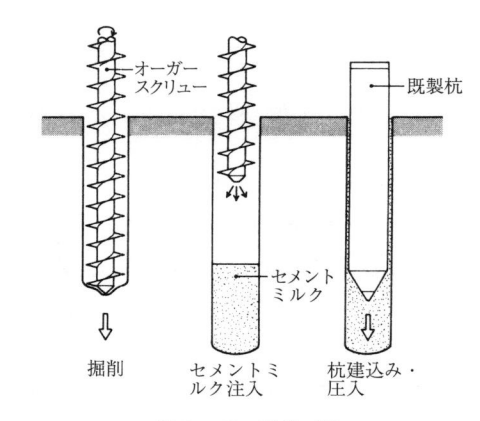

図5・18　埋込工法

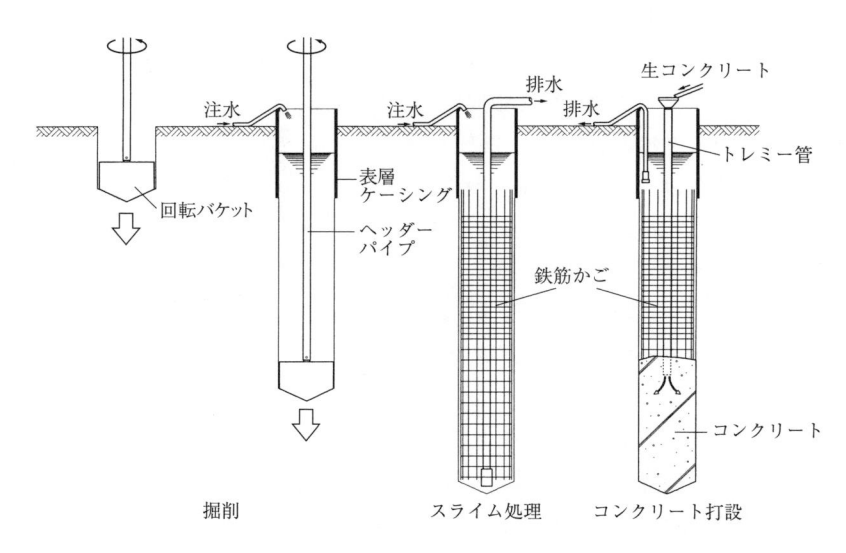

図5・19　アースドリル工法

5・6・4　力の伝達方法による分類

　力の伝達方法とは，杭が支えている建物の重量はどのように地盤に伝達されるかということを意味する。つまり，建物の重量を支えるのが杭であるが，では，杭は地盤にどのように支えられているのか，ということである。

　杭と地盤の力のやりとりの方法には，**先端抵抗**と**周面摩擦力**と呼ばれる2種類あり，主として前者に期待するものを**支持杭**，後者によるものを**摩擦杭**と呼ぶ。

　支持杭とは，先端抵抗を主としていることから，杭に作用する建物重量は杭中を伝わり，杭先端を支持する強固な地盤まで伝達される（図5・20）。これを解りやすく言えば，手のひらで棒を受けとめる状態が先端抵抗であり，この

ときの棒が杭であり，手のひらが強固な地盤である。実際の杭の設計において強固な地盤とは，標準貫入試験で得られた N 値が50以上の地盤としている。

　これに対して，棒を手で握った状態，これが周面摩擦の考え方であり，棒の先端は支えられていなくとも，手と棒の間の摩擦により棒は支えられている（図5・21）。これが摩擦杭である。摩擦杭は，上記の強固な地盤が極めて深い位置にある場合や地表部分の地盤が極めて軟弱で多大な圧密沈下が予想される場合などに用いられる。

　なお，実際には支持杭にも周面摩擦は作用し，これを考慮して設計される場合もある。

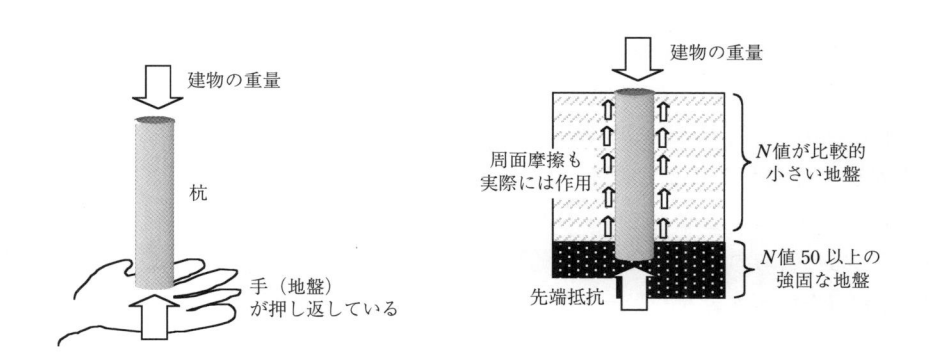

図5・20　支持杭

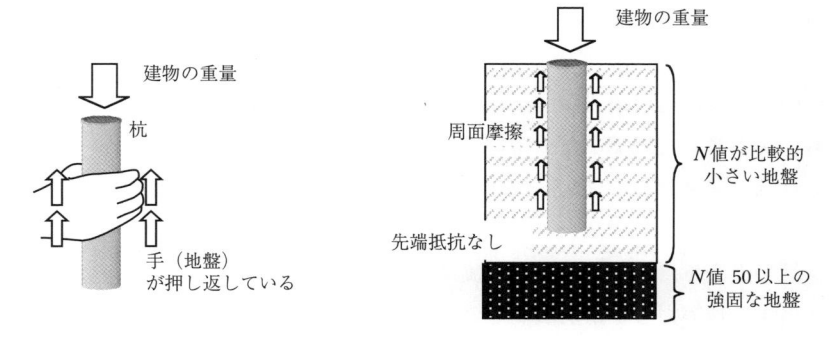

図5・21　摩擦杭

162

5・6・5　その他の注意事項と設計

　杭の設計を行う上で，注意しなければならない点がいくつかある。その重要なものが**ネガティブフリクション**と**水平抵抗**である。

(1)　ネガティブフリクション

　ネガティブとは負（マイナス）のことを意味し，フリクションは摩擦を意味する。つまり，負の摩擦ということであるが，この負というのは通常杭に作用する摩擦力と逆の摩擦力が作用してしまうことを指す。

　伝達方法による分類のところで説明したように，一般に杭には周面摩擦が作用する。この摩擦力について再度考えてみる。建物の重量が作用すると地盤は図5・22のように変形する。すべての物体は変形すると元に戻ろうとするので，上向きの力が発生することになる。

　ところが，支持杭で周辺地盤が沈下した場合には，杭はより深い強固な地盤で支持されているために沈下せず，その結果，地盤は図5・23のような変形となり，上記と同様の理由により下向きの力が杭に作用することとなる。つまり，地盤沈下する場合には通常と逆向きの力が杭に作用することになるのである。言いかえれば，沈下する地盤を杭が支えることとなる。もちろん，杭は建物のみを支えるように設計されているので，地盤を支えることなど到底不可能であるから杭に損傷が発生することとなる。したがって，地盤沈下が予想される場合には，杭の設計にあたってこれを考慮しなければならない。

　なお，摩擦杭の場合には周辺地盤が沈下すると，それとともに沈下するだけでネガティブフリクションはそれほど発生しない（図5・24）。

(2)　水平抵抗

　杭は建物の重量を支えるだけではなく，地震時には建物に作用する地震力も杭が崩壊することなく地盤に伝達しなければならない。このと

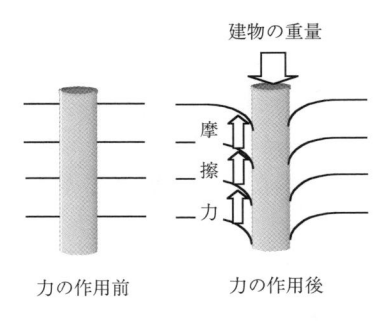

図5・22　通常の杭に作用する摩擦力

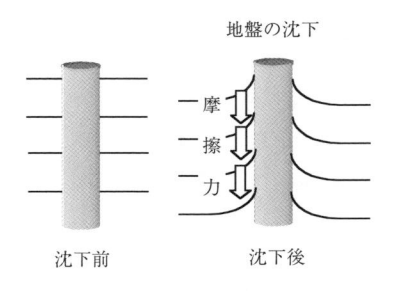

図5・23　地盤が沈下した場合の摩擦力（支持杭）

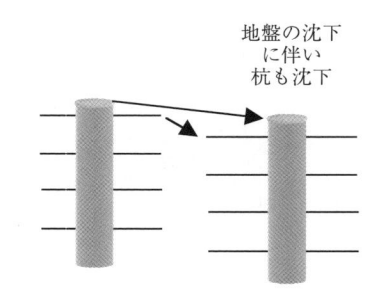

図5・24　地盤が沈下した場合の摩擦力（摩擦杭）

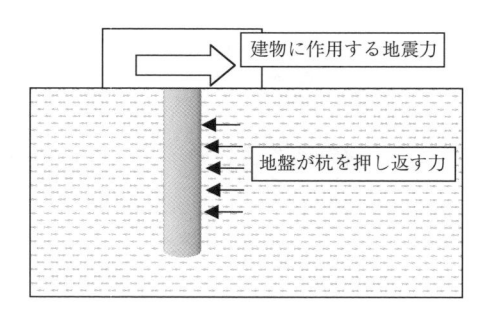

図5・25　杭の水平抵抗

きの杭の働きを杭の水平抵抗と呼ぶ（図5・25）。

(3) その他の構造留意点

① 杭基礎を設計するときは，杭基礎の支持力だけではなく，沈下量も考慮して耐力（設計に用いる強度）を決定する。

② 同一建物において，支持杭と摩擦杭の混用は避ける（図5・26）。不同沈下の原因となるためである。

③ 場所打杭の場合のコンクリートの許容応力度は，建物と同じ基準強度のコンクリートを用いても低減されることに注意する。この理由は，上部構造の場合には管理された箇所にコンクリートを打設するが，杭の場合には，コンクリートを打設するのが地中であり，地下水や泥などがコンクリートと混ざり合うためである。

④ 杭は単独で用いられる場合もあるが，大きな強度を必要とするときには一箇所に複数の杭を用いる場合もある。これを**群杭**と呼ぶ。群杭の場合の特徴としては，以下のようなものが挙げられる。

・地盤が砂質系の場合，群1本あたりの耐力（強度）は単杭よりも大きくなる。これは砂質土の場合には近接した箇所に杭を複数設置することにより地盤自体が締め固められるためである。

・地盤が粘土質系の場合，群杭1本あたりの耐力は単杭よりも小さくなる。この理由は，杭の周面摩擦が周囲を杭に囲まれた内部の杭には作用しにくいためである（図5・27）。

・ネガティブフリクションが発生した場合，群杭1本あたりに作用する負の力は単杭よりも小さくなる。これも，上記と同様の理由による（図5・28）。

・群杭1本あたりの水平抵抗時の強度は単杭

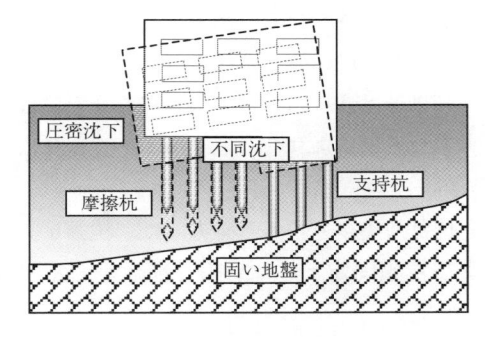

図5・26 支持杭摩擦杭の混用はさける

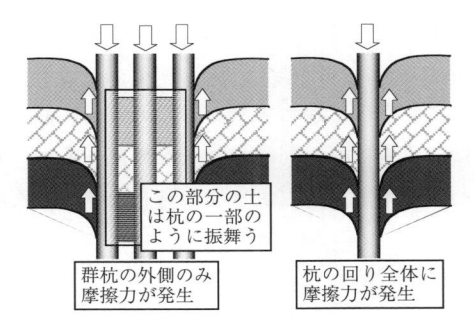

図5・27 粘土質地盤における群杭挙動

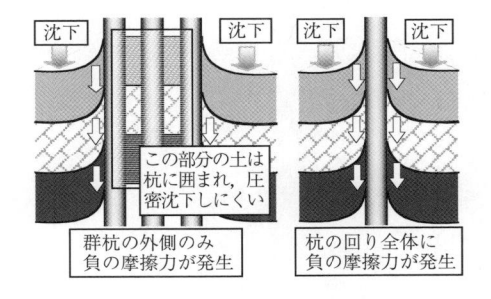

図5・28 群杭の場合のネガティブフリクション

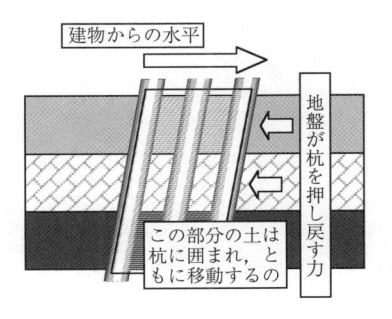

図5・29 群杭の場合の水平抵抗

よりも小さくなる（図5・29）。

つまり，最初のものだけは逆であるが，それ以外は群杭の場合の1本あたりの値はいずれも単杭よりも小さくなると覚えればよい。

⑤ 杭と基礎の連結の考え方には，**杭頭ピン**および**杭頭固定**と呼ばれる2種類がある（図5・30）。

杭頭ピンは，基礎が杭に載っているだけで両者は完全に一体化されていないもの，杭頭固定は基礎と杭が一体化されているものである。

これらは，建物重量などの鉛直力に対しては，差異はなく同様の効果を発揮するが，地震時の水平抵抗に大きな影響を及ぼす。実際に大きな地震の後の被害例で杭頭が大きな損傷を受けている場合もある。このために通常は杭頭固定として，杭頭に発生する応力を正確に評価することとなっている。

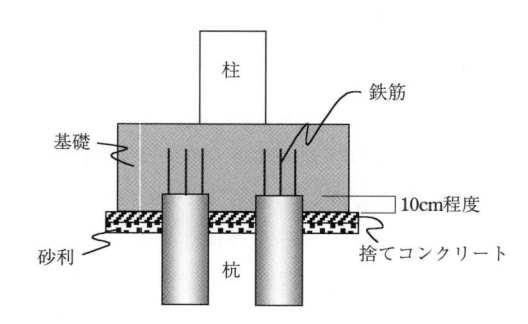

図5・30 杭と基礎の納まり

5・7　地盤改良

　近年，ウォーターフロントなどという言葉で海を埋め立てて広大な敷地を作り，公的建築物を造ることがなされてきた。このような敷地の場合，埋め立てて僅かの後に建物建設が着工されることから，地盤として非常に不安定な（軟弱な）ことが多い。このような地盤を比較的短時間で安定させる方法が地盤改良である。

　地盤改良の最も一般的なものは，地盤の性状に多大な影響を及ぼす地下水あるいは土中の間隙水を如何に短時間で取り除くかを目的としている。よく用いられるものに，**サンド・ドレーン工法**や**ペーパードレーン工法**などがある。これらの考え方は共通で，水の逃げ道をある間隔で設けることにより，短時間で土中の水の除去を可能とするものである。図5・31はサンド・ドレーン工法の事例である。サンドとは砂のことで砂は透水性（水の通しやすさ）が高い。したがって，サンド・ドレーンを多く設けることにより，水が比較的短時間で移動することが可能となる。

　このような方法以外に，セメントや薬液などを用いて直接的に地盤を固める方法もある。コストの面から，この方法は比較的小規模な地盤改良に適している。

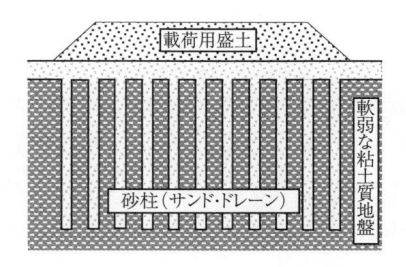

図5・31　サンド・ドレーン工法

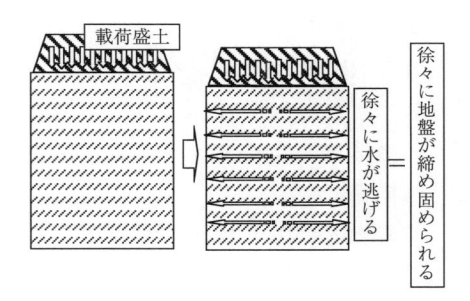

図5・32　サンド・ドレーンがない場合

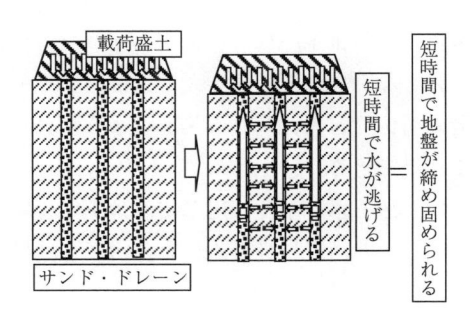

図5・33　サンド・ドレーンがある場合

5・8　土圧および擁壁

　土はせん断強さを有しているために，図5・34の左のような土からなる壁は，ある程度の高さであれば自立することができる。しかしながら，ある高さ以上になる，あるいは地震時などには自立することができなくなり崩壊する（図5・34右）。建築では最悪の状態を想定し，土も水のような液体であるとして，土による圧力を土圧として考慮することとしている。したがって，地下構造物や宅地造成などで設ける切土を防護する擁壁などには，この土圧が作用することとなる（図5・35）。

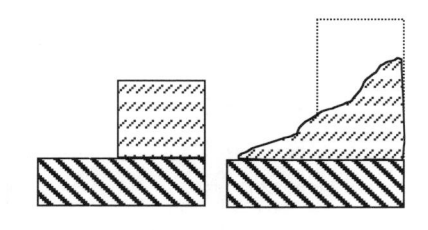

図5・34　ある状態では土は液体のように振舞う

　土圧には，**主働土圧**，**静止土圧**，**受働土圧**と呼ばれる3種類があり，これらの大きさには次のような関係がある。

主働土圧＜静止土圧＜受働土圧

　これらは，土を支える面の動きにより分類されている。すなわち，主働土圧は土圧を受ける面が土から逃げるように移動する場合，受働土圧は同面が土に向かうように移動する場合の土圧を指す。静止土圧は，同面がいずれの方向にも移動しない場合である。たとえば，典型的な擁壁の事例で言えば，図5・36のように分類することができる。

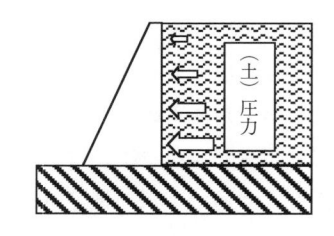

図5・35　支えようとすると圧力が作用する

　また，地下水の水位に応じて，地下室の壁などは，土圧と同時に地下水による水圧も受ける場合がある。この場合には，図5・37に示すように，土圧と水圧の和として壁面に作用すると考える。

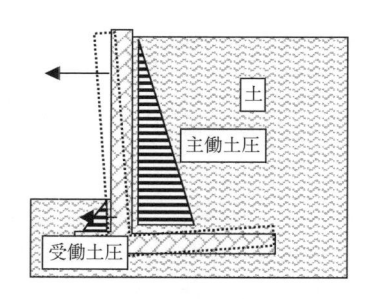

図5・36　各土圧

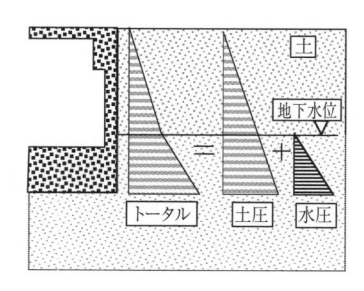

図5・37　地下室の側圧

例題 11

　基礎構造及び地盤に関する次の記述のうち，正しいものには○，誤っているものには×をつけよ。

(1) 地盤が凍結する地域における基礎底面の位置（根入れ深さ）は，地盤の凍結する深さよりも深くする。

(2) 基礎梁の剛性を大きくすることは，不同沈下の影響を減少させるために有効である。

(3) 杭を複数本設置する場合，杭間隔を密にするほうが有効である。

(4) 地下水位が高く，かつ，緩く堆積した砂質地盤は，一般に，地震時に液状化しやすい。

(5) 地盤の支持力は，一般に，基礎底面の位置（根入れ深さ）が深いほど大きくなる。

(6) 一般の地盤において，堅い粘土質地盤は，密実な砂質地盤に比べて，許容応力度が大きい。

(7) 木杭を使用する場合には，腐朽防止のため，常水面以深に確実に配置する。

(8) 同一の建築物において，直接基礎と杭基礎など異種の基礎を併用することは，できるだけ避ける。

(9) 基礎梁に点検等の目的で人通口を設ける場合，上部構造の大きな開口の下部となる位置はできるだけ避ける。

(10) 沖積層は，一般に，支持地盤として安定している洪積層に比べて，支持力不足や地盤沈下が生じやすい。

第 5 章　章 末 問 題

　次の各問について、記述が正しい場合は○、誤っている場合は×をつけ、誤っている場合は正しい記述を示しなさい。

【問 1】　洪積層は、一般に、沖積層に比べて、支持力不足や地盤沈下が生じやすい。(R3-9)

【問 2】　土の粒径の大小関係は、砂＞粘土＞シルトである。(R5-9)

【問 3】　一般の地盤において、地盤の長期許容応力度の大小関係は、岩盤＞粘土質地盤＞密実な砂質地盤である。(R2-9)

【問 4】　圧密とは、地盤の「強度の増大」、「沈下の抑制」、「止水」等に必要な土の性質の改善を目的として、土に脱水処理を施すことである。(R4-9)

【問 5】　液状化とは、水で飽和した砂質土等が、振動・衝撃等による間隙水圧の上昇によって、せん断抵抗を失う現象のことである。(R1-9, R4-9)

【問 6】　直接基礎とは、基礎スラブからの荷重を直接地盤に伝える形式の基礎のことである。(R1-9)

【問 7】　フーチング基礎は、フーチングによって上部構造からの荷重を支持する基礎であり、独立基礎、複合基礎、連続基礎等がある。(R5-9)

【問 8】　直接基礎の鉛直支持力は、原地盤から推定した地盤定数による支持力式を用いる方法または平板載荷試験による方法のいずれかによって算定する。(R2-9)

【問 9】　地盤の支持力は、一般に、基礎底面の位置（根入れ深さ）が浅いほど大きくなる。(R3-9)

【問 10】 直接基礎の底盤の位置は、原則として、支持地盤以下とし、かつ、表土層以下で土の含水変化や凍結のおそれの少ない深さとする。(R2-9)

【問 11】 基礎に直接作用する固定荷重は、一般に、基礎構造各部の自重のことである。(R2-9, R5-9)

【問 12】 布基礎は、地盤の長期許容応力度が70kN／m²以上であって、かつ、不同沈下等の生ずるおそれのない地盤にあり、基礎に損傷を生ずるおそれのない場合にあっても、鉄筋コンクリート造としなければならない。(R5-9)

【問 13】 杭の本数を減らすために、直接基礎と杭基礎との混用をすることは合理的な設計を行う上で有益である。(R2-9)

【問 14】 基礎梁の剛性を大きくすることは、一般に、不同沈下の影響を減少させるために有効である。(R3-9)

【問 15】 負の摩擦力とは、軟弱地盤等において、周囲の地盤が沈下することによって、杭の周面に上向きに作用する摩擦力のことである。(R1-9, R4-9)

【問 16】 ヒービングとは、砂中を上向きに流れる水流圧力によって、砂粒がかきまわされ湧き上がる現象のことである。(R1-9)

【問 17】 ボイリングとは、砂中を上向きに流れる水流圧力によって、砂粒がかきまわされ湧き上がる現象のことである。(R4-9)

【問 18】 擁壁に作用する土圧のうち、主働土圧は、擁壁が地盤から離れる方向に変位するときに、最終的に一定値に落ち着いた状態で発揮される土圧である。(R3-7)

【問 19】 地下水位以深に位置する地下外壁面に対して、土圧を考慮したので、水圧は無視した。(R4-7)

【問 20】 地下外壁に地下水が接する場合、地下水位が高いほど、地下外壁に作用する圧力は大きくなる。(R3-9)

例題解答・解説

例題1 （p. 15）

ある階（i階）の設計用地震力（Q_i）

$$Q_i = C_i \cdot W_i$$

C_i：ある階（i階）の**地震層せん断力係数**

$$Ci = Z \cdot R_t \cdot A_i \cdot C_0$$

Z：**地震地域係数**　各地域ごとに予想される地震動の強さに基づいて定められている。Zの値は，1.0，0.9，0.8，0.7の4種類である。

R_t：**振動特性係数**　建築物の設計用一次固有周期および地盤の種別に応じて算出する。建築物の<u>設計用一次固有周期が長いほど小さくなる</u>。<u>軟弱な地盤ほど大きくなる。</u>

A_i：高さ方向の分布を表す係数
最下階で1で，<u>上層ほど大きくなる。</u>

C：**標準せん断力係数**　一次設計（許容応力度設計）用の標準せん断力係数は，一般に，0.2以上とする。<u>地盤が著しく軟弱な区域として指定されている区域内における木造の建物では0.3以上とする。</u>必要保有水平耐力を計算する場合（二次設計）は，1.0以上とする。

W_i：最上階からある階までの建物重量（固定荷重と積載荷重の和。多雪区域では積雪荷重を加える。）

建築物の地下部分に作用する地震力は，一般に，当該部分の固定荷重と積載荷重の和に，水平震度kを乗じて計算する。<u>水平震度kは，深い部分ほど小さくなる。</u>

$$k \geq 0.1\left(1 - \frac{H}{40}\right)Z$$

H：建築物の地下部分の地盤面からの深さ(m)

Z：地震地域係数

(2) 建築物の**固有周期**は，構造物としての**剛性**が大きいほど，質量が小さいほど短くなる傾向がある。

解答：(1)○，(2)×，(3)○，(4)×，(5)○
　　　　(6)○，(7)○

例題2 （p. 15）

$C_f = 0.4 - 0.2 = 0.2$　　風圧力 $= 1000 \times 0.2 = 200 \mathrm{N/m^2}$

解答：(2)

例題3 （p. 16）

ある階（i階）の設計用地震力（Q_i）

$$Q_i = C_i \cdot W_i$$

$i = 1$（階），地震層せん断力係数 $C_i = 0.2$，1階が支える固定荷重と積載荷重の和 W_1は$W_R + W_2$であるので，1階の設計用地震力 Q_1は，

$$Q_1 = C_1 \cdot W_1 = 0.2 \times (W_R + W_2)$$

となる。

解答：(5)

例題4 （p. 53）

(1) 有効壁量（設計壁量）の算定

(2) 必要壁量の算定

(3) 有効壁量≧必要壁量を確認する

(1) 有効壁量（設計壁量）の算定

・使用されている耐力壁の種類によって決まる壁倍率を求める（表2・8）。

外周壁：1.5 + 1.0 = 2.5

　30mm×90mm 片筋かい（木製）→壁倍率1.5

　木ずり両面打ち→壁倍率1.0

　（複数の耐力壁が併用されている場合は，上記のように加算が成立する。ただし，壁倍率の最大値は合計5.0まで）

内壁：1.0

15mm×90mm 片筋かい（木製）→1.0

・建物の各階・各方向にある耐力壁の長さと上記の壁倍率から有効壁量を算定する。

有効壁量＝耐力壁の平面方向の長さ×壁倍率

平面図から，開口部がない部分の壁（耐力壁）の長さを各階・各方向について，耐力壁の種類（壁倍率）ごとに求め，各階・各方向について合計を求める。

(2) 必要壁量の算定

設計条件より，地震力，風圧力に対する必要壁率（表2・6，表2・7）を求める。

地盤：普通→必要壁率（表2・6）を<u>1.5倍しなくて良い</u>

屋根葺材：スレート葺→軽い屋根（表2・6）

積雪量：30cm→一般地。積雪による割り増し考慮しなくて良い。

風当たり：一般区域→（表2・7）

2階建て→（表2・6）

必要壁量の求め方

・地震力について：各階の床面積×地震力に対する必要壁率

必要壁率（表2・6より）2階建ての1階：29，2階建ての2階：15

1F 床面積＝4.5m×9m＝40.5

2F 床面積＝4.5m×7.2m＝32.4

必要壁量の算定

階	床面積	必要壁率	必要壁量
	m²	cm/m²	m
1F	40.5	29	11.7
2F	32.4	15	4.9

・風圧力について：

各階・各方向の見付面積×風圧力に対する必要壁率

各階・各方向の見付面積を求める。ただし，必要な耐力壁と算定する見付面積は下図のように直交するので注意。

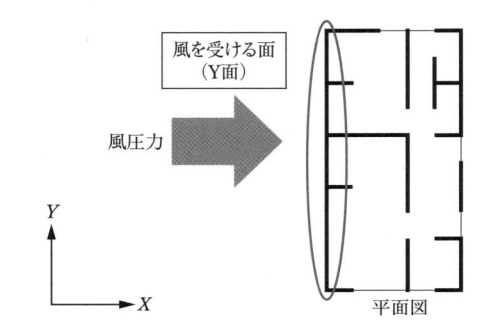

X方向の風に対して，抵抗する壁はX方向。見付面積を計算するのはY面の壁

風圧力に対する必要壁率：一般区域（表2・7）→50cm/m²

見付面積：図2・47参照

床上1.35mから上の面積。軒の出は50cm。

有効壁量の算定

階	方向	外壁 壁長さ (m)		壁倍率		内壁 壁長さ (m)		壁倍率		有効壁量 (m)
1F	X	4.5	×	2.5	+	7.2	×	1.0	=	18.4
	Y	16.2	×	2.5	+	9.0	×	1.0	=	49.5
2F	X	3.6	×	2.5	+	4.5	×	1.0	=	13.5
	Y	13.5	×	2.5	+	3.6	×	1.0	=	37.3

$(3.3-0.5-1.35)\times 9+(4.5-3.3)\times 9.5+(6-4.5)$
$\times 7.2+(7.2-6)\times 8.2=45.09$ (m^2)

階	方向	見付面積	必要壁率	必要壁量
		m^2	cm/m^2	m
1 F	X	45.09	50	22.6
	Y	21.37	50	10.7
2 F	X	15.24	50	7.7
	Y	6.07	50	3.04

(3) 有効壁量 ≧ 必要壁量を確認する

有効壁量は，(1)で算出した各階・各方向の耐力壁長さを壁倍率で基準化した値。

必要壁量は，(2)で算出した地震力に対する必要壁量と風圧力に対する必要壁量を各階・各方向で比較し，<u>大きいほうの値</u>をその階・方向の必要壁量とする。

階	方向	必　要　壁　量			有効壁量	判定結果
		地震	風圧	大きい方の値		
1 F	X	11.7	22.6	22.6	18.4	×
	Y		10.7	11.7	49.5	○
2 F	X	4.9	7.7	7.7	13.5	○
	Y		3.04	4.9	37.3	○

1階の X 方向のみ，必要壁量を満たしていないため，壁の量（長さ）を増やす，耐力壁の種類を一部変更するなどの修正が必要になる。

例題 5 （p. 95）

柱の全主筋比 p_t は，次式で求めることができる。

$$p_t=\frac{12\times 2.87}{60\times 70}=0.0082=0.82\%$$

(a)のせん断力の方向に対する柱の帯筋比 p_w は，

$$p_w=\frac{4\times 0.71}{60\times 10}=0.0047=0.47\%$$

となり，

(b)のせん断力の方向に対する柱の帯筋比 p_w は，

$$p_w=\frac{2\times 0.71}{70\times 10}=0.0020=0.20\%$$

となる。

例題 6 （p. 103）

下端引張のときの短期許容曲げモーメントは，以下のように求められる。

$$M=a_t\cdot f_t\cdot j=(8.61\times 10^2)\cdot 300\cdot\left(\frac{7}{8}\times 60\times 10\right)$$
$$=135607500 \quad \text{N·mm}$$
$$=135.6 \quad \text{kN·m}$$

例題 7 （p. 128）

(1) 鉄骨部材は，平板要素の幅厚比や鋼管の径厚比が大きいほど，局部座屈を起こしやすい。

(2) H 形鋼は一般に，曲げモーメントをフランジで，せん断力をウェブで負担させる。

(3) <u>圧縮材の許容応縮度は，細長比が大きいほど小さくなる。</u>

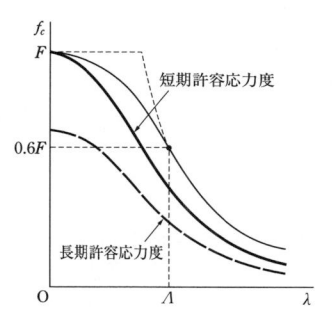

解答：(1) ○，(2) ×，(3) ○，(4) ○，(5) ○
(6) ○，(7) ×，(8) ○

例題 8 （p. 136）

(3) 部分溶込み溶接は，繰り返し応力を受ける箇所に使用することはできない。

(7) 一つの継手に高力ボルトと溶接を併用する場合で，高力ボルト接合が溶接より先に施工されるときには，一般に，全応力を高力ボルトと溶接で分担させることができる。

解答：(1) ○，(2) ○，(3) ○，(4) ○，(5) ○
(6) ○，(7) ×

例題 9 （p. 137）

高力ボルト摩擦接合に関する計算問題である。まず，高力ボルト 1 本あたりの短期許容せん断力を求める。短期許容せん断力は，長期許

容せん断力の1.5倍であるので,

　高力ボルト１本あたりの短期許容せん断力

　　$= 47 \times 1.5 = 70.5 \text{kN}$

となる。本問の場合，この高力ボルトが４本使用されているので，接合部の短期許容せん断力は，$70.5 \times 4 = 282 \text{kN}$

解答：(3)

例題10（p. 137）

　溶接に関する計算問題である。まず，溶接部継目に生ずる応力度（σ）を求める。

$$\sigma = \frac{P}{(\text{有効長さの合計}) \times (\text{有効のど厚})}$$

　　有効長さの合計 $= 100 \times 2 = 200 \text{mm}$

　　有効のど厚 $= 0.7 \times S$（サイズ）

　　　$= 0.7 \times 10 = 7 \text{mm}$

この応力度（σ）が長期応力度 f_w と等しくなるときを考えれば，P が求められる。

$$\sigma = \frac{P}{200 \times 7} = f_w = 90$$

$$\therefore P = 90 \times 1400 = 126{,}000 \text{N} = 126 \text{kN}$$

解答：(5)

例題11（p. 167）

(2)　基礎梁の剛性を大きくすると，不同沈下が生じにくくなる。布基礎やべた基礎の方が独立基礎より基礎底面が大きく，基礎梁の剛性が大きくなるので，不同沈下が生じにくい。

(3)　杭を複数本設置する場合，杭間隔を密にすると支持力が低下する。これを**群杭効果**という。そのため杭種ごとに $2D$（D：杭径）〜 $2.5D$ の杭間隔が規定されている。

(4)　水で飽和しており，比較的均一な粒径で，ゆるい（N 値が小さい）地盤では，地震により振動を受けると，液体のような状況を示す。これが**液状化**である。土中の間隙水圧が上昇して，せん断抵抗を失う現象である。

(6)　堅い粘度質地盤は，密実な砂質地盤に比べて許容応力度は小さい。

(8)　直接基礎と杭基礎の併用や摩擦杭と支持杭の併用は，不同沈下の原因となりやすいのでなるべく避ける。

(10)　地層は，地表面に近い方から，沖積層，洪積層，第三紀層と呼ばれている。沖積層は，最も新しい時代に堆積した地層で，地耐力が小さく軟弱な地層の代名詞となっている。

解答：(1)○，(2)○，(3)×，(4)○，(5)○

　　　　(6)×，(7)○，(8)○，(9)○，(10)○

章末問題解答・解説

第1章 (p. 21)

〔建物に作用する外力〕

【問 1】× 同一の室において，積載荷重の大小関係は，「床の構造計算用」が最も大きく，次に「大梁及び柱の構造計算用」であり，「地震力の計算用」が最も小さい。

【問 2】○

【問 3】○

【問 4】× 特定行政庁が指定する多雪区域における地震時の計算に用いる積雪荷重は，短期の積雪荷重の0.35倍の数値とする。

【問 5】× 積雪荷重の計算に用いる積雪の単位荷重は，多雪区域以外の区域においては，積雪量1cmごとに20N/m²以上とする。

【問 6】× 風圧力を計算する場合の速度圧 q は，その地方において定められた風速 V_0 の2乗に比例する。

【問 7】× 地震地域係数 Z は，過去の震害の程度および地震活動の状況などに応じて，各地域ごとに1.0から0.7までの範囲内において定められている。

【問 8】○

【問 9】× 地震力の計算に用いる振動特性係数 R_t の地盤種別による大小関係は，建築物の設計用一次固有周期 T が長い場合，第一種地盤＜第二種地盤＜第三種地盤となる。

【問 10】× 地震力の計算に用いる標準せん断力係数 C_0 の値は，一般に，許容応力度計算を行う場合においては0.2以上とし，必要保有水平耐力を計算する場合においては1.0以上とする。

【問 11】× 許容応力度等計算において，地盤が著しく軟弱な区域として指定された区域内における木造の建築物の標準せん断力係数 C_0 は，原則として，0.3以上とする。

【問 12】× 建築物の地上部分の各階における地震層せん断力係数 C_i は，一般に，上階になるほど大きくなる。

【問 13】○

【問 14】○

【問 15】○

【問 16】× 建築物の固有周期は，構造物としての質量が同じであれば，水平剛性が低いほど長くなる。

【問 17】○

【問 18】× 地震力の計算に用いる建築物の設計用一次固有周期（単位s）は，鉄筋コンクリート造の場合，建築物の高さ（単位m）に0.02を，鉄骨構造や木質構造では0.03を乗じて算出する。

【問 19】○

【問 20】○

〔構造設計法の概要〕

【問 21】× は，建築物が弾性限を超えても，最大耐力以下であることや塑性変形可能な範囲にあることを確かめるのは，耐震設計における二次設計にて行う。

【問 22】○

【問 23】× 中程度の（稀に発生する）地震動に対しては建築物の構造耐力上主要な部分に損傷を生じさせないこと（健全性を保つこと）が，耐震設計の要求性能の一つとなっている。

【問 24】× 建築物が，極めて稀に発生する

174

地震動に対してはある程度の損傷は許容するが，倒壊しないようにすることは，耐震設計の目標の一つである。

【問 25】 ×　各階における層間変形角の値は，一次設計用地震力に対し，原則として，1/200以内となるようにする。

【問 26】 ○

【問 27】 ×　建築物の各階における重心と剛心との距離はできるだけ小さくなるように，耐力壁を配置するのが望ましい。

【問 28】 ×　建築物の各階の剛性率は，「各階における層間変形角の逆数」を「全ての階の層間変形角の逆数の平均値」で除した値であり，その値が小さいほど，その階に損傷が集中する危険性が高くなる。

【問 29】 ×　免震構造には，建築物の長周期化を図ることにより，地震動との共振現象を避ける働きがある。

【問 30】 ○

第 2 章 (p. 77)
〔全　体〕
【問 1】 ×　野縁は，天井の下地材。天井と壁の見切り材は廻り縁という。

【問 2】 ○

【問 3】 ×　まぐさは，窓や扉等の開口部の上端にある横架材で，窓上の壁を支える部材。間口部上の溝のある部材は鴨居という。

【問 4】 ○

〔構造計画〕
【問 5】 ×　重心と剛心の距離は偏心距離という。偏心距離が長くなるほど建物は偏心し，地震の際にねじれが生じて危険である。

【問 6】 ○

【問 7】 ○

【問 8】 ○

【問 9】 ×　木造軸組構法では，建築物の十分な耐力を確保するために，継手位置はずらして設ける。

【問 10】 ○

〔材　料〕
【問 11】 ○

【問 12】 ×　板目板は，木表（木材の樹皮に近い面）のほうが木裏（木材の中心に近い面）よりも乾燥による収縮率が大きいため，板目板は木表側に凹に変形する。

【問 13】 ○
【問 14】 ○
【問 15】 ○

【問 16】 ×　木材の腐朽菌は，酸素・温度・水分，栄養源の全てが満たされた場合に繁殖する。一つでも欠けると繁殖しない。

〔接合部〕
【問 17】 ×　ボルトの引張耐力はボルト長さには依存しない。

【問 18】 ○
【問 19】 ○
【問 20】 ○

【問 21】 ×　ボルトの締付けは，座金が木材にわずかにめり込む程度とする。

【問 22】 ○
【問 23】 ○

【問 24】 ×　ボルト接合部において，せん断を受けるボルトの間隔は，木材の繊維に対する加力方向が，繊維方向の場合と繊維に直角方向の場合で異なる。

【問 25】　（答え）　ア＞ウ＞イ＞エとなり，重い屋根・1階（33）＞軽い屋根・1階（25）＞重い屋根・2階（21）＞軽い屋根2階（15）

第3章（p. 115）

〔コンクリート材料〕

【問1】○

【問2】× 品質基準強度は，設計基準強度または耐久設計基準強度のいずれか大きいほうの値である。よって，品質基準強度≧設計基準強度となる。

【問3】○

【問4】× 高炉セメントB種を用いたコンクリートは，圧縮強度が同程度の普通ポルトランドセメントを用いたコンクリートに比べて，湿潤養生期間は長くなる。

【問5】○

【問6】× セメントは水との水和反応により凝結，硬化して強度発言する。この性質を水硬性という。

〔鉄筋コンクリート構造〕

【問7】○

【問8】× 計算上はコンクリートの引張応力を無視し，RC部材における引張応力は，すべて鉄筋が負担する。

【問9】○

【問10】× 部材の曲げ破壊は，ねばりがある破壊であるが，せん断破壊は，脆性的な破壊であるため，せん断破壊よりも曲げ破壊が先行するように設計する。

【問11】○

【問12】○

【問13】× 柱のコンクリート全断面積に対する主筋全断面積の割合は，0.8%以上とする。

【問14】○

【問15】○

【問16】× 梁端部の主筋に生じる引張力に対し，梁から梁主筋が引き抜けないことの確認を付着の検定，柱から梁主筋が引き抜けないことの確認を定着の検定という。

【問17】○

【問18】× D35以上の異形鉄筋においては，かぶりコンクリートの割裂が生じやすいので，原則として，重ね継手を用いない。

【問19】× 柱梁接合部における帯筋の間隔は150mm以下とし，かつ，隣接する柱の帯筋間隔の1.5倍以下とし，帯筋比は，0.2%以上とする。

【問20】○

【問21】○

【問22】○

【問23】○ 右図

重ね継手長さ

折曲げ開始点

【問24】× 柱の主筋をガス圧接する場合，隣り合う主筋の継手位置は，400mm以上ずらす。

【問25】× 柱梁接合部内で大梁主筋が付着劣化をしないことを確かめる必要がある。

【問26】○

【問27】× 壁梁の主筋はD13以上としなければならない。

【問28】○

【問29】× 耐力壁の鉄筋の定着長さは，フックなし異形鉄筋で40d以上，フックあり異形鉄筋で30d以上必要。よって，フックなし：40×13mm＝520mm，フックあり：30×13mm＝390mm必要。フックありでも300mmでは足りない。

【問30】○

第4章（p. 149）

〔鋼材の性質〕

【問1】○

【問2】× 常温において，建築で用いられる鋼材のヤング係数は鋼種に関わらず同じである。

【問3】× 溶接構造用圧延鋼材SM490Aの490という数値は，引張強度の下限値である。なお，鉄筋の

176

JIS 規格表記における数値は降伏点の下限値となっている。

【問 4】 ○

【問 5】 × 鋼材の降伏点は，温度上昇とともに単調に低下する。

【問 6】 × 鋼材の降伏比（＝降伏応力／引張強さ）は，小さいほうが降伏後の余力が大きい。

【問 7】 × 「建築構造用圧延鋼材 SN400」では，A 種は溶接接合を用いない部位に使用し，溶接接合を用いる建築物の場合には B 種（あるいは C 種）を用いる。

〔部材の設計〕

【問 8】 × H 形鋼を梁に用いる場合，一般に，曲げモーメントをフランジで，せん断力をウェブで負担させるものとする。

【問 9】 ○

【問 10】 ○

【問 11】 × 圧縮力を負担する部材の有効細長比は，柱においては200以下とし，柱以外の部材（例えば，トラスを構成する部材）に対しては250以下とする。なお，木質構造では150以下となっている。

【問 12】 ○

【問 13】 ○

【問 14】 ○

【問 15】 ○

【問 16】 × 鉄骨部材は，平板要素の幅厚比や鋼管の径厚比が小さいものほど，局部座屈が生じにくい。細長比や幅厚比は力学的には全く同じ意味をもっており，大きくなるほど，細くあるいは薄くなり，座屈しやすくなる。

【問 17】 ○

〔接合〕

【問 18】 × 高力ボルト摩擦接合部の許容応力度は，締め付けられる鋼材間の摩擦力のみによって応力が伝達されるものとしているために，ボルト自体のせん断力は考慮しない。

【問 19】 × 構造用鋼材の高力ボルト摩擦接合部の表面処理方法として，浮き錆を取り除いた赤錆面とした場合，接合面のすべり係数の値は0.45とする。

【問 20】 ○

【問 21】 × 柱の継手の接合用ボルト，高力ボルトおよび溶接は，原則として，継手部の存在応力を十分に伝え，かつ，部材の各応力に対する許容耐力の1/2を超える耐力とする。

【問 22】 × 高力ボルトの接合において，ボルト孔の中心間の距離は，公称軸径の2.5倍以上とする。

【問 23】 × 構造計算に用いる隅肉溶接の溶接部の有効のど厚は，一般に，隅肉サイズの0.7倍とする。

【問 24】 ○

【問 25】 ○

【問 26】 ○

【問 27】 × 一つの継手に高力ボルト摩擦接合と溶接接合とを併用する場合においては，高力ボルト摩擦接合が溶接接合より先に施工されるときは，高力ボルト摩擦接合と溶接接合の両方の耐力を加算することができる。

【問 28】 ○

【問 29】 × 鉄骨造の建築物において，保有耐力接合の検討は，母材が十分に塑性化するまで接合部で破断が生じないようにするために行う。

【問 1】 × 洪積層は，沖積層に比べて，古い地層であり，より長期間において締め固められているために支持力不足や地盤沈下が生じにくい。

【問 2】 × 土の粒径の大小関係は，砂＞シルト＞粘土である。

【問 3】 × 一般の地盤において，地盤の長期許容応力度の大小関係は，岩盤＞密実な砂質地盤＞粘土質地盤である。

【問 4】 × 圧密とは，透水性の低い粘性土が，荷重の作用によって，長い時間をかけて排水しながら体積を減少させる現象のことである。これによって生じる沈下現象のことを圧密沈下と呼ぶ。

【問 5】 ○

【問 6】 ○

【問 7】 ○

【問 8】 ○

【問 9】 × 地盤の支持力は，一般に，基礎底面の位置（根入れ深さ）が深いほど大きくなる。

【問 10】 ○

【問 11】 × 基礎に直接作用する固定荷重は，一般に，基礎構造各部の自重のほか，基礎スラブ上部の土かぶりの重量も考慮する。

【問 12】 × 布基礎は，地盤の長期許容応力度が$70kN／m^2$以上であって，かつ，不同沈下等の生ずるおそれのない地盤にあり，基礎に損傷を生ずるおそれのない場合にあっては，無筋コンクリート造とすることができる。

【問 13】 × 不同沈下が生じやすくなるために，原則として，直接基礎と杭基礎との混用は避ける。

【問 14】 ○

【問 15】 × 負の摩擦力とは，軟弱地盤等において，周囲の地盤が沈下することによって，杭の周面に下向きに作用する摩擦力のことである。通常は，杭周面に作用する摩擦力は上向きに作用しており，この方向とは逆向きになっていることから負という言葉が用いられる。

【問 16】 × ヒービングとは，地下掘削において，山留め壁の背面の土が掘削面にまわり込み，根切り底面を押し上げる現象のことである。

【問 17】 ○

【問 18】 ○

【問 19】 × 地下水位以深に位置する地下外壁面に対して，土圧だけでなく，水圧も考慮する。

【問 20】 ○

索　　引

参考文献
日本建築学会編, 「鋼構造設計基準」, 日本建築学会
日本建築学会編, 「構造用教材」, 日本建築学会
青木博文ほか, 「建築構造」, 実教出版
内田祥哉ほか, 「建築構法〈第四版〉」, 市ケ谷出版社

初学者の建築講座 **編修委員会**〔建築構造〈第四版〉〕

［監　修］　長澤　泰　　Yasushi NAGASAWA
　　　　　　1968年　東京大学工学部建築学科卒業
　　　　　　1978年　北ロンドン工科大学大学院修了
　　　　　　1994年　東京大学工学系研究科建築学専攻　教授
　　　　　　2011年　工学院大学建築学部長
　　　　　　現　在　東京大学　名誉教授，工学院大学　名誉教授，工学博士

［著　者］　元結正次郎　Shojiro MOTOYUI
　　　　　　1980年　福井大学工学部建築学科卒業
　　　　　　1985年　東京工業大学大学院総合理工学研究科博士後期課程修了
　　　　　　現　在　東京工業大学　名誉教授　工学博士

　　　　　　坂田　弘安　Hiroyasu SAKATA
　　　　　　1983年　東京工業大学工学部建築学科卒業
　　　　　　現　在　東京科学大学環境・社会理工学院　教授　工学博士

　　　　　　藤田　香織　Kaori FUJITA
　　　　　　1993年　東京大学工学部建築学科卒業
　　　　　　現　在　東京大学大学院　教授　博士（工学）

　　　　　　日浦　賢治　Kenji HIURA
　　　　　　1985年　横浜国立大学工学部建築学科卒業
　　　　　　現　在　日浦建築事務所　所長

　　　（図版協力　鈴木　洋子）

　　　　　　　　　　　　　　　　　　　　　（肩書きは，第四版発行時）

初学者の建築講座　　**建築構造（第四版）**

　　　2009年10月19日　　初　版　発　行
　　　2011年10月25日　　第　二　版　発　行
　　　2016年 1 月15日　　第　三　版　発　行
　　　2024年10月15日　　第　四　版　発　行

　　　　監　修　　長　澤　　　泰
　　　　著　者　　元　結　正　次　郎（他 3 名）
　　　　発行者　　澤　崎　明　治
　　　　　　　　印　刷　星野精版印刷
　　　　　　　　製　本　三省堂印刷

　　　　発行所　　**株式会社市ヶ谷出版社**
　　　　　　　　東京都千代田区五番町 5
　　　　　　　　電話　03-3265-3711（代）
　　　　　　　　FAX　03-3265-4008
　　　　　　　　http://www.ichigayashuppan.co.jp

　　　ⓒ2024　　　　　ISBN978-4-86797-024-9

初学者の建築講座　編修委員会

〔**編修委員長**〕　　長澤　　泰（東京大学 名誉教授，工学院大学 名誉教授）
　　　　　　　　　　大野　隆司（東京工芸大学 名誉教授　故人）

〔**編修副委員長**〕　倉渕　　隆（東京理科大学 教授）

〔**編修・執筆委員**〕(50音順)

安孫子義彦（株式会社ジエス 顧問）	鈴木　信弘（神奈川大学 教授）
五十嵐太郎（東北大学 教授）	鈴木　利美（鎌倉女子大学 教授）
大塚　貴弘（名城大学 准教授）	鈴木　洋子（鈴木アトリエ 共同主宰）
大塚　雅之（関東学院大学 教授）	砂田　武則（鹿島建設）
川北　　英（京都建築大学校 学校長）	瀬川　康秀（アーキショップ 代表）
河村　春美（河村建築事務所 代表）	角田　　誠（東京都立大学 教授）
岸野　浩太（夢・建築工房 代表取締役）	戸高　太郎（京都美術工芸大学 教授）
橘高　義典（東京都立大学 教授）	中澤　明夫（アルマチュール研究所）
小山　明男（明治大学 教授）	中村　成春（大阪工業大学 准教授）
坂田　弘安（東京科学大学 教授）	藤田　香織（東京大学 教授）
佐藤　　勉（駒沢女子大学 教授）	宮下　真一（東急建設）
佐藤　考一（金沢工業大学 教授）	元結正次郎（東京工業大学 教授）
杉田　宣生（ハル建築研究所 代表）	山田　俊之（日本工学院専門学校）